Mathematik 5

Lehrbuch

Volk und

Autoren: Dr. Manfred Dennert, Jochen Kreusch, Karlheinz Lehmann,
Dr. Günter Lorenz, Dr. Manfred Rehm, Dr. Werner Tietz

Gutachter und Berater: Dr. Peter Birnbaum, Ingeborg Birth, Prof. Dr. Rudolf Bittner,
Dr. Christa Dürr, Dr. Sieghil… …ika Geißler, Karin George,
Heidi Müller, Rainer R…
Prof. Dr. Siegfried …

Redaktion: A…

ISBN 3-06-000508-7

1. Auflage (stark bearbeitete Nachauflage 1991)
5 4 / 1995 94
Alle Drucke dieser Auflage sind unverändert und im Unterricht parallel nutzbar. Die letzte Zahl bezeichnet das Jahr dieses Druckes.

Printed in Germany
Satz: ComPress Fotosatz GmbH
Druck und Binden: Druckhaus Schöneweide
Zeichnungen: Waltraut Schmidt, Jutta Wolff
Illustrationen: Wolfgang Würfel, Karl-Heinz Wieland
Typografische Gestaltung: Atelier vwv

Inhalt

Natürliche Zahlen

A

1 Ordnung der natürlichen Zahlen 5
2 Addition und Substraktion natürlicher Zahlen 8
3 Multiplikation natürlicher Zahlen 12
4 Division natürlicher Zahlen 15
5 Potenzen 19
6 Nacheinanderausführen mehrerer Rechenoperationen 21
7 Variable 23
8 Gleichungen 24
9 Ungleichungen 27
10 Durchschnitt und arithmetisches Mittel 30
11 Lösen von Sachaufgaben 32
12 Vielfache und Teiler einer natürlichen Zahl 34
13 Einige weitere Teilbarkeitseigenschaften natürlicher Zahlen 38
14 Primzahlen und zusammengesetzte Zahlen 40

Komplexe Übungen 42

Gebrochene Zahlen

B

1 Teile von Ganzen; Brüche 45
2 Vergleichen und Ordnen gleichnamiger Brüche 49
3 Erweitern und Kürzen von Brüchen 53
4 Dezimalbrüche 56
5 Gebrochene Zahlen 59
6 Umformen gemeiner Brüche in Dezimalbrüche und umgekehrt 62
7 Vergleichen und Ordnen von Dezimalbrüchen 63
8 Addition und Subtraktion gleichnamiger Brüche 65
9 Addition und Subtraktion von Dezimalbrüchen 69
10 Vervielfachen von Dezimalbrüchen 72
11 Multiplikation von Dezimalbrüchen 76

Komplexe Übungen 82

Größen

C

1 Einheiten der Masse 87
2 Einheiten der Zeit; Lesen von Fahrplänen 89
3 Messen von Streckenlängen 93
4 Strecken und Rechtecke im Gelände 96
5 Umfang von Rechtecken 97

6 Messen des Flächeninhaltes von Rechtecken 100
7 Einheiten des Flächeninhalts 102
8 Berechnen des Flächeninhalts von Rechtecken 105
9 Oberflächeninhalt von Quadern 109
10 Messen des Rauminhalts von Quadern 113
11 Einheiten des Volumens 114
12 Berechnen des Volumens von Quadern 116
13 Weitere Einheiten des Volumens 119

Komplexe Übungen 122

D Geometrie

1 Winkel 129
2 Vergleichen und Antragen von Winkeln 132
3 Einteilung der Winkel 135
4 Messen von Winkelgrößen 137
5 Original- und Bildpunkte bei Verschiebungen 143
6 Eigenschaften von Verschiebungen und Bilder von Figuren 146
7 Original- und Bildpunkte bei Spiegelungen 151
8 Konstruktion von Bildpunkten bei Spiegelungen 155
9 Eigenschaften der Spiegelungen 157
10 Spiegelbilder von Figuren 161
11 Figuren, die zueinander symmetrisch liegen 164
12 Axialsymmetrische Figuren 167
13 Drehen von Gegenständen 172
14 Drehungen 173
15 Konstruktion von Bildpunkten bei Drehungen 176
16 Eigenschaften der Drehungen 178
17 Bilder von Figuren bei Drehungen 181

A Natürliche Zahlen

Die vier Grundrechenoperationen mit natürlichen Zahlen

1 Ordnung der natürlichen Zahlen

Additionssystem	Positionssystem
M + D + C + C + L + X + X + I	**$1 \cdot 10^3 + 9 \cdot 10^2 + 2 \cdot 10 + 9 \cdot 1$**

Wir wissen: Schreibt man eine Zahl auf, kommt man stets mit den **zehn Ziffern** 0, 1, 2, 3, 4, 5, 6, 7, 8 und 9 aus. Jede Ziffer hat entsprechend ihrer Stellung einen bestimmten **Stellenwert.** So bedeutet in der Zifferndarstellung 1929 die eine 9 „neun Hunderter", die andere dagegen „neun Einer". Jeder Stelle in 1929 ist eine bestimmte Zehnerpotenz zugeordnet.

$$1929 = 1 \cdot 10^3 + 9 \cdot 10^2 + 2 \cdot 10 + 9 \cdot 1$$

Besonders deutlich wird dieses Zehner-Stellenwertsystem oder **dekadische Positionssystem,** wenn man Zahlen in eine Stellentafel einträgt.

Milliarden	Millionen			Tausender					
10^9	10^8	10^7	10^6	10^5	10^4	10^3	10^2	10	1

● **1** **a)** Nenne zu jeder Ziffer von 2 535 794 die zugehörige Zehnerpotenz! Fertige eine Stellentafel an und trage diese Zahl ein!
b) Schreib diese Zahl als Summe von Vielfachen von Zehnerpotenzen!

In einem Stellenwertsystem lassen sich zwei Zahlen auf einfache Weise vergleichen.

■ **1** **a)** $38 < 101$, denn 38 ist zweistellig, und 101 ist dreistellig.
b) $2\,968 < 2\,987$, denn $6 < 8$. (Beide Zahlen sind vierstellig.)

Schreibt man dagegen 38 und 101 mit den römischen Ziffern XXXVIII und CI, so gelingt der Größenvergleich nicht in der gleichen Weise.

● **2** Ordne der Größe nach! Beginne mit der kleinsten Zahl!
45 789, 5 789, 457, 7 589, 8 750, 5 790, 45 879, 547, 45 790, 8 749

Wir wissen: Ordnet man die **natürlichen Zahlen** durch die Kleiner-Beziehung, erhält man die natürliche Reihenfolge: 0, 1, 2, 3, 4, 5, 6, 7, 8, 9, 10, 11, 12, 13, 14 ...
Dabei hat jede natürliche Zahl a **genau einen Nachfolger,** nämlich die Zahl $a+1$, und (außer Null) auch **genau einen Vorgänger,** nämlich die Zahl $a-1$.
An einem **Zahlenstrahl** wird jeder Zahl genau ein Punkt zugeordnet. Dadurch wird vor allem die Ordnung der Zahlen veranschaulicht.

● **3** **a)** Ordne den Punkten A bis N im Bild A 1 Zahlen zu!
b) Gilt $b < a$ oder $a < b$? Begründe! (Bild A 2)

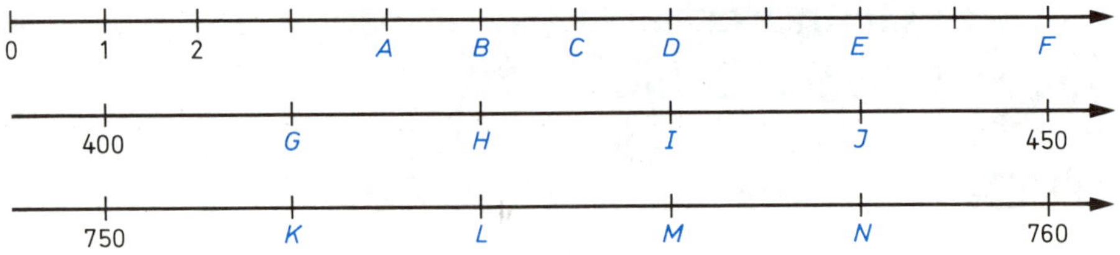

Bild A 1

Bild A 2

Aufgaben

1. Trage die Zahlen in eine Stellentafel ein! Schreib sie danach als Summe von Vielfachen von Zehnerpotenzen!
a) 376 008, 3 005 677, 4 320 000, 538, 42, 5, 310, 124 578
b) Sieben Millionen dreihundertsiebenundzwanzigtausend zweihundertfünfundsiebzig; fünfzehn Millionen vierhunderttausend; viertausendzwei; zweihundertdreiundfünfzigtausend

2. Lies die Zahlen! Schreib sie als Summen von Vielfachen von Zehnerpotenzen!
53 497, 409 118, 5 000 370, 4 030 607, 123 490

3. Schreib in der Zifferndarstellung und lies!
a) $5 \cdot 10^8 + 7 \cdot 10^5 + 3 \cdot 10^3 + 4 \cdot 10^2 + 3 \cdot 10 + 6 \cdot 1$
b) $3 \cdot 10^7 + 5 \cdot 10^4 + 6 \cdot 10 + 7 \cdot 1$

A

4. Vergleiche der Größe nach! Begründe!

a) 53 789 und 153 789
b) 25 031 und 25 019
c) 567 891 und 567 891
d) 3 571 602 und 4 571 062
e) 678 947 und 678 947
f) 4 003 717 und 403 717

5.* Bei den folgenden Zahlen sind Ziffern durch ∗ ersetzt worden. Vergleiche dennoch der Größe nach! Begründe!

a) ∗9∗∗ und ∗∗∗∗0
b) ∗6∗∗∗ und ∗4∗∗∗
c) **53**∗∗∗ und 47∗∗∗
d) ∗∗∗∗0 und ∗∗∗9

6. Ordne der Größe nach! Beginne mit der kleinsten Zahl!

a) 37 469, 1 037 469, 2 537, 999 999
b) 139 007, 390 071, 3 971, 90 071, 19 003
c) 765 651, 656 517, 565 176, 651 765, 517 656, 565 617

7. Ines gibt in der Kinderbücherei Bücher mit den Nummern 78 628, 78 426, 81 368, 78 421 und 80 268 zurück. In welcher Reihenfolge wird sie diese stapeln, damit die Bibliothekarin sie wieder schnell in die Regale zurückstellen kann?

8. Markiere auf einem Zahlenstrahl alle Zahlen a, für die gilt:

a) $7 < a < 12$
b) $35 < a < 40$
c) $990 < a < 1000$

9. Markiere die Zahlen auf einem Zahlenstrahl!
2 050, 1 900, 2 100, 1 960, 2 080, 1 930

10. Gib die kleinste und die größte fünfstellige Zahl an, die man mit den Ziffern 5, 6, 0, 1, 7 schreiben kann!

11.* Wieviel dreistellige Zahlen gibt es, deren Ziffern **a)** mit 33 beginnen, **b)** auf 33 enden, **c)** mit 3 beginnen, **d)** auf 3 enden?

12. Gib die kleinste und die größte Zahl x an, für die gilt:

a) $5677 < x < 5689$
b) $9456 < x < 9458$
c) $37456 < x < 39488$
d) $37009 < x < 37010$

13. Nenne jeweils den Nachfolger (Vorgänger)!

a) 73, 99, 200, 1, 2 737, 0, 399
b) 20 999, 30 100, 19 010, 39 400

14. Ein Wechselstromzähler zeigt die Zahl 70 000 an. Welche Zahl ist zuvor angezeigt worden?

15.* **a)** Bilde den Nachfolger!
b, $b + 1$, $b - 2$, $b - 7$

b) Bilde den Vorgänger!
$b + 1$, $b + 5$, $b - 3$, b

16. Vervollständige die Tabelle!

a	33				
Nachfolger von a			12		
Vorgänger von a		0			
Nachfolger des Doppelten von a				47	22

1. **a)**

a	b	$a+b$
	7	15
8		20
	0	45
7		0

b)

c	d	$c-d$
50	16	
8		0
7	10	
	6	14

c)

x	y	$x:y$
64		8
	9	5
7		1
	3	0

2. Multipliziere mit 2! Welche dieser Produkte enden auf eine ungerade Zahl?
13, 25, 16, 34, 40, 45, 53, 70, 99, 102, 120, 201

3. Welche Zahlen sind Vielfache **a)** von 10, **b)** von 100?
300, 350, 305, 3 500, 30 500, 30 000, 3 050, 3 005

4. Vervielfache mit 9! 7, 8, 40, 60, 50, 300

5. Vervielfache mit 5! Rechne möglichst vorteilhaft!
18, 24, 34, 37, 55, 67, 88, 93

2 Addition und Subtraktion natürlicher Zahlen

● **4** **a)** Kleingärtner Schmidt hat 170 kg Äpfel und 50 kg Birnen geerntet. Wieviel Kilogramm Obst sind das?
b) Gib alle Möglichkeiten an, in die Kästchen natürliche Zahlen einzusetzen!
$16 + 23 = \square$ $\square + \square = 6$

Wir wissen: Zu je zwei Zahlen a und b gibt es stets genau eine **Summe** $a+b$. Die Zahlen a und b heißen **Summanden** der Summe $a+b$. Verschiedene Zahlenpaare können die gleiche Summe haben.

● **5** Rechne möglichst vorteilhaft! Erläutere, welches Gesetz du jeweils anwendest!
a) $77 + 135 + 65$ **b)** $120 + 290 + 80$

▶ **1**

Für alle natürlichen Zahlen a und b gilt: $a + b = b + a$	**Kommutativgesetz der Addition**
Für alle natürlichen Zahlen a, b, c gilt: $(a + b) + c = a + (b + c)$	**Assoziativgesetz der Addition**

● **6** **a)** Es ist $17 + 34 = 51$. Bilde mit 17, 34, 51 eine richtig gelöste Subtraktionsaufgabe! Wieviel solcher Aufgaben kannst du erhalten?
b) Löse die Gleichungen! Erläutere dein Vorgehen!
$15 + x = 33$ $x + 15 = 33$ $47 + x = 24$

Wir wissen schon: Die **Subtraktion** ist die **Umkehroperation der Addition.**

A

$15 + x = 33$

oder

$x + 15 = 33$

— ist gleichbedeutend mit — $x = 33 - 15$

Wir wissen: Wenn $a > b$ oder $a = b$ ist, gibt es zu je zwei Zahlen a, b genau eine **Differenz** $a - b$. Die Zahl a heißt **Minuend,** die Zahl b **Subtrahend** der Differenz $a - b$. Wenn $a < b$ ist, gibt es keine natürliche Zahl, die Differenz von a und b ist. Im Bereich der natürlichen Zahlen ist die Subtraktion nicht immer ausführbar.

● **7** Gib drei Paare (a; b) natürlicher Zahlen an, für die $a - b = 17$ ist!

Verschiedene Zahlenpaare können die gleiche Differenz haben.

● **8** Berechne **a)** $38 + 0$, **b)** $38 - 38$, **c)** $38 - 0$, **d)** $0 - 38$!
Bilde selbst jeweils drei solche Aufgaben!

Uns ist bereits bekannt:

▶ **2** Für alle natürlichen Zahlen a gilt:
$a + 0 = a$; $0 + a = a$; $a - 0 = a$; $a - a = 0$.

● **9** Rechne schriftlich und kontrolliere dein Ergebnis!
a) 7 252 − 3 821 **b)** 3 451 − 922 − 117
c) 5 667 + 3 125 − 2 128 **d)** 6 388 − 4 913 + 496

Wir wissen: Bei mehreren Summanden oder Subtrahenden darf man ihre Reihenfolge beim Rechnen verändern. Statt nacheinander mehrmals zu subtrahieren, kann man auch die Subtrahenden addieren und die erhaltene Summe subtrahieren.

■ **2** Zu berechnen ist: 369 − 192 + 82 − 95

Wir rechnen: (369 + 82) − (192 + 95)

369	192	451
+ 82	+ 95	−287
451	287	164

Aufgaben

1. **a)** 14 + 28, 19 + 47, 57 + 23 **b)** 88 + 33, 56 + 63, 24 + 0 **c)** 35 + 68, 93 + 29, 27 + 46 **d)** 130 + 75, 270 + 56, 120 + 140 **e)** 250 + 21, 490 + 53, 520 + 360

2. **a)** 54 DM + 18 DM, 89 DM + 31 DM, 99 DM + 110 DM **b)** 120 km + 36 km, 77 cm + 33 cm, 270 m + 34 m **c)** 75 t + 34 t, 120 g + 630 g, 430 l + 740 l

3. Schreib die folgenden Zahlen als Summe zweier Zahlen! Gib jeweils alle Möglichkeiten an!
a) 5 **b)** 3 **c)** 1 **d)** 0

4.* Die Summe von drei verschiedenen natürlichen Zahlen ist 10. Welche Summanden sind möglich? Gehe systematisch vor!

5. Rechne vorteilhaft! **a)** $24 + 7 + 6 + 13$ **b)** $15 + 7 + 5 + 23 + 6$ **c)** $32 + 24 + 17 + 18 + 26$

6.

a)	**b)**	**c)**	**d)**
25 – 17	45 – 45	240 – 45	57 m – 19 m
33 – 28	110 – 99	93 – 0	7 m – 53 cm
87 – 93	0 – 86	130 – 87	6 km – 450 m

7.* Fülle die leeren Felder so aus, daß die Summen der Zahlen in jeder Zeile, in jeder Spalte, von links oben nach rechts unten sowie von rechts oben nach links unten gleich sind!

13	8	12	1
	11	7	
3			15
16			

8. **a)** 14 387 + 63 512 **b)** 7 356 + 4 989 **c)** 43 796 – 21 563
d) 157 687 – 68 799 **e)** 6 897 + 17 783 **f)** 788 865 – 2 349

9. **a)** 45 + 37 + 56 + 75 **b)** 283 + 102 + 555 + 136 + 871
c) 1 576 + 2 055 + 9 093 + 2 180 + 1 234
d) 744 + 7 447 + 74 474 + 744 744 + 4 777
e) 24 789 + 285 969 + 533 678 + 247 709 + 18 966

10. Die Kassiererinnen einer Kaufhalle nahmen an einem Tage ein: 13 467,85 DM; 9 035,14 DM; 21 801,75 DM; 5 900,03 DM; 17 655,80 DM. Berechne den Erlös!

11. Von 20 Schülern einer Klasse sind 10 im Fotozirkel, 8 im Mathematikzirkel und 7 im Bastelzirkel. Wieviel Schüler der Klasse nehmen
a) mindestens, **b)** höchstens an einem Zirkel teil?

12. **a)** 95 – 45 + 13 – 19 **d)** 7 694 – 1 005 – 2 356 + 2 021
b) 904 – 340 – 109 + 194 **e)** 4 759 – 3 956 + 2 987 – 87
c) 10 000 – 3 498 – 4 069 **f)** 88 888 – 56 892 + 22 889 + 321

13. Eine Kohlenhandlung erhielt eine Lieferung von 83 t Briketts. 12 t wurden an eine Schule geliefert, 33 t bekam ein Betrieb, und 18 t wurden an Haushalte verkauft. Wieviel Tonnen blieben am Lager?

14.* Die Strecke $\overline{AB}$ ist 2 cm lang. Die Strecke $\overline{CD}$ ist 3 cm länger als $\overline{AB}$. Die Strecke $\overline{EF}$ ist so lang wie die Strecken $\overline{AB}$ und $\overline{CD}$ zusammen. Die Strecke $\overline{GH}$ ist 5 cm länger als $\overline{EF}$. Wie lang sind alle Strecken zusammen?

15.* Für welche natürlichen Zahlen n gilt jeweils die Gleichung?
a) $n - n = 0$ **b)** $n - n = 37$ **c)** $n + 0 = n$
d) $n - 0 = 35$ **e)** $n - 0 = n$ **f)** $0 - n = 0$

16. Löse die Gleichungen! Überprüfe deine Lösungen!
a) $170 + x = 190$ **b)** $x - 30 = 150$ **c)** $x + 85 = 100$
d) $865 + x = 865$ **e)** $x + 120 = 75$ **f)** $230 - x = 120$
g) $180 - x = 200$ **h)** $437 - x = 437$ **i)** $x - 511 = 0$

17. Gib jeweils die kleinste und die größte natürliche Zahl y an!
a) $y + 30 < 45$ **b)** $119 + y < 120$ **c)** $y + 74 < 74$
d) $40 + y > 47$ **e)** $y - 30 < 15$ **f)** $120 - y < 40$

18. Für welche Zahlen z gilt jeweils die Gleichung?
a) $234 + 317 = 317 + z$ **c)** $(41 + 78) + z = 41 + (78 + 91)$
b) $512 + z = z + 512$ **d)** $(667 + 333) + z = 667 + (333 + z)$

19. Schreib mit Klammern! Rechne aus!
Beispiel: Addiere zur Summe der Zahlen 25 und 80 die Zahl 30!
Lösung: $(25 + 80) + 30 = 105 + 30 = 135$

a) Addiere zur Differenz von 110 und 70 die Zahl 55!
b) Subtrahiere 30 von der Differenz der Zahlen 110 und 50!
c) Subtrahiere die Summe der Zahlen 30 und 50 von 110!

20.* Von den 34 Schülern einer Klasse können 14 Schüler radfahren, 25 Schüler schwimmen und 9 Schüler beides. Wieviel Schüler der Klasse können weder radfahren noch schwimmen?

21. Berechne **a)** $800 + 300$ und $800 - 300$, **b)** $95 + 45$ und $95 - 45$, **c)** $250 + 180$ und $250 - 180$! Addiere danach jeweils die Summe und die Differenz! Was vermutest du?

22. Vergleiche die Summen oder Differenzen der Größe nach, ohne sie zu berechnen! Begründe!
a) $319 + 27$ und $319 + 33$ **b)** $512 - 33$ und $612 - 33$
c) $347 + 93$ und $446 + 93$ **d)** $442 - 226$ und $442 - 310$

23. Bei den folgenden Aufgaben sind Ziffern durch * ersetzt. Versuche, die Aufgaben wiederherzustellen!

a)	b)	c)	d)
4 **3	5 *6*	13 479	****
+ 3 456	+ *7*8	− *4*9	− ***
71	8 649	8 *9*	1

---

1. Nenne alle gerade (ungeraden) Zahlen zwischen
a) 35 und 47, **b)** 87 und 89, **c)** 74 und 76, **d)** 112 und 123!

2. Runde auf Vielfache **a)** von 10, **b)** von 100!
243, 469, 1 533, 1 601, 555, 995, 12 000, 25, 51, 9 999

3. Runde auf Zentimeter!
44 mm, 37 mm, 56 mm, 25 mm, 2,6 cm, 1,9 cm, 7,3 cm, 2,5 cm, 26 mm, 5,5 cm

4. Runde auf Kilometer!
25 800 m, 44 489 m, 24,900 km, 4,510 km, 52,300 km, 6 501 m, 6,500 km

5. Schreib mit Komma!
a) 4 m 70 cm, 4 m 7 cm, 7 km 15 m, 20 km 8 m
b) 5 t 750 kg, 6 t 8 dt, 12 kg 70 g, 25 t 30 kg, 10 t 1 dt

3 Multiplikation natürlicher Zahlen

● **10** **a)** Fünf Schüler der Klasse 5 spielen gegen vier Schüler der Klasse 6 Tischtennis. Wieviel Spiele werden ausgetragen, wenn jeder Schüler der einen Klasse gegen jeden der anderen Klasse spielt?
b) 24 Schüler der Klasse 5 sollen sich zum Sportunterricht aufstellen. In jeder Reihe sollen gleichviel Schüler stehen. In wieviel Reihen zu je wieviel Schülern ist dies möglich? Gib alle Möglichkeiten an!

Wir wissen: Zu je zwei Zahlen a und b gibt es stets genau ein **Produkt** $a \cdot b$. Die Zahlen a und b heißen **Faktoren** des Produktes $a \cdot b$. Verschiedene Zahlenpaare können das gleiche Produkt haben.

● **11** Rechne möglichst vorteilhaft!
Erläutere, welches Gesetz du jeweils anwendest!
a) $13 \cdot 5 \cdot 20$ **b)** $2 \cdot 9 \cdot 5$ **c)** $56 \cdot 8$ **d)** $4 \cdot 7 + 6 \cdot 7$

▶ **3**

Für alle natürlichen Zahlen a, b gilt: $a \cdot b = b \cdot a$	**Kommutativgesetz der Multiplikation**
Für alle natürlichen Zahlen a, b, c gilt: $(a \cdot b) \cdot c = a \cdot (b \cdot c)$	**Assoziativgesetz der Multiplikation**
Für alle natürlichen Zahlen a, b, c gilt: $(a + b) \cdot c = a \cdot c + b \cdot c$	**Distributivgesetz**

● **12** Multipliziere die Zahlen 9, 75, 38, 194, 740 394 **a)** mit 0, **b)** mit 1!
Erläutere!

Wir erinnern uns:

▶ **4**

Für alle natürlichen Zahlen gilt:
$a \cdot 0 = 0, \quad 0 \cdot a = 0; \qquad a \cdot 1 = a, \quad 1 \cdot a = a.$

Größere Zahlen multipliziert man meistens schriftlich. Um grobe Fehler zu vermeiden, führt man einen Überschlag aus und vergleicht das errechnete Ergebnis mit dem Überschlagsergebnis.

■ **3**

a)
```
537 · 45
--------
  2148
   2685
--------
  24165
========
```
Überschlag: $500 \cdot 50 = 25\,000$
Vergleich: $24165 \approx 25\,000$

b)
```
4376 · 307
----------
  131 280
    30 632
----------
 1 343 432
==========
```
Überschlag: $4000 \cdot 300 = 1\,200\,000$
Vergleich: $1\,343\,432 \approx 1\,200\,000$

Aufgaben

1. Es gibt vier Wanderwege von Adorf nach Bedorf und drei von Bedorf nach Cedorf. Auf wieviel verschiedene Weisen kann man von Adorf über Bedorf nach Cedorf gelangen?

A

2. Schreib als Produkt zweier natürlicher Zahlen! Gib jeweils alle Möglichkeiten an! **a)** 24 **b)** 13 **c)** 1 **d)** 25 **e)** 15

3.
a) 15 · 3, 17 · 9, 23 · 8
b) 36 · 0, 37 · 8, 76 · 1
c) 6 · 49, 0 · 57, 4 · 78
d) 53 · 7, 33 · 5, 65 · 6
e) 93 · 10, 87 · 100, 1 200 · 1
f) 6 000 · 90, 4 000 · 300, 24 000 · 0

4. Übertrage die Tabelle in dein Heft; fülle die Tabelle aus!

a	3	4	7	10	70	100	400	3 000	7 000	40 000
12 · *a*										

5.
a) 120 · 7, 270 · 9, 350 · 4, 980 · 5
b) 630 · 7, 750 · 6, 820 · 5, 910 · 9
c) 206 · 4, 307 · 9, 509 · 7, 806 · 8
d) 520 · 7, 630 · 6, 720 · 2, 320 · 4
e) 460 · 4, 207 · 7, 903 · 3, 511 · 6

6.
a) 250 · 70, 330 · 90, 550 · 60
b) 3 200 · 200, 4 800 · 500, 1 200 · 700
c) 360 · 500, 750 · 300, 850 · 600
d) 530 · 4 000, 460 · 7 000, 550 · 3 000

7. **a)** 78 · 82 **b)** 56 · 35 **c)** 21 · 72 **d)** 17 · 17 **e)** 24 · 41
f) 33 · 45 **g)** 61 · 57 **h)** 57 · 81 **i)** 75 · 18 **j)** 48 · 32

8. Überschlage folgende Produkte!
a) 39 · 307 **b)** 861 · 78 **c)** 2 358 · 59 **d)** 89 · 123

9. Bei einer Klassenarbeit wurden folgende Aufgaben gestellt:
(1) 257 · 23, **(2)** 114 · 46, **(3)** 343 · 57, **(4)** 74 · 196.
Ulf hat sich als richtige Ergebnisse 19 551, 14 504, 5 911, 5 244 notiert. Welches Ergebnis gehört zu welcher Aufgabe?

10. **a)** 305 · 270 **b)** 305 · 207 **c)** 350 · 270 **d)** 350 · 207

11. **a)** 852 · 805 **b)** 875 · 643 **c)** 462 · 409 **d)** 5 046 · 973 **e)** 2 023 · 937
f) 340 · 218 **g)** 909 · 101 **h)** 270 · 117 **i)** 1 008 · 309 **j)** 2 004 · 406
k) 407 · 205 **l)** 964 · 221 **m)** 905 · 313 **n)** 8 764 · 406 **o)** 4 832 · 302

12. **a)** 37 · 303 **b)** 37 · 3 003 **c)** 37 · 30 003

13. **a)** 3 003 · 41 **b)** 3 737 · 33 **c)** 789 · 407

14. Welche Aussagen sind wahr? Begründe mündlich!
a) Es gibt eine natürliche Zahl x, für die $x \cdot 0 = 0$ ist.
b) Es gibt eine natürliche Zahl y, für die $0 \cdot y = 1$ ist.
c) Es gibt eine natürliche Zahl z, für die $z \cdot 1 = 0$ ist.

15. Bei einem Sportfest sind Turner in 6 Reihen zu je 15 Sportlern angetreten. Es wird das Kommando „Links um!" gegeben. Wieviel Reihen zu wieviel Sportlern sind jetzt vorhanden? Wie ändert sich dabei die Anzahl der Turner?

16. Für welche natürlichen Zahlen z gilt jeweils die Gleichung?
a) $35 \cdot 17 = 17 \cdot z$ **b)** $15 \cdot z = z \cdot 15$ **c)** $(17 \cdot 6) \cdot z = 17 \cdot (6 \cdot 8)$

Berechne möglichst vorteilhaft! Begründe deinen Rechenweg!

17. $2 \cdot 17 \cdot 50$, $25 \cdot 3 \cdot 4$, $20 \cdot 43 \cdot 5$, $125 \cdot 8 \cdot 13$, $23 \cdot 4 \cdot 5$, $2 \cdot 18 \cdot 5$

18. $99 \cdot 7$, $4 \cdot 69$, $89 \cdot 6$, $98 \cdot 4$, $129 \cdot 3$, $59 \cdot 8$

19. Berechne das Produkt der kleinsten und größten dreistelligen Zahl! Um wieviel ist es kleiner als 100 000?

20. Schreib mit Klammern! Rechne aus!
Beispiel: Multipliziere das Produkt der Zahlen 7 und 3 mit 9!
Lösung: $(7 \cdot 3) \cdot 9 = 21 \cdot 9 = 189$
a) Multipliziere 50 mit dem Produkt der Zahlen 7 und 10!
b) Multipliziere 50 und 7 mit 10 und addiere die Produkte!

21. Vergleiche die Produkte, ohne sie zu berechnen!
a) $17 \cdot 39$, $17 \cdot 43$ **b)** $118 \cdot 761$, $97 \cdot 761$ **c)** $33 \cdot 47$, $27 \cdot 38$
d) $316 \cdot 0$, $129 \cdot 1$ **e)** $3 \cdot 7 \cdot 5$, $5 \cdot 3 \cdot 7$ **f)** $400 \cdot 60$, $600 \cdot 40$

22.* Wie verändert sich das Produkt $12 \cdot 8$, wenn man
a) den ersten Faktor verdoppelt (vervierfacht, halbiert),
b) den ersten Faktor verdoppelt und den zweiten halbiert?

23. Löse folgende Gleichungen mündlich!

a)	b)	c)	d)
$3 \cdot x = 27$	$10 \cdot x = 100$	$x \cdot 19 = 95$	$30 \cdot x = 0$
$x \cdot 8 = 44$	$15 \cdot x = 60$	$9 \cdot x = 117$	$x \cdot 0 = 7$
$17 \cdot x = 1700$	$30 \cdot x = 80$	$x \cdot 17 = 17$	$x \cdot 0 = 0$
$50 \cdot x = 200$	$20 \cdot x = 120$	$1 \cdot x = 25$	$15 \cdot x = 1$

24. für welche natürlichen Zahlen x gilt jeweils die Ungleichung?

a)	b)	c)*
$10 \cdot x < 80$	$3\,x > 10$	$10 < 9 \cdot x < 40$
$x \cdot 0 < 3$	$9 \cdot x > 90$	$0 < 8 \cdot x < 30$
$x \cdot 50 < 190$	$5 \cdot x > 15$	$120 < 20 \cdot x < 140$

25.* **a)** Multipliziere 7 mit sich selbst! Multipliziere Nachfolger und Vorgänger von 7 miteinander! Vergleiche beide Produkte!
b) Bilde selbst entsprechende Produkte und vergleiche sie! Was vermutest du?

26. In einer Familie sind 6 Söhne. Jeder Sohn hat eine Schwester. Wieviel Kinder sind in der Familie?

---

1. Wandle in die nächstkleinere Einheit um!
3,9 m, 55 cm, 27 dm, 3 km, 0,788 km, 1,5 cm, 16 cm, 5 dm

2. Wandle in die nächstgrößere Einheit um!
750 cm, 30 dm, 4 000 m, 60 mm, 43,6 dm, 1 500 m, 4 cm

3. Wieviel Sekunden sind 6 min, 3 min, 7 min, 10 min, 15 min?

4. Trage eine Strecke von 4 cm Länge auf zwei Strahlen ab, die senkrecht aufeinander stehen und einen gemeinsamen Anfangspunkt haben! Ergänze die Figur zu einem Rechteck! Was für ein Rechteck erhältst du?

4 Division natürlicher Zahlen

● **13** **a)** Einer Imbißstube werden 350 Flaschen Saft in Kästen zu je 25 Flaschen geliefert. Wieviel Kästen erhält die Verkaufsstelle?
b) Gleichzeitig werden 360 Flaschen Brause in 12 vollen Kästen angeliefert. Wieviel Flaschen enthält jeder Kasten?

● **14** Gib alle natürlichen Zahlen x an, für die
a) $8 \cdot x = 72$, **b)** $x \cdot 8 = 72$, **c)** $4 \cdot x = 62$ gilt!
Erläutere, wie man diese Zahlen finden kann!

Wir wissen: Die **Division** ist die **Umkehroperation der Multiplikation.**

$8 \cdot x = 72$ oder $x \cdot 8 = 72$ — ist gleichbedeutend mit — $x = 72 : 8$

Wir wissen auch: Gibt es zu natürlichen Zahlen a und b genau eine natürliche Zahl x, so daß $a = b \cdot x$ ist, bezeichnet man die Zahl x als **Quotient** $a : b$. Die Zahl a heißt **Dividend,** die Zahl b *Divisor* des Quotienten $a : b$. Gibt es keine oder mehrere solche Zahlen x, ist die Division nicht ausführbar.

▶ **5** Die **Division durch Null** ist nicht ausführbar!

Beispiel: a) Die Division $4 : 0$ ist nicht ausführbar, weil es keine Zahl x gibt, für die $4 = 0 \cdot x$ ist.
b) Die Division $0 : 0$ ist nicht ausführbar, weil es viele Zahlen x gibt, für die $0 = 0 \cdot x$ ist.

● **15** Berechne mündlich und begründe dein Ergebnis!
a) $15 : 1$, $37 : 1$, $1 : 1$ **b)** $0 : 15$, $0 : 37$, $0 : 1$ **c)** $15 : 15$, $37 : 37$, $1 : 1$

▶ **6**

Für jede Zahl a gilt:	$a : 1 = a$
Für jede Zahl a (außer Null) gilt:	$0 : a = 0$, $a : a = 1$

● **16** Gib drei Paare $(a; b)$ natürlicher Zahlen an, für die $a : b = 7$ ist!

● **17** Berechne und vergleiche die Ergebnisse miteinander!
a) $(288 : 12) : 2$ **b)** $288 : (12 : 2)$ **c)** $288 : 12 : 2$

Die Quotienten $(a : b) : c$ und $a : (b : c)$ sind in der Regel nicht gleich. Wenn zweimal zu dividieren ist, kommt es darauf an, wie die Klammer gesetzt ist. Was in Klammern steht, ist zuerst zu dividieren. Kommt keine Klammer vor, so dividiert man schrittweise von links nach rechts.

● **18** 100 t Schrott sollen auf Güterwagen transportiert werden.
Jeder Wagen faßt 15 t.
a) Wieviele Wagen höchstens können mit Schrott voll beladen werden?
b) Wieviel Wagen müssen zum Abtransport bereitgestellt werden?

Manche Frage bei einer Sachaufgabe führt zwar auf eine nicht ausführbare Division, läßt sich aber doch vernünftig beantworten. Hier hilft die *uns schon bekannte* Division mit Rest:

100 : 15 = 6
Rest 10

oder

100 : 15 = 6 Rest 10

● **19** Was fällt dir auf, wenn du deine Antworten zu Auftrag 18 mit dem Ergebnis von 100 : 15 bei der Division mit Rest vergleichst?

Größere Zahlen dividiert man meistens schriftlich.

■ **4**

a)
```
3 472 : 7 = 496
28
--
 67
 63
 --
  42
  42
  --
   0
```
Überschlag: 3 500 : 7 = 500
Vergleich: $496 \approx 500$
Kontrolle:
```
496 · 7
-------
 3 472
```

b)
```
88 800 : 24 = 3 700
72
---
168
168
---
  0
```
Überschlag: 80 000 : 20 = 4 000
Vergleich: $3\,700 \approx 4\,000$
Kontrolle:
```
3 700 · 24
----------
   7 400
  14 800
----------
  88 800
```

c)
```
1 155 : 18 = 64
108
----
  75
  72
  --
Rest 3
```
Überschlag: 1 200 : 20 = 60
Vergleich: $64 \approx 60$
Kontrolle:
```
64 · 18        1 152
-------      +     3
   64        -------
  512          1 155
-------
 1 152
```

Aufgaben

1. Dividiere 120 durch 2 (3, 4, 5, 6, 7, 8, 9, 10, 12, 15, 20)!

2.
a) Dividiere durch 2!
46, 104, 364, 1 208, 2 496

b) Dividiere durch 3!
36, 126, 246, 1 296, 2 109

c) Dividiere durch 7!
91, 147, 805, 7 497, 1 421

d) Dividiere durch 9!
108, 171, 9 189, 1 305, 8 181

e) Dividiere durch 11!
165, 418, 462, 1 078, 3 575

f) Dividiere durch 15!
75, 405, 165, 2 340, 7 830

A

3. Berechne die Quotienten und vergleiche die Ergebnisse! Was stellst du fest?

a) 56 : 7
560 : 7
5 600 : 7
56 000 : 7

b) 48 : 6
480 : 60
4 800 : 600
48 000 : 6 000

4.

a)	**b)**	**c)**	**d)**
380 : 20	42 000 : 300	56 000 : 700	1 230 000 : 1 000
810 : 30	10 800 : 600	800 : 100	2 500 000 : 50 000
600 : 40	80 000 : 500	2 400 : 400	66 000 : 600
4 800 : 60	11 200 : 700	3 600 : 120	320 000 : 800

5.

a)	**b)**	**c)**	**d)**	**e)**
126 : 6	105 : 15	300 : 25	609 : 3	144 : 12
143 : 7	78 : 12	360 : 60	804 : 4	978 : 9
351 : 9	95 : 19	960 : 80	8 040 : 20	1 700 : 5
276 : 3	480 : 16	700 : 35	10 050 : 25	4 800 : 20
720 : 9	8 : 48	320 : 60	4 000 : 5	7 200 : 8

6. Hinter den Quotienten sind Überschläge angegeben. Welche davon sind nicht geeignet? Begründe! Berechne die Quotienten!

a) 1 986 : 3 Ü.: (1) 2 000 : 3, (2) 1 900 : 3, (3) 1 800 : 3, (4) 1 500 : 3
b) 3 558 : 6 Ü.: (1) 3 500 : 6, (2) 3 600 : 6, (3) 4 000 : 6, (4) 3 000 : 6
c) 4 944 : 8 Ü.: (1) 4 900 : 8, (2) 5 000 : 8, (3) 4 800 : 8, (4) 4 900 : 7
d) 7 083 : 9 Ü.: (1) 7 000 : 9, (2) 7 100 : 9, (3) 7 200 : 9, (4) 7 000 : 10

7.

a) 8 245 : 97	**b)** 6 966 : 54	**c)** 6 500 : 21	**d)** 1 089 : 33
e) 8 136 : 72	**f)** 1 399 : 41	**g)** 7 659 : 37	**h)** 1 200 : 91
i) 8 815 : 43	**j)** 2 210 : 35	**k)** 8 840 : 81	**l)** 2 025 : 45
m) 7 061 : 23	**n)** 665 : 35	**o)** 7 029 : 99	**p)** 4 225 : 65
q) 10 989 : 33	**r)** 19 536 : 44	**s)** 59 829 : 77	**t)** 29 304 : 88

8. Löse mündlich folgende Gleichungen!

a) $x : 9 = 20$, $x : 10 = 13$, $x : 7 = 11$, $x : 15 = 10$
b) $150 : x = 30$, $56 : x = 6$, $480 : x = 240$, $185 : x = 10$
c) $x : 30 = 500$, $1\,000 : x = 20$, $500 : x = 70$; $x : 80 = 0$

9. Auf welche Ziffer endet eine Zahl, die bei Division durch 10 den Rest 7 (8, 3, 9) läßt?

10. Wie ändert sich der Quotient 160 : 8, wenn man
a) den Dividend verdoppelt (halbiert),
b) den Divisor verdoppelt (halbiert),
c) Dividend und Divisor verdoppelt (halbiert)?

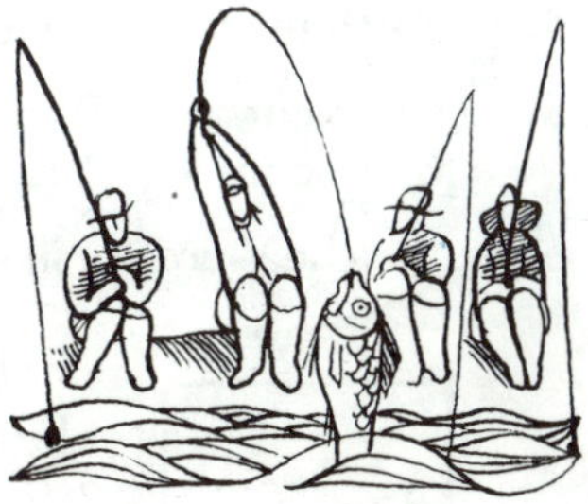

11. Die Entfernung Sonne – Erde beträgt 150 000 000 km. Wie lange braucht ein Lichtstrahl von der Sonne zur Erde, wenn das Licht in der Sekunde 300 000 km zurücklegt?

12. An einem Teich sitzen vier Angler. Wieviel Karpfen kann ein Angler fangen, wenn 20 Karpfen im Teich sind?

13. Ein Lkw mit Anhänger soll 95 t Dünger abfahren. Er befördert mit jeder Fahrt 78 dt. Wie oft muß er fahren?

14. Ein Eisenträger ist 180 cm lang. Er wird in Stücke zu je 15 cm Länge zersägt. Wieviel Schnitte sind dafür notwendig?

15. Von einem Ballen mit 50 m Stoff kostet ein Meter 28 DM. Von diesem Stoff wird für insgesamt 756 DM verkauft. Wieviel Meter Stoff sind noch auf dem Ballen?

16. Ein Konfektionsbetrieb erhält 14 Ballen mit je 45 m Stoff. Für einen Anzug braucht man durchschnittlich 3 m Stoff. Wieviel Anzüge lassen sich aus dem Stoff herstellen?

17. Ein Dreher benötigte bisher für das Bearbeiten eines Werkstückes 6 Minuten und 47 Sekunden. Durch Anwenden einer neuen Methode kann er künftig den elften Teil seiner Arbeitszeit sparen.
a) Wieviel Arbeitszeit spart er bei einem Werkstück ein?
b) Wieviel Sekunden benötigt er dann für ein Werkstück?

18. Es wurden 2 t Öl in Flaschen zu je 400 g Inhalt abgefüllt. Jeweils 25 Flaschen wurden in einen Karton gepackt. Wieviel solche Kartons wurden benötigt?

19. Sven wohnt im ersten, Tilo im dritten und Jörg im sechsten Stockwerk eines Hochhauses. Wenn Sven seinen Freund Tilo besucht, muß er 32 Stufen steigen. Wieviel Stufen muß er steigen, wenn er Jörg besucht?

20.* Bei den folgenden Aufgaben sind Ziffern durch * ersetzt.
Versuche, die Aufgabe wiederherzustellen!

a) 5162 · ***	**b)** 4*0* · ***
15486	86*6
***2	17***
***2*	****7
******4	*******

---

1. Runde auf Minuten!
3 min 25 s, 5 min 53 s, 95 s, 375 s

2. Runde auf Stunden!
4 h 9 min, 8 h 50 min, 458 min

3. Auf einer Karte im Maßstab 1 : 100 000 ist ein Weg 7 cm lang. Welche Länge hat er in Wirklichkeit?

4. Zeichne ein Parallelogramm PQRS!

5. **a)** Zeichne ein Trapez, das kein Parallelogramm ist!
b) Zeichne ein Parallelogramm, das kein Trapez ist!

6. Welche Vierecke sind **a)** Trapeze, **b)** Parallelogramme, **c)** Rechtecke, **d)** Quadrate?

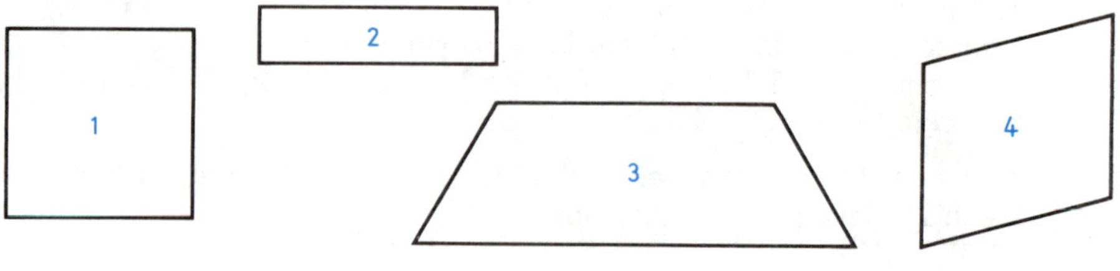

5 Potenzen

A

Wir kennen bereits die **Potenzschreibweise.**
Zum Beispiel schreiben wir kurz 10^4 für das Produkt $10 \cdot 10 \cdot 10 \cdot 10$, also für 10 000.

● **20** **a)** Schreib 10^3, 10^5, 10^9 als Produkte! Berechne sie!
b) Schreib als Potenzen! Berechne sie!
$10 \cdot 10$, $10 \cdot 10 \cdot 10 \cdot 10 \cdot 10 \cdot 10$, $10 \cdot 10 \cdot 10 \cdot 10 \cdot 10 \cdot 10 \cdot 10 \cdot 10$

Entsprechend lassen sich auch alle anderen Produkte mit gleichen Faktoren als Potenzen schreiben. Zum Beispiel schreibt man:
$5 \cdot 5 = 5^2$, $5 \cdot 5 \cdot 5 = 5^3$, $5 \cdot 5 \cdot 5 \cdot 5 = 5^4$, ...

● **21** **a)** Schreib die folgenden Produkte als Potenzen!
$2 \cdot 2 \cdot 2$, $3 \cdot 3 \cdot 3 \cdot 3$, $4 \cdot 4 \cdot 4$, $11 \cdot 11$, $a \cdot a \cdot a$, $a \cdot a \cdot a \cdot a$
b) Schreib die folgenden Potenzen als Produkte! $2^4, 3^3, 6^5, 2^2, 1^5, 0^4, b^3, x^2$

Will man Potenzen berechnen, muß man multiplizieren.

■ **5** Es ist 3^5 zu berechnen. $3^5 = 3 \cdot 3 \cdot 3 \cdot 3 \cdot 3$
Man kann der Reihe nach rechnen:
$3 \cdot 3 = 9$, $9 \cdot 3 = 27$, $27 \cdot 3 = 81$, $81 \cdot 3 = 243$; also: $3^5 = 243$.

● **22** Berechne die folgenden Potenzen! $2^5, 7^3, 3^6, 5^4, 1^{20}, 0^{34}$

▶ **7**

> Für das Produkt $a \cdot a \cdot a \ldots \cdot a$ aus n gleichen Faktoren a schreiben wir die **Potenz a^n.**
> Die Zahl ***a*** heißt **Basis** und die Zahl ***n*** **Exponent** der Potenz a^n.

● **23** Begründe, warum dabei n mindestens gleich 2 sein muß!

Wir wissen schon, daß auch 10 eine Zehnerpotenz ist. Wir wollen daher nicht nur $10^1 = 10$ festlegen, sondern für jede natürliche Zahl a soll gelten:

> $a^1 = a$

● **24** **a)** Vergleiche 2^4 und 4^2! Was vermutest du?
b) Vergleiche auch 2^3 und 3^2! Was stellst du fest?

Man darf **Basis und Exponent** bei einer Potenz in der Regel **nicht vertauschen.**
Potenzen natürlicher Zahlen mit dem **Exponenten 2** nennt man **Quadratzahlen.**

Aufgaben

1. Schreib die Produkte als Potenzen! Berechne sie!
$5 \cdot 5 \cdot 5$, $3 \cdot 3 \cdot 3$, $4 \cdot 4 \cdot 4 \cdot 4$, $2 \cdot 2 \cdot 2 \cdot 2$, $7 \cdot 7$, $0 \cdot 0 \cdot 0$, $1 \cdot 1 \cdot 1 \cdot 1$

2. Berechne die Potenzen!
a) 2^3 **b)** 2^6 **c)** 3^3 **d)** 6^2 **e)** 2^5 **f)** 5^2 **g)** 2^{10}

3. Berechne die Quadratzahlen für alle Zahlen bis 20!

4. Löse folgende Gleichungen und Ungleichungen!

a) $10^x = 1\,000$, $10^x = 100\,000$, $10^x = 10$

b) $6^x = 36$, $3^x = 27$, $5^x = 25$, $5^x = 5$, $1^x = 3$, $0^x = 7$

c) $x^2 = 49$, $x^3 = 8$, $x^2 = 121$, $x^4 = 16$, $x^2 = 10$

d)* $x^2 < 25$, $x^2 < 40$, $x^3 < 30$, $2^x < 20$, $3^x < 30$

5.* Ergänze die Tabellen!

a)

x	7		11		15	19			17	
x^2		36		144			81	169		1

b)

x	x^3	$(x+1)^3$	2^x
3			
	8		
			16

c)

y	y^3	$(y-1)^3$	3^y
4			
	125		
			27

d)

a	3	2	8					3		
n	2	6		3	2	3	2		2	3
a^n			64	1 000	25	27	36	81	81	64

6.* Schreib die Zahl 8 (27, 64, 125, 100 000, 16, 1, 0) als Potenz mit einem Exponenten, der größer als 1 ist!

7. Ordne der Größe nach! Beginne mit der kleinsten Zahl!

a) $34;\ 3 + 4;\ 3 \cdot 4;\ 3^4$ **b)** $25;\ 2 + 5;\ 2 \cdot 5;\ 2^5$ **c)** $22;\ 2 + 2;\ 2 \cdot 2;\ 2^2$

8. In einem Märchen heißt es:

„Vor dem Schlosse stehen sieben Bäume. Jeder Baum hat sieben Äste. Jeder Ast hat sieben Zweige. An jedem Zweig hängen sieben goldene Blätter. Jedes Blatt wiegt sieben Gramm. Wer die Prinzessin befreit, darf alle Blätter herunterschütteln."

Wieviel Gramm Gold erhält der Befreier?

9.* Ralf behauptet:

a) Das Produkt $x \cdot y$ ist stets kleiner als die Potenz x^y.

b) Jede Potenz x^y ist verschieden von der Potenz y^x.

Überlege, ob Ralfs Behauptungen zutreffen! Begründe!

---

1. Gib den zehnten Teil von 3 kg, 5 t, 9 cm, 4 g, 15 m, 4 min, 5 dt an!

2. Zeichne ein gleichseitiges Dreieck *ABC*!

3. Zeichne ein gleichschenkliges, aber nicht gleichseitiges Dreieck *EFG*!

6 Nacheinanderausführen mehrerer Rechenoperationen

● **25** **a)** Elke erhält von ihrer Mutter 20 DM. Sie soll davon 4 kg Äpfel kaufen. 1 kg kostet 2 DM. Wieviel D-Mark gibt sie der Mutter zurück?
b) Holger kauft je 12 Hefte zu 50 Pf und zu 1,50 DM. Was muß er bezahlen?
Schreib jeweils auf, wie du rechnest!

Bei mehreren Rechenoperationen in einer Aufgabe ist deren **Reihenfolge** zu **beachten.**

▶ **8**

> **1.** Was in Klammern steht, zuerst berechnen
> **2.** Potenzen berechnen
> **3.** Multiplizieren oder Dividieren vor Addieren oder Subtrahieren („Punktrechnung vor Strichrechnung")

■ **6**

a) $3 \cdot 12 - 9 = 36 - 9 = 27$

b) $(37 + 8) : 9 = 45 : 9 = 5$

c) $3 \cdot 8 + 4 \cdot 9 = 24 + 36 = 60$

d) $2 \cdot 3^2 = 2 \cdot 9 = 18$

Sonst wird schrittweise von links nach rechts gerechnet, sofern nicht Rechengesetze eine andere Reihenfolge gestatten.

■ **7**

a) $15 \cdot 10 : 25 = 150 : 25 = 6$

b) $15 : 5 \cdot 7 = 3 \cdot 7 = 21$

c) $5 \cdot 13 \cdot 2 = 65 \cdot 2 = 130$ oder **d)** $5 \cdot 13 \cdot 2 = 10 \cdot 13 = 130$

● **26** Welche Rechenoperation ist im Beispiel 7 jeweils zuletzt auszuführen?

An der jeweils **zuletzt** auszuführenden Rechenoperation erkennt man, ob es sich insgesamt um eine Summe, eine Differenz, ein Produkt oder einen Quotienten handelt.

$3 \cdot 8 + 4 \cdot 9$ ist eine Summe. $2 \cdot 3^2$ ist ein Produkt.
$3 \cdot (8 + 4) - 9$ ist eine Differenz. $(37 + 8) : 9$ ist ein Quotient.

Aufgaben

1. Berechne und vergleiche! Wo dürfen Klammern weggelassen werden?

a) $120-(80-25)$, $120-80-25$ **b)** $300+(180-60)$, $300+180-60$
c) $(31+67)-14$, $31+(67-14)$ **d)** $27-(15+3)$, $(27-15)+3$
e) $(24+36):12$, $24+36:12$ **f)** $(33-3)\cdot 10$, $33-3\cdot 10$
g) $(15+25)\cdot 8$, $15+25\cdot 8$ **h)** $60:15-3$, $60:(15-3)$

2. Berechne und vergleiche die drei Ergebnisse miteinander! Wo dürfen Klammern weggelassen werden?

a) $(60:3)\cdot 5$, $60:(3\cdot 5)$, $60:3\cdot 5$ **b)** $(90:15)\cdot 2$, $90:(15\cdot 2)$, $90:15\cdot 2$
c) $(5\cdot 12):3$, $5\cdot(12:3)$, $5\cdot 12:3$ **d)** $(8\cdot 16):4$, $8\cdot(16:4)$, $8\cdot 16:4$

3. **a)** $3\cdot 13-3$ **b)** $7\cdot 15+5$ **c)** $57-(27-3)$ **d)** $121-(41+79)$
e) $6\cdot 19-11$ **f)** $8\cdot(7+3)$ **g)** $(16+4)\cdot 9$ **h)** $213+7\cdot 11$
i) $(14+7)\cdot 4$ **j)** $73-3\cdot 5$ **k)** $(81-27):9$ **l)** $39+21:3$
m) $9\cdot(13+37)$ **n)** $(58-15)\cdot 2$ **o)** $72:(45-37)$ **p)** $68-54:6$

4. Ermittle von 15 und 5
a) die Summe, das Produkt, die Differenz, den Quotienten,
b) das Produkt aus Summe und Differenz,
c) den Quotienten aus Summe und Differenz!

5. Gib folgende Aufgaben in Worten wieder! Rechne!
a) $(83+17)-50$ **b)** $70-(19+27)$ **c)** $5\cdot(17+33)$ **d)** $(35-7):4$
e) $210:(12+18)$ **f)** $200-(50:2)$ **g)** $4\cdot 9+6\cdot 7$ **h)** $180:20-14$

6. **a)** 2^3-5 **b)** $7+5^2$ **c)** $5\cdot 10^4$ **d)** $2^2\cdot 7$ **e)** $1\cdot 3^4-1$
f) $3\cdot 10^2-1$ **g)** $2+3^2$ **h)** $(2+3)^2$ **i)** $2\cdot 3^2$ **j)** $(2\cdot 3)^2$
k) $2^2\cdot 3$ **l)** $(3-2)^2$ **m)** $3-2^2$

7. Gib an welche Rechenoperation zuletzt auszuführen ist!
a) $6\cdot 7+4\cdot 3$ **b)** $3\cdot 7+5$ **c)** $3\cdot(15+7)$ **d)** $23-3\cdot 5$
e) $(35-25):2$ **f)** $25:5\cdot 6$ **g)** $33+7\cdot 6$ **h)** $36\cdot 3:12$

8. Eine Klasse mit 31 Schülern macht einen Tagesausflug. Der Lehrer sammelt von jedem Schüler 8,40 DM Fahrgeld, 4,50 DM für das Mittagessen und 1,50 DM für Getränke ein.
Ermittle auf zweierlei Weise den Gesamtbetrag!

9. Zwei Zahlen unterscheiden sich um 60. Auf dem Zahlenstrahl liegen sie gleich weit von 190 entfernt. Wie heißen die Zahlen?

10.* In einer Baumschule sollen 80 Setzlinge in 4 gleich langen Reihen ausgepflanzt werden. Der Abstand von Setzling zu Setzling soll 50 cm betragen. Wie lang ist jede Reihe?

11. Für einen Kongreß stehen Busse mit je 36 Sitzplätzen zur Verfügung. Wieviel Busse werden benötigt, um die 3 500 Teilnehmer zu befördern, wenn 740 Teilnehmer eigene Fahrzeuge benutzen?

Weitere Anwendungen des Rechnens mit natürlichen Zahlen

A

7 Variable

27 Setze für x die Zahlen 3, 7, 10, 1 und 0 ein und rechne!
a) $3 \cdot x + 4$ **b)** $3 \cdot (x + 4)$

Anstelle von x in $3 \cdot x + 4$ kann man jede **beliebige natürliche Zahl** setzen. Welche Zahl man dann für $3 \cdot x + 4$ erhält, hängt davon ab, welche Zahl man für x setzt. Man nennt x eine **Variable.** Als Variable kann man auch andere Buchstaben verwenden.

28 Welche Rechenoperation ist zuletzt auszuführen, wenn man für x Zahlen einsetzt und rechnet?
a) $3 \cdot x + 4$ **b)** $3 \cdot (x + 4)$ **c)** $3 \cdot x - 4$ **d)** $(x - 4) : 3$

Aufgaben

1. a)

a	$6 \cdot a + 3$	$6 \cdot a - 3$	$6 \cdot (a + 3)$	$6 \cdot (a - 3)$	$6 \cdot a + 3 \cdot a$	$9 \cdot a$
3						
8						

b)

a	b	c	$4 \cdot a + b$	$4 \cdot (a - b)$	$a \cdot b + 4$	$a \cdot (b + c)$	$a \cdot b - c$	$a - b \cdot c$
9	9	1						
6	4	2						

2. a)

a	b	c	$a \cdot b + c$	$a + b \cdot c$	$a + b + c$	$a \cdot b \cdot c$	$a - b - c$	$a + b - c$
9	4	1						
10	3	6						

b)

a	b	c	$(a + b) : c$	$(a - b) : c$	$a \cdot b : c$	$a : b + c$	$a : (b - c)$
8	4	2					
12	6	3					

3. Welche Rechenoperation ist zuletzt auszuführen?
a) $14 + 3 \cdot n$ **b)** $14 \cdot (n + 3)$ **c)** $7 \cdot b - 20$ **d)** $(a - 12) : 3$ **e)** $7 \cdot a : 3$
f) $3 : (a + b)$ **g)** $(x + 13) \cdot 2$ **h)** $3 \cdot a + 7$ **i)** $60 : (a \cdot 3)$ **j)** $60 : a \cdot 3$

4. Schreib mit Variablen
a) das Doppelte (Dreifache, Zehnfache) einer Zahl
b) das Vierfache einer Zahl, vermehrt um 6
c) die Differenz des Fünffachen einer Zahl und 17
d) den Nachfolger einer Zahl
e)* den Vorgänger des Nachfolgers einer Zahl
f)* den fünften Teil des Fünffachen einer Zahl!

5. Vervollständige die Tabellen (bei c)* auch den „Tabellenkopf")!

a)

x	$7 \cdot x$
3	
	49
11	
	98

b)

n	$10 \cdot n + 3$
5	
	43
13	
	83

c)*

7	35
10	50
33	
	90

---

1. Ermittle x!
a) $8 \cdot x = 72$, $50 \cdot x = 450$, $7 \cdot x = 70$, $30 \cdot x = 660$, $15 \cdot x = 0$
b) $x : 7 = 3$, $x : 8 = 11$, $x : 9 = 55$, $x : 15 = 5$, $x : 8 = 1$, $x : 17 = 0$

2. Addiere zu a den Nachfolger von a! ($a = 23, 65, 68, 100$)

8 Gleichungen

Setzt man in die Gleichung $7 \cdot x - 8 = 6$ für die Variable x beliebig gewählte Zahlen ein, so erhält man eine **Aussage.** Diese Aussage kann **wahr** oder **falsch** sein.

$7 \cdot x - 8 = 6$

$x = 2$ | $x = 5$

$7 \cdot 2 - 8 = 6$ | $7 \cdot 5 - 8 = 6$

wahr | falsch

Man sagt: 2 **ist eine Lösung** der Gleichung $7 \cdot x - 8 = 6$, oder
2 **erfüllt** diese Gleichung.
5 **ist keine Lösung** der Gleichung $7 \cdot x - 8 = 6$, oder
5 **erfüllt nicht** diese Gleichung.

● **29** **a)** Überprüfe, ob 0, 3 und 7 die Gleichung $2 \cdot x + 3 = 9$ erfüllen!
b) Verfahre ebenso mit der Gleichung $x \cdot x = 7 \cdot x$!

A

Lösungen von Gleichungen lassen sich durch Probieren finden.

● **30** **a)** Finde alle Zahlen, die die Gleichung $5 \cdot x + 40 = 70$ erfüllen!
Nutze dazu die Tabelle!

x	0	1	2	3	….
$5 \cdot x + 40$	40	45			

b) Begründe, warum nur eine einzige Zahl die Gleichung erfüllt!

Ein solches Probieren kann lange dauern. Manchmal ist es daher zweckmäßig, eine Gleichung so wie in dem folgenden Beispiel zu lösen.

■ **8**

Wir schreiben:	*Wir überlegen:*
$5 \cdot x + 40 = 70$	Es ist $30 + 40 = 70$
	Also ist $5 \cdot x = 30$
$5 \cdot x = 30$	Es ist $5 \cdot 6 = 30$
$\underline{\underline{x = 6}}$	Also ist $x = 6$

Probe:
$5 \cdot 6 + 40 = 70$, — Diese Aussage ist wahr.
denn $5 \cdot 6 = 30$,
$30 + 40 = 70$. — Also ist 6 die Lösung der Gleichung.

Es gibt Gleichungen, die von **keiner** oder **genau einer Zahl**, von **mehreren** oder sogar **allen Zahlen** erfüllt werden.

$5 \cdot x + 40 = 70$	wird von genau einer Zahl erfüllt.
$x \cdot x = 7 \cdot x$	wird von zwei Zahlen erfüllt.
$x + 1 = x$	wird von keiner Zahl erfüllt.
$x + 1 = 1 + x$	wird von jeder Zahl erfüllt.

▶ **9**

> Eine Gleichung lösen bedeutet:
> alle Zahlen finden, die die Gleichung erfüllen.

Aufgaben

1. Überprüfe, ob die Zahlen 9, 15, 20, 120 die Gleichungen erfüllen!
a) $x + 45 = 60$ **b)** $6 \cdot x = 54$ **c)** $100 : x = 5$
d) $3 \cdot x - 320 = 40$ **e)** $5 \cdot x - 45 = 0$ **f)** $4 \cdot x - 25 = 35$

2. Überprüfe, ob 4, 0, 3, 6 die Gleichungen erfüllen!
a) $10 \cdot x - 7 = 33$ **b)** $(x + 4) : 5 = 2$ **c)** $x \cdot x = 3 \cdot x$

3. Löse mündlich folgende Gleichungen!
a) $18 + x = 91$ **b)** $x - 18 = 37$ **c)** $33 - x = 17$ **d)** $12 \cdot x = 84$
e) $x : 9 = 17$ **f)** $91 : x = 13$ **g)** $125 \cdot x = 0$ **h)** $70 \cdot x = 630$

4. Löse die folgenden Gleichungen!

a) $10 \cdot y + 20 = 100$ **b)** $6 \cdot m + 1 = 79$ **c)** $7 \cdot a - 1 = 48$
d) $95 + 5 \cdot x = 120$ **e)** $3 \cdot x - 30 = 50$ **f)** $(d - 3) \cdot 4 = 24$
g) $11 \cdot a + 1 = 122$ **h)** $(x + 8) : 5 = 3$ **i)** $7 \cdot x + 64 = 92$

5. Welche Zahlen erfüllen folgende Gleichungen?

a) $5 \cdot n + 60 = 90$ **b)** $4 \cdot (x - 2) = 12$ **c)** $(c + 14) : 6 = 3$
d) $7 \cdot x - 85 = 55$ **e)** $3 \cdot (d + 4) = 18$ **f)** $(7 - y) : 4 = 1$
g) $6 \cdot (x - 5) = 0$ **h)** $20 \cdot (x - 10) = 0$ **i)** $5 \cdot (x + 7) = 0$

6. Löse folgende Gleichungen!

a) $3 \cdot (x - 5) = 15$ **b)** $(x + 7) \cdot 5 = 65$ **c)** $x \cdot x = 36$
d) $x \cdot x = 11$ **e)** $0 \cdot x + 17 = 17$ **f)** $0 \cdot x + 3 = 10$
g) $3 + x = x + 3$ **h)*** $x - 1 = x + 1$ **i)*** $1 + x = 1 - x$

7.* Gib die kleinste und die größte natürliche Zahl an, die die Gleichung $25 - x = 25 - x$ erfüllt!

8.* Gib alle natürlichen Zahlen an, die Lösungen der Gleichung sind!

a) $17 : x = 17 : x$ **b)** $25 : x = 25 : x$ **c)** $18 : x = 18 : x$

9.* Setze in die Felder Zahlen so ein, daß die entstehende Gleichung die Zahl 3 als Lösung hat!

a) $\square \cdot x + \square = \square$ **b)** $\square \cdot x - \square = 22$

10. Wie heißt die Zahl?

a) Das Fünffache einer Zahl, vermindert um 25, ist 50.
b) Die Differenz des Siebenfachen einer Zahl und 60 ist 500.
c) Das Produkt aus einer Zahl und 12, vermehrt um 24, ist 60.

11. Ingo denkt sich eine Zahl. Er subtrahiert von ihr 25, dividiert die Differenz durch 5 und erhält 3. Welche Zahl hat er sich gedacht?

12. Formuliere die Gleichungen als Zahlenrätsel! Löse sie!

a) $x + 45 = 83$ **b)** $x : 40 = 8$ **c)** $2 \cdot x - 15 = 45$
d) $(x + 3) \cdot 2 = 40$ **e)** $(x - 50) : 30 = 5$ **f)** $(x - 2) \cdot 3 = 39$

13.* Gib zwei aufeinanderfolgende natürliche Zahlen an, deren Summe **a)** 65, **b)** 80 beträgt!

14. Lutz kauft sechs gleiche Tafeln Schokolade. Er zahlt mit einem Fünfzigmarkschein und erhält 38 DM zurück. Wieviel kostet eine Tafel?

15. Welche Paare natürlicher Zahlen erfüllen die Gleichungen?
Gib jeweils alle Paare in einer Tabelle an!

Beispiel:

$2 \cdot x + y = 11$

x	0	1	2	3	4	5
y	11	9	7	5	3	1

a) $x + y = 18$ **c)** $4 \cdot x + y = 5$ **e)** $x \cdot y = 12$ **g)** $x \cdot y = 1$
b) $3 \cdot x + y = 13$ **d)** $5 \cdot x + y = 21$ **f)** $x \cdot y = 17$ **h)** $x \cdot y = 25$

A

16.* Herrn Müllers Kinder bezahlen für einen Zirkusbesuch zusammen 45 DM. Der Eintritt kostet für Personen ab 14 Jahren 25 DM, unter 14 Jahren 10 DM. Wieviel Kinder hat Herr Müller? Wieviel davon sind jünger als 14 Jahre?

---

1. Setze Zahlen in die leeren Felder ein! In jedem Feld soll die Summe aus den Zahlen stehen, die sich in den beiden Feldern darunter befinden!

(a)

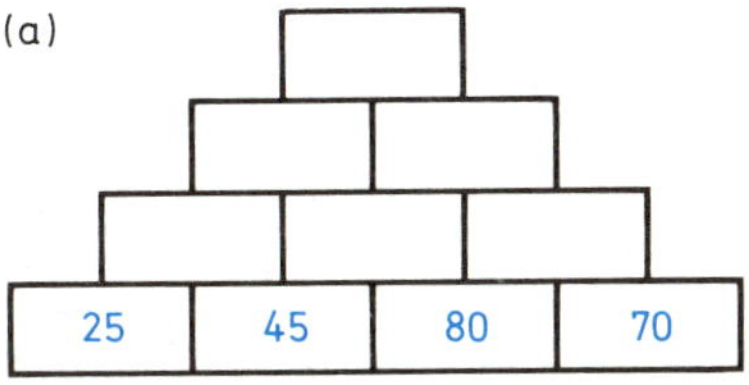

(b)

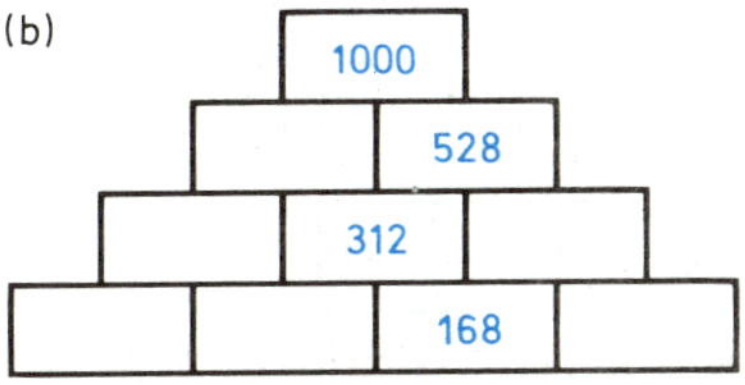

2. Überschlage die Produkte und Quotienten!
a) $375 \cdot 6$, $483 \cdot 7$, $533 \cdot 8$, $458 \cdot 9$, $365 \cdot 8$
b) $872 : 4$, $3\,368 : 4$, $4\,830 : 7$, $8\,226 : 9$, $4152 : 6$

3. Zwei Zahlen, die sich um 1 unterscheiden, ergeben miteinander multipliziert 12 (56, 6, 72). Wie heißen sie?

4. Zeichne ein Koordinatensystem! Beachte, daß du x-Strahl und y-Strahl genügend lang zeichnest! Zeichne die Punkte $(x;y)$ ein! Dabei soll gelten:
a) $x + y = 5$ **b)** $x + y = 10$ **c)** $x \cdot y = 12$

9 Ungleichungen

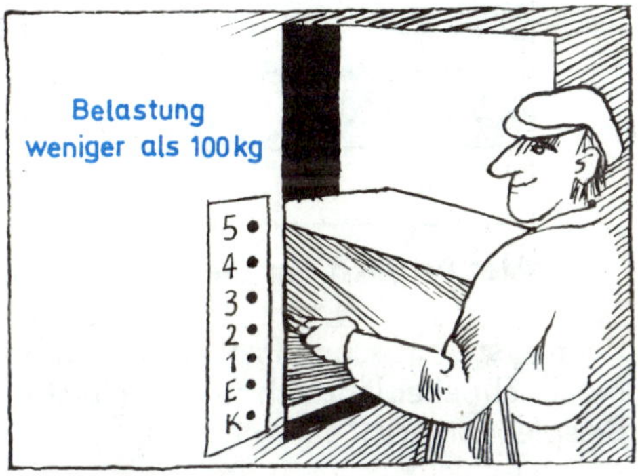

Ein bestimmter Lastenaufzug darf nur mit weniger als 100 kg belastet werden. Die bereits in ihm befindliche Masse beträgt 75 kg. Mit wieviel Kästen zu je 6 kg darf er noch beladen werden?

Im Aufzug befinden sich bereits 75 kg. Wird er noch mit 1, 2, ..., x Kästen beladen, so vergrößert sich die Last um $1 \cdot 6, 2 \cdot 6, \ldots, x \cdot 6$ Kilogramm.
Sie beträgt dann insgesamt $75 + x \cdot 6$ Kilogramm. Wenn $75 + x \cdot 6$ kleiner als 100 ist, ist der Aufzug nicht überlastet.

Anzahl der Kästen	x	0	1	2	3	4	5	...
Gesamtbelastung (in Kilogramm)	$75 + x \cdot 6$	75	81	87	93	99	105	...
		<100					>100	

● **31** Formuliere einen Antwortsatz zu dieser Aufgabe!

Diese Aufgabe führt auf die Ungleichung $75 + x \cdot 6 < 100$
beziehungsweise $6 \cdot x + 75 < 100$.
Setzt man darin für x eine Zahl ein, so kann eine wahre oder eine falsche Aussage entstehen.

$6 \cdot x + 75 < 100$

$x = 2$ → $6 \cdot 2 + 75 < 100$ — wahr

$x = 5$ → $6 \cdot 5 + 75 < 100$ — falsch

Man sagt: 2 **ist eine Lösung** der Ungleichung $6 \cdot x + 75 < 100$ oder
2 **erfüllt** diese Ungleichung.
5 **ist keine Lösung** der Ungleichung $6 \cdot x + 75 < 100$ oder
5 **erfüllt nicht** diese Ungleichung.

● **32** Überprüfe, ob 4, 5 und 6 die Ungleichung $3 \cdot x + 2 < 19$ erfüllen!

● **33** Gib alle Lösungen der Ungleichung $3 \cdot x + 2 < 19$ an! Begründe!

Lösungen einer Ungleichung lassen sich oft durch systematisches Probieren mit Hilfe einer Tabelle finden.

■ **9** Es ist die Ungleichung $5 \cdot x - 10 < 25$ zu lösen.

x	0	1	2	3	4	5	6	7
$5 \cdot x - 10$	–	–	0	5	10	15	20	25
	< 25							

Also erfüllen nur die Zahlen 2, 3, 4, 5, 6 die Ungleichung.

Beim systematischen Probieren muß man nicht immer mit Null beginnen. Noch schneller läßt sich eine Ungleichung lösen, wenn man so wie in dem folgenden Beispiel vorgeht:

■ **10** *Wir schreiben:*

$6 \cdot x + 75 < 100$

$6 \cdot x < 25$

$x = 0, 1, 2, 3, 4$

(oder: $x < 5$)

Wir überlegen:
Es ist $25 + 75 = 100$. Also muß $6 \cdot x$ kleiner als 25 sein.
Es ist $6 \cdot 4 = 24$ und $6 \cdot 5 = 30$.
Also muß x kleiner als 5 sein.
Diese Zahlen erfüllen die Ungleichung, denn: $6 \cdot 4 = 24$, $24 + 75 = 99$, also ist $6 \cdot 4 + 75 < 100$ wahr und damit erst recht $6 \cdot 3 + 75 < 100, \ldots, 6 \cdot 0 + 75 < 100$.

Aufgaben

A

1. Überprüfe, ob 0, 7, 10, 21 Lösungen sind!
a) $x + 17 < 56$ **b)** $x - 5 < 7$ **c)** $47 - x > 10$ **d)** $3 \cdot x > 17$
e) $x : 7 < 3$ **f)** $21 : x < 10$ **g)** $50 - x < 30$ **h)** $x - 7 > 0$

2. Überprüfe, ob 0, 2, 4, 12 Lösungen sind!
a) $2 \cdot x + 12 < 82$ **b)** $3 \cdot x - 30 < 10$ **c)** $5 \cdot x + 15 < 40$
d) $7 \cdot x - 24 < 60$ **e)*** $100 - 7 \cdot x > 11$ **f)*** $23 - 3 \cdot x < 13$

3. Löse folgende Ungleichungen!
a) $5 \cdot x + 12 < 25$ **b)** $11 + 2 \cdot a < 21$ **c)** $6 \cdot z - 10 < 35$ **d)** $13 + 2 \cdot b < 27$
e) $9 \cdot h - 45 < 55$ **f)** $5 \cdot y + 3 < 19$ **g)*** $5 \cdot z < 5 \cdot z$ **h)*** $3 \cdot x < 3 \cdot x + 2$

4. Gib alle natürlichen Zahlen n an, für die man
a) $5 - n$, **b)** $22 - 2 \cdot n$, **c)** $17 - 3 \cdot n$ **d)** $28 - 4 \cdot n$ berechnen kann!

5.* Gibt es eine kleinste und eine größte natürliche Zahl, die man für n einsetzen kann, so daß man
a) $4 \cdot n - 17$ **b)** $3 \cdot n - 12$ **c)** $4 \cdot n + 1$ **d)** $22 - 3 \cdot n$
berechnen kann? Begründe!

6. Gib die größte und die kleinste natürliche Zahl x an!
a) $2 \cdot x - 7 < 15$ **b)** $3 \cdot x - 10 < 27$ **c)*** $25 - 4 \cdot x > 10$

7. **a)** Für welche natürlichen Zahlen ist ihr Siebenfaches, vermehrt um 15, kleiner als 37?
b) Welches ist die größte natürliche Zahl, für die gilt: Das Produkt der Zahl mit 8, vermehrt um 12, ist kleiner als 123.
c) Für welche natürlichen Zahlen gilt: Die Differenz des Vierfachen einer Zahl und der Zahl 23 ist eine natürliche Zahl, die kleiner als 7 ist.

8. Welche natürlichen Zahlen erfüllen folgende Ungleichungen?
a) $x + 4 < 11$ **b)** $x - 2 < 11$ **c)** $4 \cdot c < 43$
d) $5 \cdot n < 54$ **e)** $3 \cdot x + 7 < 25$ **f)** $5 \cdot x + 3 < 40$

9.* Setze in die Felder Zahlen ein, so daß die entstehende Ungleichung die Lösungen 0, 1, 2, 3 und keine weiteren hat!
a) $x < \square$ **b)** $7 \cdot x < \square$ **c)** $3 \cdot x + 5 < \square$

10. Jens kauft Hefte zu 50 Pf das Stück und 2 Blöcke zu je 1,55 DM. Er bezahlt mit einem Fünfmarkstück und erhält Geld zurück. Wieviel Hefte kann er gekauft haben?

11. Beates Vater möchte ein Bücherregal aus Einzelteilen kaufen. Es besteht aus einer 40 cm hohen Bank, auf der 30 cm hohe Teilregale übereinander stehen. Das Zimmer ist 260 cm hoch. Wieviel Teilregale kann der Vater auf die untere Bank stellen? (Fertige eine Skizze an!)

12. Drei Jungen sammeln Eicheln. Der erste findet am wenigsten, nur 12 kg. Der zweite sammelt einige Körbe mit jeweils 5 kg und außerdem einen Beutel mit 2 kg. Der dritte findet am meisten, nämlich 22 kg. Wieviel Körbe hat der zweite gefüllt?

1. Berechne die Summe aller natürlichen Zahlen
a) von 1 bis 10, **b)** von 1 bis 20, **c)** von 20 bis 30!

2. x sei der Preis für einen Block, y der Preis für ein Heft. Was bedeutet dann
a) $3 \cdot x$, **b)** $5 \cdot y$, **c)** $3 \cdot x + 4 \cdot y$, **d)** $x = 5 \cdot y$?

3. Zeichne eine Strecke $\overline{AB} = 7{,}3$ cm! Zeichne danach um A und B je einen Kreis mit $r = 4{,}5$ cm! Bezeichne die Schnittpunkte beider Kreise mit C und D! Zeichne die Strecke $\overline{CD}$! Was stellst du fest?

10 Durchschnitt und arithmetisches Mittel

● **34** Lars, Udo und Tom wollen Murmeln spielen. Sie haben 17, 18 und 13 Murmeln. Zu Beginn teilen sie die Murmeln so auf, daß jeder gleich viele hat. Wieviel Murmeln hat dann jeder?

● **35** Die Kinder der Familien Schmidt und Müller halfen bei der Erdbeerernte. Für Schmidts pflückten Ulf 16 kg, Ines 7 kg, Uwe 12 kg und Jana 9 kg. Für Müllers pflückten Karin 9 kg, Tom und Axel je 14 kg, Andrea 5 kg, Lars 8 kg.
a) Die Kinder welcher Familie pflückten mehr Erdbeeren?
b) Wieviel Kilogramm Erdbeeren hat jedes Kind der Familie Schmidt und jedes Kind der Familie Müller durchschnittlich gepflückt? Vergleiche!
c) Vergleiche das durchschnittliche Pflückergebnis der Kinder von Familie Schmidt mit dem von Ulf und Jana!

Wir wissen: Einen Durchschnitt berechnet man, indem man die Summe von Einzelangaben bildet und diese durch die Anzahl der Angaben dividiert. Er ist niemals größer als die größte und niemals kleiner als die kleinste Einzelangabe. Bei Zahlen spricht man nicht vom Durchschnitt, sondern vom **arithmetischen Mittel** dieser Zahlen.

▶ **10** Man berechnet das **arithmetische Mittel** von n Zahlen, indem man diese Zahlen addiert und ihre Summe durch ihre Anzahl n dividiert.

Falls die Division nicht ausführbar ist, nimmt man einen **Näherungswert.**

■ **11** **a)** Arithmetisches Mittel m der Zahlen 19, 20, 23, 21, 22:
$m = (19 + 20 + 23 + 21 + 22) : 5$
$105 : 5 = 21$, also $m = 21$

b) Arithmetisches Mittel m der Zahlen 20, 24, 18, 29:
$m = (20 + 24 + 18 + 29) : 4$
$91 : 4 = 22$ Rest 3, also $m \approx 23$.

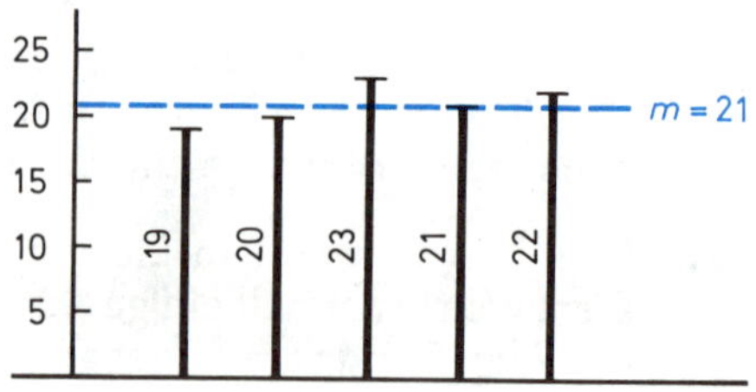

Bild A 3

Aufgaben

A

1. Zwei Strecken sind 7 cm und 13 cm lang.
a) Berechne die durchschnittliche Länge *d* beider Strecken!
b) Zeichne beide Strecken! Zeichne eine Strecke der Länge *d*!
c) Wie kann man die Länge *d* zeichnerisch ermitteln?

2. Berechne das arithmetische Mittel folgender Zahlen!
a) 39, 53 **b)** 46, 38 **c)** 13, 9, 47 **d)** 12, 26, 38

3. Ermittle das arithmetische Mittel *m*!
Vergleiche *m* jeweils mit der größten und kleinsten Zahl!
a) 5, 7, 9, 11, 13 **b)** 2, 4, 6, 8, 10, 12
c) 36, 40, 44, 48, 52, 56 **d)** 73, 76, 79, 82, 85, 88, 91
e) 119, 127, 95, 103, 77, 103 **f)** 269, 271, 258, 262, 265

4. Berechne mündlich das arithmetische Mittel!
a) 514, 519, 522, 517, 518 **b)** 205, 215, 225, 235
c) 3 787, 3 788, 3 789, 3 790, 3 791

5. Überlege, welche Zahl etwa das arithmetische Mittel *m* sein könnte!
a) 35, 41, 38, 50 **b)** 69, 81, 77, 65 **c)** 10, 100, 80, 30
Berechne jeweils *m* und vergleiche mit dem Überschlag!

6.* Gib zwei Zahlen an, deren arithmetisches Mittel 10 ist!
Wieviel verschiedene Zahlenpaare dieser Art gibt es?

7. Gib drei Beispiele für je zwei verschiedene zweistellige Zahlen an, deren arithmetisches Mittel **a)** 40, **b)** 9, **c)** 100 ist!

8.* Gib zu 25, 37, 69 eine vierte Zahl an, so daß das arithmetische Mittel dieser vier Zahlen **a)** 35, **b)** 17 ist!

9.* Axel behauptet: „Das arithmetische Mittel von zehn Zahlen bleibt gleich, wenn jede dieser Zahlen um 10 vergrößert wird." Lutz meint: „Es wird um 10 größer." Tilo meint: „Es wird um 1 größer". Wer hat recht? Begründe!

10. Bei einer Schuluntersuchung hatten die ersten fünf Schüler folgende Körpergrößen: 162 cm, 160 cm, 143 cm, 147 cm, 150 cm. Berechne die Durchschnittsgröße dieser Schüler!

11. Im Jahre 1950 betrug die durchschnittliche Körpergröße zehnjähriger Jungen 127 cm und Mädchen 125 cm. Berechnet diese Durchschnittsgrößen für eure Klasse und vergleicht!

---

1. Dividiere 240 durch 2 (3, 4, 5, 6, 7, 8, 9, 10, 12, 15)!

2. Welche Zahl läßt bei Division durch 2 den Rest 1?
13, 18, 23, 35, 46, 88, 97, 104, 387, 496, 75 886

3. Welche Zahlen sind Quadratzahlen?
25, 39, 81, 99, 121, 196, 124, 289, 324, 244, 369, 225

4. Berechne die Potenzen 2^n für $n = 2, 3, \dots, 10$!

11 Lösen von Sachaufgaben

Herr Schröter bestellt für seinen Imbißstand 125 Gläser Delikateßgurken. Sie werden in 16 Kartons gleicher Größe geliefert. Einer davon enthält nur 5 Gläser, die anderen sind voll. Wieviel Gläser befinden sich in jedem der 16 Kartons?

Die Angaben der Aufgabe kann man übersichtlich in einer Skizze erfassen.

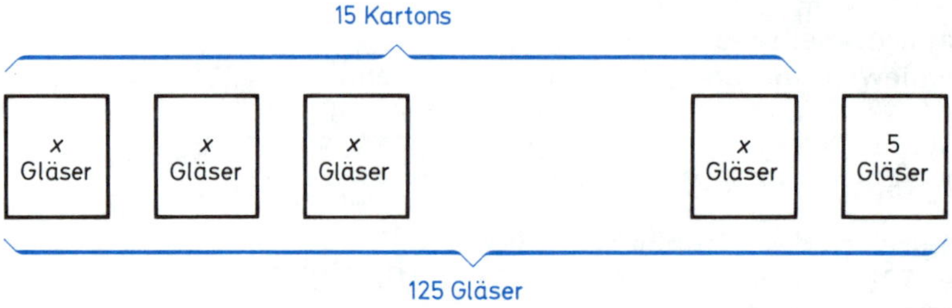

Den Lösungsweg der Aufgabe kann man auf verschiedene Weisen angeben, zum Beispiel durch zwei Gleichungen (wie bei **(1)**) oder durch eine Gleichung (wie bei **(2)**) oder durch ein Schema (wie bei **(3)**).

(1) $y + 5 = 125$
$y : 15 = x$

(2) $15 \cdot x + 5 = 125$

(3) $125 - 5$

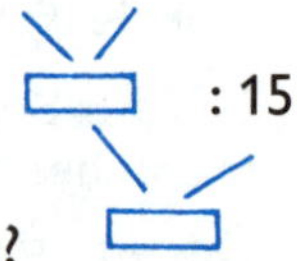

● **36** **a)** Was geben x und y in den Gleichungen (1) und (2) an?
b) Löse die Aufgabe auf verschiedene Weisen! Formuliere einen Antwortsatz!

Wir wissen schon, daß bei manchen Aufgaben auch eine **Tabelle** helfen kann, den Lösungsweg zu planen.

● **37** In einem kleinen Hotel sind 8 Zimmer, und zwar nur Einbett- und Zweibettzimmer. Wieviel Zimmer davon können Einbettzimmer, wieviel Zweibettzimmer sein? Nenne alle Möglichkeiten! Wieviel Betten kann es höchstens, wieviel muß es mindestens in dem Hotel geben? Löse die Aufgabe mit Hilfe einer Tabelle!

Eine Zuckerfabrik erhält drei Lkw-Ladungen Rüben. Auf den Lieferscheinen sind die jeweiligen Mengen vermerkt: 3 t, 28 dt, 37 dt. Wieviel Tonnen Rüben werden zur Fabrik gebracht?

In dieser Aufgabe sind **Größen** in verschiedenen Einheiten angegeben. Wir müssen daher **umwandeln,** um nur mit einer Einheit zu rechnen. Wir schreiben die Angaben kurz auf und wandeln vor dem Rechnen um.

1. Lkw: 3 t = 30 dt; 2. Lkw: 28 dt; 3. Lkw: 37 dt

● **38** Löse die Aufgabe und schreib einen Antwortsatz!

Beim Formulieren des **Antwortsatzes** zu einer Aufgabe müssen wir darauf achten, ob die gestellte Aufgabe mit der Antwort gelöst ist.

Lutz nimmt 20 DM zum Einkaufen mit. Er bezahlt für 2 kg Obst 4,80 DM. Beim Bäcker bezahlt er 1,20 DM weniger als für Obst. Beim Fleischer gibt er doppelt so viel aus wie beim Bäcker. Wieviel Geld bringt er zurück?

A

● **39** Überprüfe, ob mit den nachfolgenden Antworten die Aufgabe richtig gelöst ist! Begründe deine Meinung!

a) 1 kg Obst kostet 2,40 DM.
b) Er bezahlt beim Bäcker 3,60 DM.
c) Er bringt 4,40 DM zurück.
d) Er hat 15,60 DM ausgegeben.

Hinweise zum Lösen von Sachaufgaben

- Lies den Text aufmerksam durch!
- Überlege!
  - Welches sind gesuchte, welches gegebene Zahlen oder Größen?
  - Wie hängen sie miteinander zusammen?
  - Was könnte das Ergebnis der Aufgabe sein?
- Bezeichne die gesuchte Größe!
- Beachte die Einheiten! Rechne eventuell vorher um!
- Fertige eventuell eine Skizze oder eine Tabelle an!
- Berechne die gesuchte Größe!
- Überprüfe das Rechenergebnis am Text!
- Formuliere einen Antwortsatz!

Aufgaben

1. Eine Klassenfahrt kostet insgesamt 200 DM. Jeder der 27 Schüler liefert den gleichen Geldbetrag ab. Die restlichen 11 DM werden aus der Klassenkasse bezahlt. Wieviel D-Mark liefert jeder Schüler ab?

2. Ein Hotel mit Flachdach hat 7 Stockwerke. Das unterste Stockwerk ist 3,50 m, die übrigen Stockwerke sind jeweils 2,90 m hoch. Wie hoch ist das Hotel? Welcher Antwortsatz gibt die Lösung an? Begründe!

1. Das Hotel ist 17,40 m hoch.
2. Das Hotel ist 2,09 m hoch.
3. Das Hotel ist 20,90 m hoch.
4. Das Hotel ist 209 m hoch.
5. 6 Stockwerke sind 17,40 m hoch.

3. Zwischen zwei Querstraßen stehen lückenlos vier Häuser nebeneinander. Diese Häuserfront ist 70 m lang. Das zweite Haus ist 12 m breit, das dritte 13 m breiter als das zweite und das vierte 6 m breiter als das zweite. Wie breit ist jedes Haus?

4. Ein Gewürzständer mit 6 Flaschen (von jeweils gleichem Preis) kostet 18 DM. Die 6 Flaschen kosten 12 DM mehr als der Ständer. Wieviel kostet eine Flasche, wieviel der Ständer?

5. Eine Fußballmannschaft gewann dreimal so viele Spiele wie sie verlor. Vier Spiele verliefen unentschieden. Die Mannschaft trug insgesamt 28 Spiele aus. Wieviel Spiele gewann sie?

6. Von einer Haltestelle fährt alle 12 Minuten eine Straßenbahn ab, die erste um 5.30 Uhr.
Wieviel Bahnen fahren bis 8 Uhr von dieser Haltestelle ab?

7. Von einem 10 m langen Brett werden 8 Stücke von je 60 cm Länge abgesägt. Bei jedem Schnitt sind 5 mm Abfall. Wie lang ist das restliche Brett?

8. Auf einer 55 cm langen Holzleiste mußte Uwe im Werken Bohrungen in Abständen von 7 cm anbringen. An jeder Seite sollten 3 cm übrigbleiben. Wie oft mußte gebohrt werden?

9. Torsten stapelt Ziegelsteine auf. Die unterste Reihe enthält 40, die oberste 30 Steine. Von unten nach oben enthält jede Reihe 2 Steine weniger als die vorhergehende. Wieviel Steine hat Torsten aufgestapelt?

10.* Eine Abflußleitung soll mit Tonröhren gelegt werden. Jede Röhre ist 60 cm lang. Eine Röhre ist mit der vorhergehenden und nachfolgenden stets so verbunden, daß auf der einen Seite ihr Ende 10 cm tief in der nachfolgenden steckt und auf der anderen Seite ihr Ende 10 cm die vorhergehende umfaßt. Wie lang mindestens muß ein Graben sein, der 25 solcher Röhren enthält?

11. Peter hat ein Sparbuch. Sein Guthaben beträgt am Jahresende 50 DM. Im Jahr darauf spart er monatlich 4 DM. In welchem Monat hat er erstmals mindestens 75 DM auf seinem Sparbuch?

12. Uwe und Ralf haben Sparbücher. Am Jahresende hat Uwe ein Guthaben von 40 DM und Ralf von 30 DM. Im Jahr darauf spart Uwe monatlich 6 DM und Ralf monatlich 9 DM. Nach wieviel Monaten hat Ralf ein größeres Guthaben als Uwe?

12 Vielfache und Teiler einer natürlichen Zahl

● **40** **a)** Ermittle das Dreifache, Achtfache, Elffache von 6!
b) Welche Vielfachen von 10 liegen zwischen 55 und 95?

Wir wissen: **Vielfache** einer Zahl *b* erhält man, indem man *b* mit einer natürlichen Zahl multipliziert.
24 ist **das Achtfache** von 3, denn $8 \cdot 3 = 24$. Also ist 24 **ein Vielfaches von 3.**

● **41** Entscheide, ob 42 ein Vielfaches von 7, von 6, von 5 ist! Begründe!

▶ **11**

> ***a* ist ein Vielfaches von *b*** bedeutet, es gibt eine Zahl *n*,
> so daß $a = b \cdot n$ ist.
> (Dabei sind *a, b,* und *c* natürliche Zahlen.)

Wenn es keine solche Zahl *n* gibt, dann ist *a* kein Vielfaches von *b*.

Wir wissen: Statt ***a* ist ein Vielfaches von *b*** sagt man auch:
a* ist durch *b* teilbar** oder ***b* ist ein Teiler von *a oder ***b* teilt *a***.

A

■ **12** 8 ist ein Teiler von 32, denn es gibt eine natürliche Zahl n (nämlich $n = 4$), so daß $8 \cdot n = 32$ ist.
8 ist kein Teiler von 31, denn es gibt keine natürliche Zahl n, so daß $8 \cdot n = 31$ ist. (Es ist $8 \cdot 3 < 31 < 8 \cdot 4$)

● **42** **a)** Sind 0 und 3 Vielfache von 3?
b) Ist 3 ein Teiler von 0? Ist 0 ein Teiler von 3?
Begründe mit Hilfe des Merkstoffes 11!

Null ist ein Vielfaches jeder Zahl a, denn stets gilt $0 = a \cdot 0$. Jede natürliche Zahl ist Teiler von Null.

● **43** Gib für jede Zahl von 1 bis 12 die Teiler und deren Anzahl an!

Mit Ausnahme von 1 hat jede Zahl mindestens zwei verschiedene Teiler. Es gibt Zahlen, die tatsächlich nicht mehr als diese beiden Teiler haben.

■ **13** 17 hat nur 1 und 17 als Teiler.
9 hat nicht nur 1 und 9, sondern auch 3 als Teiler.

Für die Zahlen 10, 100, 5 und 2 kennen wir bereits Teilbarkeitsregeln. Sie erleichtern uns festzustellen, ob eine Zahl durch diese Zahlen teilbar ist.

▶ **12**

Jede Zahl, die auf 0 endet, ist **durch 10 teilbar.** Alle anderen Zahlen sind nicht durch 10 teilbar.
Jede Zahl, die auf 00 endet, ist **durch 100 teilbar.** Auch die Zahl 0 ist durch 100 teilbar. Alle anderen Zahlen sind nicht durch 100 teilbar.

■ **14** **a)** 3 900 ist durch 100 teilbar, denn 3 900 endet auf 00.
b) 2 230 ist nicht durch 100 teilbar, denn 2 230 endet nicht auf 00.

● **44** Welche der folgenden Zahlen sind **a)** durch 5, **b)** durch 2 teilbar?
Begründe mit Hilfe von Teilbarkeitsregeln!
724, 830, 925, 3 142, 4 350, 8 463

▶ **13**

Jede Zahl, die auf 0 oder 5 endet, ist durch 5 teilbar. Alle anderen Zahlen sind nicht durch 5 teilbar.
Jede Zahl, die auf 0, 2, 4, 6 oder 8 endet, ist durch 2 teilbar. Alle anderen Zahlen sind nicht durch 2 teilbar.

Wir wissen bereits: Jede natürliche Zahl, die durch 2 teilbar ist, heißt gerade Zahl. Jede natürliche Zahl, die nicht durch 2 teilbar ist, heißt ungerade Zahl.

● **45** **a)** Setze in $2 \cdot n$ für n die Zahlen 0, 1, 2, 3, 4, 1 000 ein und rechne!
Was für Zahlen entstehen?
b) 14, 10, 56, 2, 0, 108 sind gerade Zahlen. Schreibe jede von ihnen als Produkt aus zwei Faktoren, so daß diese Eigenschaft deutlich wird!

Wenn man in das Produkt $2 \cdot n$ für n Zahlen einsetzt, so erhält man stets gerade Zahlen. Wenn eine Zahl gerade ist, so kann sie in der Form $2 \cdot n$ geschrieben werden.

● **46** **a)** Welche ungeraden Zahlen erhält man, wenn in $2 \cdot n + 1$ für n die Zahlen 7, 5, 28, 1, 0, 54 eingesetzt werden?

b) Welches n muß man in $2 \cdot n + 1$ einsetzen, um die Zahlen 1, 3, 5, 7, 9, 2 001 zu erhalten?

Jede gerade Zahl läßt sich veranschaulichen durch eine Menge von Paaren. In der linken Bankreihe (Bild A 4) sitzen 8 Schüler ($8 = 2 \cdot 4$).
Für ungerade Zahlen ist eine Veranschaulichung allein durch Paare nicht möglich. In der rechten Bankreihe sitzen 7 Schüler ($7 = 2 \cdot 3 + 1$).

Bild A 4

Aufgaben

1. **a)** Gib alle Vielfachen von 3 zwischen 47 und 62 an!
b) Gib alle Vielfachen von 9 zwischen 64 und 69 an!
c) Gib alle Zahlen zwischen 35 und 47 an, die keine Vielfachen von 3 sind!

2. Überprüfe, ob x ein Vielfaches von y ist!

x	56	38	7	15	21	0	1	17	0	2
y	7	6	0	15	3	25	4	1	0	24

3. Welche der Zahlen 56, 42, 36, 81, 126, 87, 63 sind
a) Vielfache von 9,
b) nicht Vielfache von 9,
c) Vielfache von 7,
d) nicht Vielfache von 7,
e) Vielfache von 9 und Vielfache von 7,
f)* Vielfache von 9 oder Vielfache von 7?

4. Überprüfe, ob x ein Teiler von y ist!

x	5	7	8	1	13	0	5	4	27	11
y	45	77	66	12	13	6	0	84	3	121

Beispiel: Zu überprüfen ist, ob 9 ein Teiler von 36 ist.
Da $9 \cdot 4 = 36$ ist, ist 9 ein Teiler von 36. Man schreibt:
$9 \mid 36$.

5. Vervollständige die Tabelle!

	x	y	x : y	y : x	y | x	x | y
a)	35	7	5	n.l.	ja	nein
b)	60	4				
c)	20	20				
d)	8	0				

A

6. Zeichne einen Zahlenstrahl bis 20! Kennzeichne darauf die **a)** durch 2, **b)** durch 3, **c)** durch 2 und 3, **d)** durch 2 oder 3 teilbaren Zahlen!

7. Ermittle alle Teiler der Zahlen! **a)** 24 **b)** 15 **c)** 12 **d)** 49 **e)** 13

8.* Wenn man für eine Zahl *a* einen Teiler *b* gefunden hat, erhält man stets auch die Zahl $a : b$ als Teiler von *a*.
Beispiel: 4 teilt 60, und wegen $4 \cdot 15 = 60$ ist auch 15 ein Teiler von 60. Uwe behauptet, daß jede Zahl eine gerade Anzahl von Teilern hat. Hat er recht? Begründe!

9. Bei einer Wanderfahrt sollen aus einer Gruppe von 120 Kindern gleich große kleinere Gruppen gebildet werden.
Wie stark könnte eine Gruppe sein?

10. Überprüfe, welche der Zahlen
a) 240, 3 600, 3 610, 8 100, 8 099 durch 3 teilbar sind;
b) 420, 425, 6 300, 6 295, 7 700 durch 7 teilbar sind!

11. Welche Zahlen sind **a)** durch 10, **b)** durch 100, **c)** durch 2, **d)** durch 5 teilbar?

12. Füge an 56 738 eine Ziffer an, so daß die sechstellige Zahl **a)** durch 2, **b)** durch 5, **c)** durch 10, **d)** durch 100, **e)** durch 5, aber nicht durch 2, **f)** durch 10, aber nicht durch 5, **g)** durch 2 und durch 5 teilbar ist!

13. Gib eine vierstellige Zahl an, die sich mit den Ziffern 1, 2, 3 und 4 schreiben läßt und
a) durch 2 teilbar ist,
b) nicht durch 2 teilbar ist,
c) durch 5 teilbar ist,
d) nicht durch 5 teilbar ist!

14. Welche Aussagen sind falsch? Begründe!
a) Jede Zahl, die auf 0 endet, ist durch 100 teilbar.
b) Es gibt Zahlen, die auf 0 enden und die nicht durch 100 teilbar sind.
c) Jede durch 100 teilbare Zahl ist durch 10 teilbar.
d) Es gibt Zahlen, die auf 00 enden und die nicht durch 100 teilbar sind.

15. Vervollständige die untere Zeile der Tabelle!

Jede Zahl, die auf	0	2	4	5	6	8	00	endet,
ist teilbar durch								

16. **a)** Zeichne den Teil des Zahlenstrahls, der die Zahlen 9 bis 19 enthält! Unterstreiche dann die geraden Zahlen blau, die ungeraden rot. Was stellst du fest?
b) Nenne alle geraden Zahlen zwischen 111 und 123!
c) Nenne alle ungeraden Zahlen zwischen 752 und 756!
d) Nenne alle ungeraden Zahlen, deren Differenz 16 (9) ist!
e) Nenne zwei gerade Zahlen, deren Differenz 11 (28) ist!

17. Ordne 17, 22, 35, 2, 0, 7, 11, 26 in die unteren Zeilen der Tabellen passend ein! Vervollständige die Tabellen! Welche gemeinsame Eigenschaft haben jeweils die Zahlen in der unteren Zeile? Begründe!

n					
$2 \cdot n$					

n					
$2 \cdot n + 1$					

18. Bei den folgenden Zahlen sind Ziffern durch * ersetzt. Gib trotzdem an, welche Zahlen gerade sind!
$a = 2 \cdot 5{*}1{*} + 1$; $b = 2 \cdot 4{*}7{*}$; $c = 75{*}3 \cdot 2$;
$d = 4 \cdot 4{*}6{*} + 1$; $e = 2 \cdot {*}{*} + 1$; $f = 3{*}4{*} \cdot 2$

19. Gib die größte und die kleinste fünfstellige Zahl an, die sich mit den Ziffern 0, 2, 4, 7 und 9 schreiben läßt und durch 5 teilbar ist!

---

1. Subtrahiere von 10 000!
6 241, 3 491, 9 003, 705

2. Subtrahiere von 1 000!
457, 189, 3 421, 867

3. **a)** Beginne eine Zahlenfolge mit 600! Subtrahiere stets 60!
b) Beginne eine Zahlenfolge mit 400! Dividiere stets durch 2!

4. **a)** $48 - 24 + 9 - 3$ **b)** $13 - 12 - 1$ **c)** $15 - 8 + 7 - 4$

5. Berechne **a)** 2^2. 20^2, 200^2; **b)** 2^3, 20^3, 200^3!

13 Einige weitere Teilbarkeitseigenschaften natürlicher Zahlen

Wir wollen weitere **Teilbarkeitsregeln** kennenlernen. Dazu überlegen wir zunächst, warum bei der Teilbarkeit durch 2 (und durch 5) die letzte Ziffer entscheidend ist.

Beispiel: Ist 1 976 durch 2 teilbar?
1 976 = 1 970 + 6
1 970: Vielfaches von 10, also durch 2 teilbar.
6: durch 2 teilbar
Also ist 1 976 durch 2 teilbar.

● **47** Überprüfe, ob 628, 714, 325, 736 durch 4 teilbar sind!

Bei der Teilbarkeit einer natürlichen Zahl durch 4 ist allein deren letzte Ziffer nicht entscheidend.

● **48** **a)** Schreibe 7 332 als Summe! Dabei soll ein Summand ein möglichst großes Vielfaches von 100 sein.
b) Begründe wie im Beispiel oben, daß 7 332 durch 4 teilbar ist!

▶ **14** Jede Zahl, deren letzte beide Ziffern eine durch 4 teilbare Zahl bilden, ist durch 4 teilbar. Alle anderen Zahlen sind nicht durch 4 teilbar.

■ **15** Wir untersuchen, ob 52 836 und 73 439 durch 4 teilbar sind.
a) 52 836 ist durch 4 teilbar, denn 36 ist durch 4 teilbar.
b) 73 439 ist nicht durch 4 teilbar, denn 39 ist nicht durch 4 teilbar.

Auch für die Teilbarkeit durch 3 und 9 gibt es Regeln. In ihnen wird aber nichts über die letzten Ziffern einer Zahl ausgesagt, sondern über ihre **Quersumme.** Die Quersumme von 7 251 ist 7 + 2 + 5 + 1, also 15.

▶ **15** Jede Zahl, deren Quersumme durch 3 teilbar ist, ist durch 3 teilbar. Alle anderen Zahlen sind nicht durch 3 teilbar.

■ **16** Wir untersuchen, ob **a)** 5 346, **b)** 3 728 durch 3 teilbar ist.
a) 5 346 hat die Quersumme 18. Also ist 5 346 durch 3 teilbar.
b) 3 728 hat die Quersumme 20. Also ist 3 728 nicht durch 3 teilbar.

▶ **16** Jede Zahl, deren Quersumme durch 9 teilbar ist, ist durch 9 teilbar. Alle anderen Zahlen sind nicht durch 9 teilbar.

● **49** Überprüfe, ob 5 346, 3 728, 2 184 durch 9 teilbar sind!

Aufgaben

1. Welche der folgenden Zahlen sind durch 4 teilbar?
5 716, 3 120, 9 815, 2 350, 4 980, 25 234, 29 940, 14 475

2. **a)** Gib eine fünfstellige Zahl an, die sich mit den Ziffern 0, 1, 3, 5 und 6 schreiben läßt und durch 4 teilbar ist!
b) * Gib die größte und die kleinste fünfstellige Zahl an, die sich mit den Ziffern 2, 3, 5, 7 und 8 schreiben läßt und durch 4 teilbar ist!

3. Welche der folgenden Zahlen sind durch 3 teilbar?
517, 4 257, 8 721, 24 036, 20 188, 58 761, 213 421, 539 820

4. Welche der folgenden Zahlen sind durch 9 teilbar?
783, 3 481, 8 685, 11 201, 26 743, 87 444, 387 644, 56 291

5. Gib drei fünfstellige Zahlen an, die
a) durch 3 teilbar sind, **b)** nicht durch 3 teilbar sind,
c) durch 9 teilbar sind, **d)** nicht durch 9 teilbar sind,
e) durch 3, aber nicht durch 9 teilbar sind!

6. Überprüfe die Teilbarkeit der folgenden Zahlen durch 2, 3, 4, 5, 9 und 10 mit Hilfe von Teilbarkeitsregeln!
a) 3 678 **b)** 14 586 **c)** 67 924 **d)** 23 456 100 **e)** 5 925 **f)** 20 000 **g)** 72 273

7. Ersetze * in 72 5*6 durch eine solche Ziffer, daß eine
a) durch 4, **b)** durch 5, **c)** durch 3, **d)** durch 9 teilbare Zahl entsteht!

14 Primzahlen und zusammengesetzte Zahlen

Soll man alle Teiler einer Zahl, zum Beispiel von 20, bestimmen, ist es zweckmäßig, der Reihe nach alle Paare von Zahlen zu ermitteln, deren Produkt 20 ist. Man kann diese Zahlenpaare übersichtlich in Form eines „Teilersterns" aufschreiben.

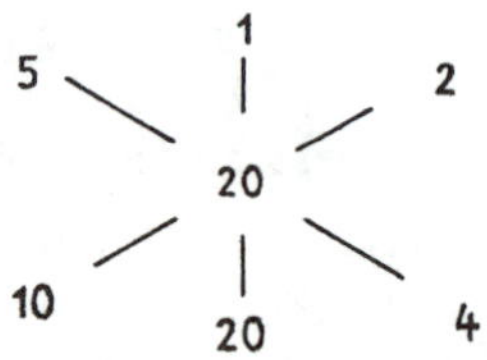

● **50** Schreibe alle Teiler der Zahlen **a)** 21, **b)** 23, **c)** 25, **d)** 28 und **e)** 1 übersichtlich auf! Gib jeweils auch die Anzahl der Teiler an!

Die Zahl 1 hat genau einen Teiler, nämlich 1 selbst. Jede andere natürliche Zahl hat mindestens zwei Teiler, nämlich 1 und sich selbst. Es gibt Zahlen mit genau zwei und solche mit mehr als zwei Teilern. Null hat sogar unendlich viele Teiler.

■ **17**
a) $12 = 1 \cdot 12 = 2 \cdot 6 = 3 \cdot 4$
b) $3 = 1 \cdot 3$
c) $1 = 1 \cdot 1$
d) $0 = 0 \cdot 0 = 0 \cdot 1 = 0 \cdot 2 = \ldots$

Jede natürliche Zahl läßt sich als Produkt von Teilern schreiben. Wenn alle Faktoren des Produktes größer als 1 sind, aber auch nur dann, spricht man von einer **Zerlegung der Zahl.** So sind $2 \cdot 6$ und $3 \cdot 4$ Zerlegungen von 12. Es gibt aber auch nicht zerlegbare Zahlen, zum Beispiel 3.

Gegebene Zahl:	12	
Zerlegung in zwei Faktoren:	$2 \cdot 6$	$4 \cdot 3$
Weitergehende Zerlegung:	$2 \cdot 2 \cdot 3$	

Jede zerlegbare Zahl läßt sich in ein Produkt solcher Zahlen zerlegen, die sich nicht weiter zerlegen lassen. Solche Zahlen können als „Bausteine" für die anderen Zahlen angesehen werden. Sie sind größer als 1 und haben nur 1 und sich selbst als Teiler. Wir legen für diese Zahlen einen gemeinsamen Namen fest: **Primzahlen.**

▶ **17** Primzahl heißt jede natürliche Zahl, die größer als 1 ist und nur durch 1 und durch sich selbst teilbar ist.

Alle übrigen natürlichen Zahlen, die größer als 1 sind, heißen **zusammengesetzte Zahlen.** 0 und 1 sind weder Primzahlen noch zusammengesetzte Zahlen.

● **51** **a)** Gib alle Primzahlen bis 15 an!
b) Gib alle zusammengesetzten Zahlen bis 15 an! Schreibe sie als Produkte von Primzahlen!

A

Jede zusammengesetzte Zahl läßt sich in **Primfaktoren zerlegen.**

■ **18** **a)** $36 = 2 \cdot 18$

$36 = 2 \cdot 2 \cdot 9$

$36 = 2 \cdot 2 \cdot 3 \cdot 3$

b) $72 = 9 \cdot 8$

$72 = 3 \cdot 3 \cdot 2 \cdot 4$

$72 = 3 \cdot 3 \cdot 2 \cdot 2 \cdot 2$

Aufgaben

1. Gib alle Teiler der folgenden Zahlen übersichtlich an!
a) 15 **b)** 16 **c)** 35 **d)** 19

2. Es sollen 32 Spielkarten unter Mitspielern gleichmäßig aufgeteilt werden. Welche Möglichkeiten gibt es für die Anzahl der Spieler?

3. **a)** Udo meint: „Je größer eine Zahl ist, desto mehr Teiler hat sie." Stimmt das?
b) Ilka behauptet: „Jede Zahl, die größer als 1 ist, hat eine gerade Anzahl von Teilern." Hat Ilka recht?

4. Ermittle alle Primzahlen von **a)** 15 bis 30, **b)** 30 bis 40!

5. Welche der folgenden Zahlen sind Primzahlen?
a) 7, 9, 17, 21, 27, 49, 75, 138 **b)** 19, 29, 39, 43, 56, 73, 77, 81

6. **a)** Gib alle geraden Primzahlen an!
b) Gib alle durch 11 teilbaren Primzahlen an!
c) Nenne alle durch 15 teilbaren Primzahlen!

7. Zerlege in Primfaktoren!
a) 44 **b)** 46 **c)** 75 **d)** 60 **e)** 49 **f)** 100 **g)** 140 **h)** 306
i) 96 **k)** 256

8. Welche Zahlen unter 1000 haben eine Primfaktorzerlegung, die
a) nur die Primzahl 5, **b)** nur die Primzahl 7, **c)** nur die Primzahl 2 enthält?

9.* Welche natürliche Zahl unter 100 hat die meisten Primfaktoren? (Die Primfaktoren müssen nicht voneinander verschieden sein.)

10.* Zwei Schulfreunde, Herr Krause und Herr Arndt, treffen sich 10 Jahre nach Beendigung ihrer Schulzeit erstmals wieder. Herr Krause sagt: „Ich bin verheiratet, habe zwei Töchter und zwei Söhne. Multipliziert man die Zahlen miteinander, die jeweils das Lebensalter meiner Frau und meiner beiden Töchter angeben, so erhält man 230. Bildet man auf die gleiche Weise das Produkt aus meinem Alter und dem meiner Söhne, so erhält man 174. Unter meinen Kindern befindet sich ein Zwillingspaar." Sind die Zwillinge zwei Mädchen, zwei Jungen oder ein Mädchen und ein Junge?
(*Hinweis:* Zerlege in Primzahlen!)

Komplexe Übungen

1. **a)** 27 481 + 33 719
776 – 287
33 562 + 46 474
b) 123 561 + 35 247
189 353 – 67 769
296 880 + 122 539
c) 210 670 + 18 384
60 000 – 481
493 396 + 71 285
d) 56 908 + 17 248
3 000 – 2 571
8 000 – 4 354
e) 65 427 + 341 526
844 047 – 456 239
67 853 – 88 269
f) 186 023 + 25 999
137 993 – 18 367
65 328 – 18 653

2. **a)** 895 + 483 – 555 – 291 **b)** 422 – 153 – 326 + 57
c) 188 – 93 + 233 – 106

3. **a)** 2863,19 DM – 362,45 DM + 428,75 DM – 993,19 DM
b) 6 351,43 DM – 478,39 DM – 521,31 DM – 644,56 DM
c) 76 000,00 DM – 53 718,00 DM – 4 291,17 DM + 8 422,69 DM

4. **a)** 684 · 7 **b)** 926 : 2 **c)** 347 · 9 **d)** 402 : 8 **e)** 528 : 6
f) 803 : 5 **g)** 6 036 : 12 **h)** 2 703 · 9 **i)** 9 305 · 11 **j)** 8 645 : 8

5 **a)** 1 920 : 32 **b)** 4 584 : 45 **c)** 5 096 : 52 **d)** 6 377 : 85 **e)** 6 900 : 92
f) 3 168 : 33 **g)** 5 272 : 52 **h)** 1 118 : 43 **i)** 5 396 : 76 **j)** 4 851 : 63

6. Welche Ergebnisse können nicht stimmen? Begründe, ohne auszurechnen!
a) 12 476 + 17 828 = 30 303 **b)** 12 345 + 98 765 = 11 110
c) 26 537 – 18 474 = 8 063 **d)** 37 675 – 14 790 = 22 886
e) 745 · 23 = 17 138 **f)** 26 · 435 = 11 310
g) 75 · 27 = 3 025 **h)** 1 786 : 38 = 97

7. Vervollständige die Tabelle!

a)

a	*b*	*c*	*a* · *b* + *c*	*a* · (*b* – *c*)	*a* + *b* · *c*	*a* – *b* · *c*
20	6	3				
15	9	0				

b)

a	*b*	*c*	*a* : *b* – *c*	*a* : (*b* + *c*)	*a* + *b* : *c*	(*a* – *b*) : *c*
56	7	1				
30	6	0				

8. Schreib mit Klammern auf! Rechne mündlich!
Bei welchen Aufgaben kann man ohne Klammern auskommen?
a) Subtrahiere das Produkt aus 11 und 9 von 110!
b) Multipliziere 9 mit der Summe aus 35 und 15!
c) Dividiere 90 durch die Summe aus 12 und 18!
d) Addiere 21 zum Quotienten aus 63 und 7!

9. Ralf kauft 6 Hefte zu 50 Pf und 3 Blöcke. Er soll dafür 11 DM bezahlen. Den Preis für die Blöcke kennt er nicht. Er weiß aber, daß die Verkäuferin sich irrt. Wie überlegt er?

Wir suchen Zahlen

A

10. Von einer Zahl wird 11 subtrahiert. Dann wird diese Differenz verdreifacht. Das Produkt ist 18.

11. Vermehrt man eine Zahl um 3 und verdoppelt die Summe, so erhält man 150.

12. Vermindert man das Doppelte einer Zahl um 3, erhält man 21.

13. Wenn man eine Zahl mit 6 multipliziert und 8 addiert, so erhält man dasselbe, als wenn man diese Zahl mit 8 multipliziert und 6 addiert.

14. Das Fünfzehnfache einer Zahl, vermehrt um 8, liegt zwischen 180 und 200.

15. Löse folgende Gleichungen oder Ungleichungen!

a) $x - 135 = 15$	**b)** $x + 54 = 72$	**c)** $5 \cdot x = 105$
d) $7 + x < 13$	**e)** $15 - x < 7$	**f)** $x - 23 < 8$
g) $5 \cdot x < 37$	**h)** $60 : x < 5$	**i)** $x : 5 < 3$
j) $2 \cdot x - 13 = 15$	**k)** $4 \cdot x + 25 = 41$	**l)** $7 \cdot x - 15 = 12$
m) $3 \cdot x + 5 < 16$	**n)** $4 \cdot x - 7 < 23$	**o)** * $x + 7 < x$
p) * $x + x = 2 \cdot x$	**q)** * $x + 7 = x$	**r)** $x^2 = 36$

16. Formuliere die Gleichungen als Zahlenrätsel! Löse sie!
a) $4 \cdot x - 1 = 23$ **b)** $3 \cdot x + 5 = 20$ **c)** $2 \cdot x - 13 = 28$ **d)** $x^2 = 169$

Allerlei aus dem Transportwesen

17. Auf einem Frachtbrief sind drei Kisten mit jeweils der gleichen Menge Stückgut eingetragen. Die Gesamtmasse der Verpackung ist mit 6 kg angegeben. Welche Masse hat das Stückgut in jeder Kiste, wenn die Masse der gesamten Fracht mit 96 kg angegeben ist?

18. Ein Fahrer will mit einem Traktor (2,2 t) und einem Hänger (leer: 1,3 t) über eine Brücke fahren. Auf dem Hänger befinden sich 30 Säcke mit je 50 kg Koks und 50 Säcke mit je 50 kg Eierkohle. An der Brücke steht: „Höchstbelastung 7 t". Dürfen Traktor und Hänger über die Brücke fahren?

19. Zwei Lkw mit einer Ladefähigkeit von 4 t und von 3 t sollen insgesamt 70 t Kohle abfahren. Beide Lkw sollen stets voll beladen sein.
a) Welche Möglichkeiten hat der Fahrdienstleiter, beide Fahrzeuge einzusetzen?
b) Wie oft muß der Dreitonner und wie oft der Viertonner fahren, wenn insgesamt möglichst wenig Fahrten unternommen werden sollen?

Einiges über Hühner und ihre Eier

20. In einem Brutapparat können bis zu 500 000 Hühnereier ausgebrütet werden. Das Ausbrüten eines Eies dauert 21 Tage.
a) Wieviel Eier können in 7 Tagen ausgebrütet werden, wenn in den Brutapparat 300 000 Eier eingelegt worden sind?
b) Wie oft kann jeder Brutapparat innerhalb eines Jahres höchstens neu belegt werden, wenn zwischen den Brutzeiten jeweils noch 2 Tage für die Reinigung des Brutplatzes einzuplanen sind?
c) Wieviel Eier können dann jährlich in einem Brutapparat mit 300 000 Brutplätzen ausgebrütet werden?

21. Eine Junghenne erhält bis zur 8. Lebenswoche 1,7 kg Kükenfutter. Von der 9. bis zur 17. Woche erhält sie wöchentlich im Durchschnitt 500 g Junghennenaufzuchtfutter. Von der 18. bis zur 21. Woche erhält sie täglich 90 g Futter. Berechne die Gesamtmasse des Futters für eine Junghenne
a) bis zur 17. Woche, **b)** bis zur 21. Woche!

Zum Knobeln

22. Eine Schnecke kriecht vom Erdboden aus eine 8 m hohe Mauer hinauf. Tagsüber schafft sie 3 m nach oben, nachts rutscht sie wieder 2 m zurück. Am wievielten Tag ist sie oben angelangt?

23. Peter würfelt mit drei Würfeln. Gib alle Möglichkeiten für die Augenzahlen an, wenn er insgesamt **a)** 18, **b)** 15, **c)** 9, **d)** 4 Augen gewürfelt hat!

24. Ein Lagerverwalter hat Nägel in verpackten Kästen zu je 6 kg, 8 kg und 15 kg. Eine Abteilung fordert bei ihm 50 kg Nägel an. Muß der Lagerverwalter einen der Kästen öffnen, um der Abteilung 50 kg Nägel zu liefern?

25.* Ein Hotel hat 30 Ein- und Zweibettzimmer mit zusammen 50 Betten. Wieviel Einbettzimmer und wieviel Zweibettzimmer hat das Hotel?

26.* Aus einem alten Rechenbuch stammen folgende Aufgaben:
a) Ein Händler erzählt: „Ich habe Pferde und Ochsen gekauft. Für ein Pferd habe ich 11 Taler, für einen Ochsen 7 Taler bezahlt. Insgesamt habe ich 50 Taler ausgegeben.“ Wieviel Pferde und wieviel Ochsen hat er gekauft?
b) Ein anderer Händler erzählt: „Ich habe auch Pferde und Ochsen gekauft, habe aber für ein Pferd nur 9 Taler und für einen Ochsen nur 6 Taler bezahlt. Insgesamt habe ich auch 50 Taler ausgegeben.“ Was meinst du dazu?

Einige Spielereien mit Zahlen

27. In dem Produkt einer einstelligen Zahl mit 12 345 679 kommt nur die Ziffer 1 vor. Wie heißt diese einstellige Zahl?

28. Multipliziere 37 mit 3, 6, 9, 12, 15, 18, 21, 24, 27!

29. Rechne! Schreib je drei Beispiele hinzu! Überprüfe sie!

a)
$1 \cdot 9 + 2$
$12 \cdot 9 + 3$
$123 \cdot 9 + 4$

b)
$1 \cdot 9 + 2$
$21 \cdot 9 + 33$
$321 \cdot 9 + 444$

c)
$9 \cdot 9 + 7$
$98 \cdot 9 + 6$
$987 \cdot 9 + 5$

d)
$11 \cdot 11$
$111 \cdot 111$
$1\,111 \cdot 1\,111$

e)
$11 \cdot 111$
$111 \cdot 11\,111$
$1\,111 \cdot 1\,111\,111$

B Gebrochene Zahlen

Teile von Ganzen, Brüche

1 Teile von Ganzen, Brüche

Milch kann man in Flaschen mit *einem halben Liter* Inhalt kaufen. Es gibt Pausen, die eine *Viertelstunde* lang sind. Teilt man eine Tafel Schokolade in 8 gleiche Teile, so ist jeder Teil ein *Achtel* dieser Tafel. In der Musik gibt es den *Dreivierteltakt.* Im Sport werden Zeiten auf *Hundertstelsekunden* genau gemessen.
Teilt man ein Ganzes in *gleiche Teile,* so entstehen *Bruchteile.*

● **1** Nenne weitere Beispiele für das Auftreten von Bruchteilen!

Zur Bezeichnung von Bruchteilen benutzt man **Brüche.**

Man schreibt:	$\frac{1}{2}$	$\frac{3}{4}$	$\frac{2}{5}$
Man liest:	ein halb	drei Viertel	zwei Fünftel

Brüche werden in vielen Aufgaben verwendet: Drei Schüler einer Klasse nehmen ein Beet des Schulgartens in persönliche Pflege (Bild B1[a]). Auf jeden Schüler entfällt dann $\frac{1}{3}$ des Beetes.

Teilt man die Fläche eines Rechtecks in 8 gleiche Teile, so sind 3 dieser Teile $\frac{3}{8}$ des Rechtecks. Die Restfläche beträgt $\frac{5}{8}$ des Rechtecks (Bild B1[b]).

Bild B 1

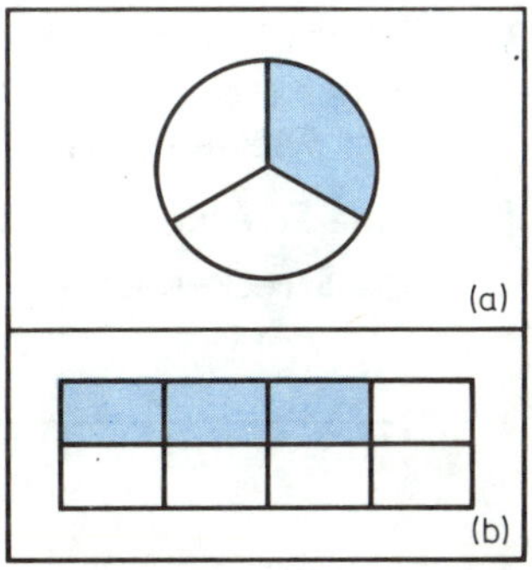

Brüche werden in der Form $\frac{a}{b}$ geschrieben. Dabei sind a und b natürliche Zahlen.

▶ **1**

$\frac{3}{4}$ — Zähler / Bruchstrich / Nenner

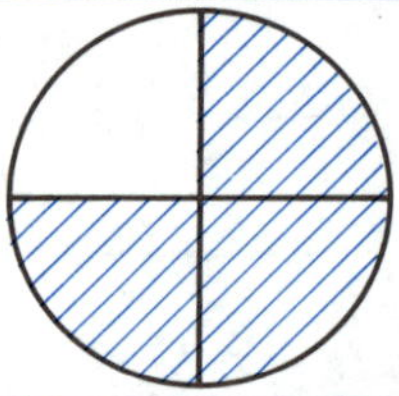

Der **Nenner** gibt an, in wie viele gleiche Teile ein Ganzes zerlegt wurde. Der **Zähler** gibt an, wie viele solcher Teile vorhanden sind. Für ungeteilte Ganze schreibt man auch Brüche mit dem Nenner 1. $\frac{6}{1}$ bedeuten also 6 Ganze. Für 4 schreibt man auch $\frac{4}{1}$. Da man nicht in 0 Teile zerlegen kann, darf 0 nicht als Nenner auftreten.

■ **1** **a)** In einer Klasse mit 28 Schülern hat $\frac{1}{4}$ aller Schüler in einer Mathematikarbeit eine „Eins" erhalten. Wie viele Schüler sind das?
Wir berechnen $\frac{1}{4}$ von 28 auf folgende Weise:
Wir teilen 28 in 4 gleiche Teile: $28 : 4 = 7$.
Also haben 7 Schüler der Klasse eine „Eins" erhalten.

b) Berechne $\frac{3}{5}$ von 20 min!
Wir berechnen zunächst $\frac{1}{5}$ von 20 min. Das sind 4 min, denn $20 : 5 = 4$.
$\frac{3}{5}$ von 20 min sind dann 12 min, denn $4 \cdot 3 = 12$.

c) Wieviel Zentimeter sind $\frac{7}{10}$ m? Es gilt: 1 m = 100 cm.
$\frac{1}{10}$ von 100 cm ist 10 cm. $\frac{7}{10}$ von 100 cm sind 70 cm.

Aufgaben

1. Zeichne auf Kästchenpapier ein Rechteck, das 24 Kästchen enthält! Wir fassen dieses Rechteck als ein Ganzes auf. Decke folgende Teile dieser Fläche ab!
$\frac{1}{2}$, $\frac{1}{3}$, $\frac{1}{6}$, $\frac{1}{4}$, $\frac{3}{4}$, $\frac{2}{3}$

2. Zeichne auf Kästchenpapier ein Rechteck, das 5 cm lang und 2 cm breit ist! Wie viele Kästchen enthalten jeweils folgende Teile dieser Fläche?
$\frac{1}{10}$, $\frac{3}{10}$, $\frac{1}{2}$, $\frac{2}{5}$, $\frac{10}{10}$

3. Zeichne einen Kreis mit dem Radius 3 cm und darin zwei senkrecht aufeinander stehende Durchmesser! Färbe eine der 4 entstandenen Teilflächen! Der wievielte Teil der Kreisfläche ist das?

4. Eine Strecke $\overline{AB}$ ist in 10 gleiche Teile geteilt. Welche Bruchteile von $\overline{AB}$ sind die Strecken **a)** $\overline{AP_1}$, **b)** $\overline{AP_2}$, **c)** $\overline{AP_3}$, **d)** $\overline{BP_2}$, **e)** $\overline{BP_3}$ (Bild B 2)?

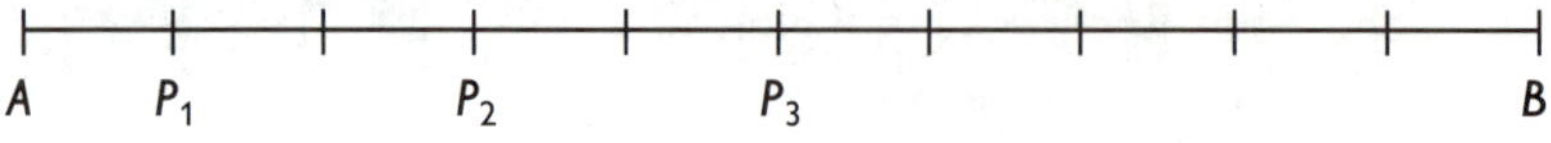

Bild B 2

5. Zeichne eine Strecke $\overline{CD}$ mit der Länge 6 cm! Trage darauf die Punkte *A, K, M, R* so ein, daß folgende Brüche dargestellt werden:
a) $\frac{1}{2}$ durch $\overline{CR}$, **b)** $\frac{1}{3}$ durch $\overline{CA}$, **c)** $\frac{1}{6}$ durch $\overline{CM}$ und **d)** $\frac{2}{3}$ durch $\overline{CK}$!

6. Im Werkunterricht werden Holzplatten bearbeitet. Das jeweils markierte Stück soll heraus- bzw. abgeschnitten werden (Bild B 3). Welcher Bruchteil ist das, welcher Rest bleibt jeweils?

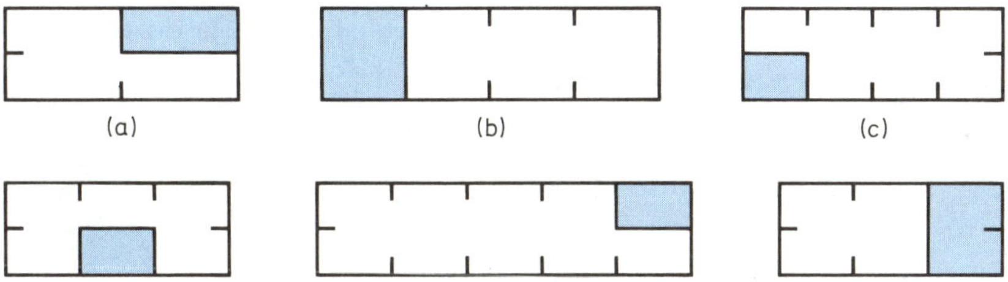

(a) (b) (c) (d) (e) (f)

Bild B 3

7. Welche Bruchteile der Kreisfläche (Bild B 4) sind jeweils farbig gezeichnet?

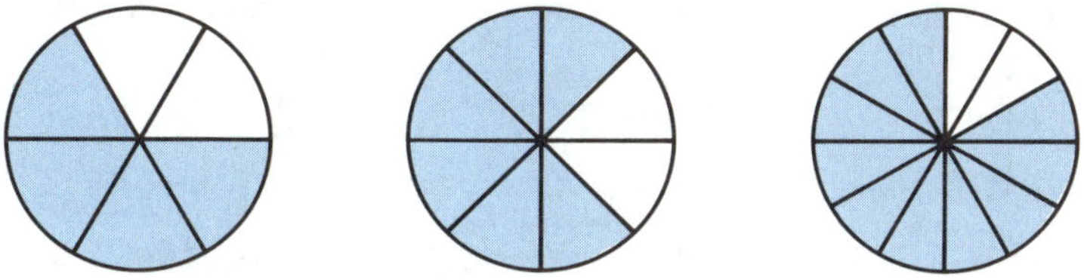

(a) (b) (c)

Bild B 4

8. Gib an, welche Bruchteile der dargestellten Ganzen farbig gekennzeichnet sind (Bild B 5)!

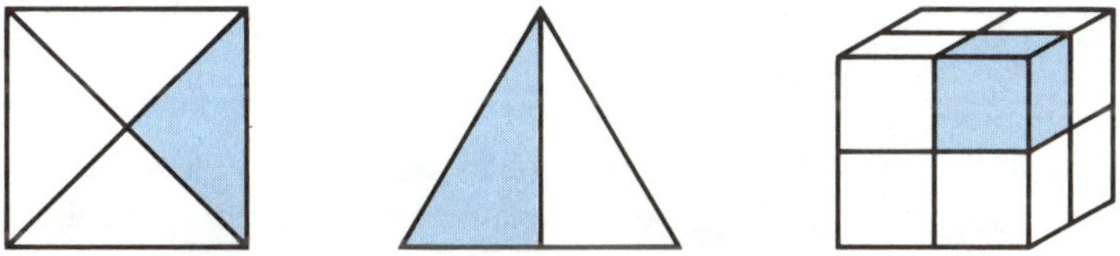

Quadrat, gleichschenkliges Dreieck, Würfel

Bild B 5

9. Die Kakaoanteile in Vollmilchschokolade und Zartbitterschokolade sind unterschiedlich. Im Bild B 6 sind die Anteile dargestellt. Gib sie durch Brüche an!

Vollmilchschokolade — Zartbitterschokolade

Kakao — Kakao

Bild B 6

10. Suche unter den folgenden Angaben alle Brüche heraus! Gib für jeden dieser Brüche den Zähler und den Nenner an!

$\frac{3}{4}$, $4+2$, $\frac{5}{5}$, $\frac{13}{100}$, $6 \cdot 9$, 2^7, $\frac{2}{3}$, $\frac{0}{2}$

11. Schreib jeweils einen Bruch mit folgenden Eigenschaften auf!
a) Sein Zähler ist 3, sein Nenner ist 7.
b) Sein Nenner ist 5, sein Zähler ist 2.
c) Sein Zähler ist um 7 kleiner als sein Nenner.
d) Sein Zähler ist durch 3 teilbar, sein Nenner dagegen nicht.

12. **a)** Schreib die Zahlen als Brüche! 7, 13, 1, 20, 0, 1 983
b) Wie viele Ganze geben folgende Brüche an: $\frac{9}{1}$, $\frac{15}{1}$, $\frac{23}{1}$, $\frac{0}{1}$, $\frac{17}{1}$?
c) Suche unter den folgenden Brüchen alle die heraus, für die man natürliche Zahlen schreiben kann! $\frac{10}{1}$, $\frac{7}{10}$, $\frac{1}{4}$, $\frac{0}{7}$, $\frac{5}{1}$, $\frac{8}{12}$

13. Bild B 7 zeigt, wie groß der Anteil von Sauerstoff und Stickstoff in der Luft ist. Drücke diese Anteile durch Brüche aus!

Bild B 7

14. Ergänze durch Einsetzen von Brüchen! **a)** 1 mm entspricht ... cm **b)** 10 Pf entsprechen ... DM **c)** 1 g entspricht ... kg

15. **a)** $\frac{1}{4}$ von 36 kg **b)** $\frac{1}{3}$ von 27 m **c)** $\frac{1}{4}$ von 28 kg
d) $\frac{1}{5}$ von 25 DM **e)** $\frac{1}{12}$ von 72 **f)** $\frac{1}{6}$ von 84

16. Berechne die Hälfte, ein Viertel, drei Viertel, ein Zehntel, fünf Zehntel der folgenden Größen: 60 min, 100 m, 1 000 kg, 240 t, 20 cm!

17. **a)** $\frac{2}{3}$ von 3 000 m **b)** $\frac{9}{100}$ von 4 000 kg **c)** $\frac{15}{20}$ von 400 kg

18. Rechne zunächst in eine kleinere Einheit um!
a) $\frac{1}{2}$ von 1 m **b)** $\frac{1}{4}$ von 2 km **c)** $\frac{5}{6}$ von 3 km
d) $\frac{3}{10}$ von 1 t **e)** $\frac{1}{100}$ von 1 km **f)** $\frac{2}{20}$ von 1 DM

19. Eine Klasse will an einem Wandertag eine Strecke von 12 km zurücklegen. Bis zur ersten Rast soll ein Viertel der Gesamtstrecke geschafft sein, bis zur Mittagspause wollen die Schüler ein Drittel der restlichen Strecke zurücklegen. Wieviel Kilometer bleiben für den Nachmittag?

20. **a)** Klaus hat in seinem Briefmarkenalbum 250 Marken. $\frac{1}{5}$ davon sind ausländische Marken. Wie viele sind das?
b) Inge liest ein Buch. Es hat 120 Seiten. Jetzt hat sie $\frac{2}{3}$ des Buches gelesen. Wie viele Seiten dieses Buches hat Inge noch nicht gelesen?

21. Vergleiche $\frac{1}{9}$ von 72 l und $\frac{1}{8}$ von 64 l!

22. In einer Klasse schrieben 24 Schüler eine Mathematikarbeit. $\frac{1}{4}$ der Schüler erhielt eine „Eins", $\frac{1}{3}$ eine „Zwei", ebenso viele bekamen eine „Drei". $\frac{1}{12}$ der Schüler erhielt eine „Vier". Gab es Schüler, die bei dieser Arbeit die Note „Fünf" erhielten?

2 Vergleichen und Ordnen gleichnamiger Brüche

B

Im Bild B 8 sind zwei gleich lange Teilstrecken $\overline{AB}$ und $\overline{BC}$ in je 10 gleiche Teile geteilt worden.

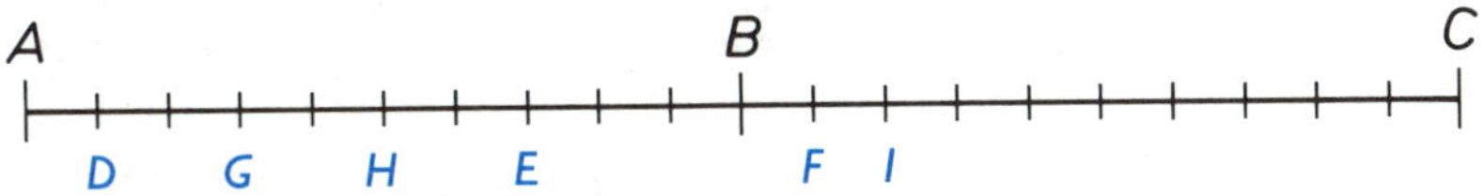

Bild B 8

$\overline{AD}$ ist $\frac{1}{10}$, $\overline{AE}$ ist $\frac{7}{10}$ von $\overline{AB}$.
$\overline{AF}$ besteht aus 11 solcher Teile und ist daher $\frac{11}{10}$ von $\overline{AB}$.

● **2** **a)** Gib an, welche Bruchteile von $\overline{AB}$ die Strecken $\overline{AG}$, $\overline{AH}$, $\overline{AI}$ und $\overline{CI}$ darstellen (Bild B 8)! Benutze dazu Brüche mit dem Nenner 10!
b) Stelle die Brüche zusammen, die (1) den Strecken $\overline{AD}$, $\overline{AG}$, $\overline{AE}$, $\overline{AH}$ und $\overline{CI}$ entsprechen, (2) den Strecken $\overline{AF}$, $\overline{AI}$, $\overline{CD}$, $\overline{CE}$ und $\overline{CH}$ entsprechen! Verfahre dabei wie bei **a)**!
c) Vergleiche bei den Brüchen unter (1) Zähler und Nenner! Vergleiche dann bei den Brüchen unter (2) Zähler und Nenner! Gib an, welcher wesentliche Unterschied zwischen den Brüchen unter (1) und denen unter (2) besteht!

Man unterscheidet **echte Brüche** und **unechte Brüche.**

▶ **2** Brüche, bei denen der Zähler kleiner ist als der Nenner, nennt man **echte Brüche.** Alle anderen Brüche heißen **unechte Brüche.**

Bei unechten Brüchen ist also der Zähler größer als der Nenner oder gleich dem Nenner.

● **3** Der Halbkreis im Bild B 9 (a) entspreche dem Bruch $\frac{1}{2}$
Gib an, welche Brüche dann die Bilder B 9 (b), (c) und (d) zeigen!

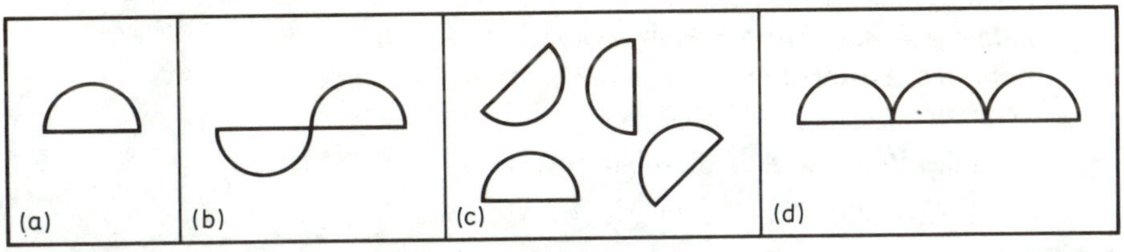

Bild B 9

Alle im Bild B 8 auftretenden Bruchteile lassen sich durch Brüche mit dem gleichen Nenner, nämlich 10, angeben.

▶ **3** Haben Brüche den gleichen Nenner, so heißen sie zueinander **gleichnamig.** Sind die Nenner voneinander verschieden, so heißen die Brüche **ungleichnamig** zueinander.

● **4** Ergänze!

$\frac{1}{4}$ und $\frac{4}{4}$ sind zueinander .... Brüche.

● **5** Ordne die im Bild B 8 auftretenden Strecken $\overline{AE}$, $\overline{AH}$, $\overline{AD}$, $\overline{AG}$ und $\overline{AF}$ nach ihrer Länge! Beginne mit der kürzesten dieser Strecken!
Schreib unter jede dieser Strecken den beim Auftrag 2 ermittelten Bruch! Woran erkennt man, welcher dieser Brüche der kleinste und welcher der größte ist?

● **6** Zwei gleich große Rechtecke sind in jeweils 8 gleiche Teile zerlegt (Bild B 10).

Bild B 10

Gib die farbig gezeichneten Bruchteile durch je einen Bruch an! Woran erkennt man bei diesen Brüchen, welcher der größte ist?

▶ **4**

> Von gleichnamigen Brüche ist der Bruch der größte, dessen Zähler größer ist.

Mit Hilfe von Variablen können wir das so ausdrücken:

$\frac{a}{c} > \frac{b}{c}$, wenn $a > b$ ist.

■ **2** Brüche sollen ihrer Größe nach verglichen werden!

a) $\frac{4}{6} < \frac{5}{6}$, denn die Brüche sind gleichnamig, und es ist $4 < 5$.

b) $\frac{7}{2} > \frac{1}{2}$, denn die Brüche sind gleichnamig, und es ist $7 > 1$.

■ **3** Die folgenden Brüche sollen der Größe nach geordnet werden. Dabei ist mit dem größten zu beginnen.

$\frac{3}{6}, \frac{4}{6}, \frac{1}{6}, \frac{9}{6}, \frac{7}{6}, \frac{0}{6}$

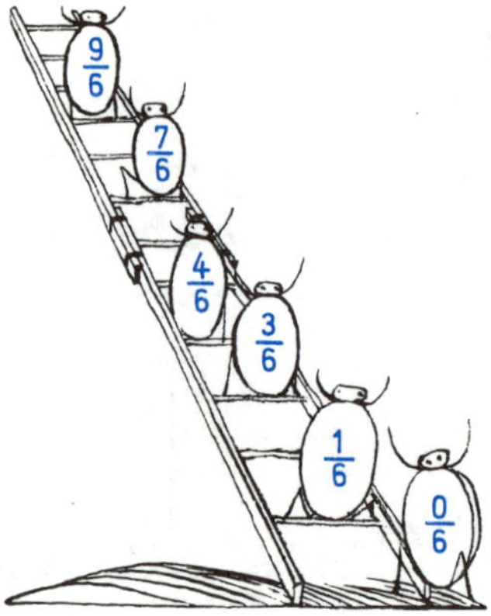

Lösung:
Alle diese Brüche sind gleichnamig. Wir ordnen ihre Zähler und beginnen mit dem größten.

Nun ist $9 > 7 > 4 > 3 > 1 > 0$;

also ist $\frac{9}{6} > \frac{7}{6} > \frac{4}{6} > \frac{3}{6} > \frac{1}{6} > \frac{0}{6}$.

Das Beispiel 3 könnte auch gelöst werden, indem man die Brüche auf einem Strahl darstellt. Dazu wählt man eine möglichst bequeme Länge als Einheit, in unserem Falle z. B. 6 cm (Bild B 11).

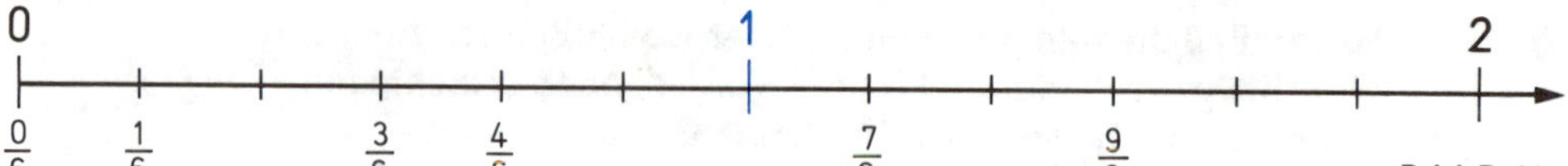

Bild B 11

Wir erkennen:
Je größer ein Bruch ist, um so weiter rechts wird er eingetragen. Echte Brüche stehen links von 1. Sie bezeichnen weniger als ein Ganzes.
Unechte Brüche stehen bei 1 oder rechts davon. Sie bezeichnen ein Ganzes oder mehr als ein Ganzes.

B

Manchmal lesen wir Angaben wie $1\frac{1}{2}$ l, $2\frac{1}{4}$ km oder $7\frac{1}{2}$ Tage.
$1\frac{1}{2}$ l Milch bedeutet eine Menge, die ein 1-Liter-Gefäß ganz und ein zweites zur Hälfte füllt. Die gleiche Menge würde aber auch drei 1-Liter-Gefäße jeweils zur Hälfte oder drei Gefäße ganz füllen, wenn jedes davon $\frac{1}{2}$ l faßt.

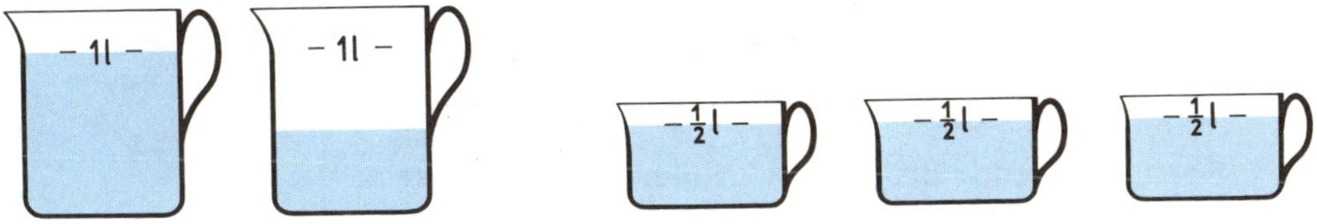

$1\frac{1}{2}$ l bedeutet also das gleiche wie $\frac{3}{2}$ l.
Entsprechend gilt:

$2\frac{1}{2}$ Äpfel = $\frac{5}{2}$ Äpfel

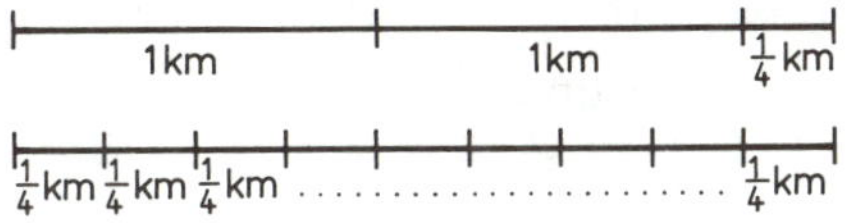

$2\frac{1}{4}$ km = $\frac{9}{4}$ km

Angaben sind in dieser Form oft zweckmäßiger als in der Form unechter Brüche. Man kann sich z. B. $7\frac{1}{2}$ Tage besser vorstellen als $\frac{15}{2}$ Tage. In vielen Fällen wird auch der Größenvergleich erleichtert. Man nennt $1\frac{1}{4}$, $2\frac{1}{2}$ usw. **gemischte Zahlen.**

Aufgaben

Sind folgende Brüche echte oder unechte Brüche? Begründe!

1. **a)** $\frac{2}{7}$, $\frac{9}{3}$, $\frac{6}{1}$, $\frac{4}{4}$, $\frac{7}{12}$, $\frac{11}{10}$ **b)** * $\frac{a+1}{a}$ $(a > 0)$, $\frac{r}{r+1}$

2. Bilde möglichst viele **a)** echte Brüche, **b)** unechte Brüche, in deren Zähler und Nenner nur die Zahlen 3 und 5 auftreten!

3. Gib alle Zahlen a an, für die **a)** $\frac{a}{6}$ ein echter, **b)** $\frac{4}{a}$ ein unechter Bruch ist!

4. Stelle fest, ob folgende Aussagen wahr sind! Begründe!
a) Jeder Bruch ist entweder ein echter oder ein unechter Bruch.
b) Es gibt Brüche, die weder echte noch unechte Brüche sind.
c) Es gibt einen echten Bruch, dessen Zähler nicht kleiner ist als sein Nenner.

d) Jeder Bruch, bei dem der Zähler nicht kleiner ist als der Nenner, ist ein unechter Bruch.
e) Vertauscht man bei einem echten Bruch, dessen Zähler nicht 0 ist, Zähler und Nenner, so erhält man stets einen unechten Bruch.
f) Vertauscht man Zähler und Nenner eines unechten Bruches, so erhält man stets einen echten Bruch.

5. Gegeben sind die Brüche $\frac{4}{10}, \frac{0}{4}, \frac{2}{3}, \frac{5}{5}$. Versuche, zu jedem dieser Brüche drei gleichnamige zu finden, die zugleich echte Brüche sind!

6. Gib von den Brüchen jedes Paares an, ob sie zueinander gleichnamig sind oder nicht!
a) $\frac{4}{6}$ und $\frac{5}{6}$ **b)** $\frac{9}{10}$ und $\frac{7}{4}$ **c)** $\frac{2}{3}$ und $\frac{3}{2}$ **d)** $\frac{4}{5}$ und $\frac{4}{6}$
e) $\frac{12}{1}$ und $\frac{4}{1}$ **f)** * $\frac{7}{a}$ und $\frac{8}{a}$ **g)** * $\frac{1}{b}$ und $\frac{1}{b+1}$

7.* Können folgende Brüche zueinander gleichnamig sein:
a) ein echter und ein unechter Bruch,
b) ein Bruch, dessen Zähler um 3 größer ist als sein Nenner, und ein Bruch, dessen Nenner um 3 größer ist als sein Zähler,
c) Ein Bruch, dessen Nenner durch 2 teilbar ist, und ein Bruch, dessen Nenner eine ungerade Zahl ist?

8. Vergleiche folgende Brüche und setze das richtige Zeichen ($<$; $=$; $>$)!
a) $\frac{3}{8}$ und $\frac{5}{8}$ **b)** $\frac{8}{4}$ und $\frac{1}{4}$ **c)** $\frac{21}{10}$ und $\frac{24}{10}$ **d)** $\frac{2}{9}$ und $\frac{2}{9}$
e) $\frac{0}{3}$ und $\frac{7}{3}$ **f)** $\frac{2}{1}$ und $\frac{5}{1}$

9.* Vergleiche und setze das richtige Zeichen!
a) $\frac{3}{12}$ und $\frac{5}{12}$ **b)** $\frac{9}{4}$ und $2\frac{1}{4}$ **c)** $\frac{3}{a}$ und $\frac{5}{a}$

10. Vergleiche!
a) $\frac{1}{9}$ von 72 l und $\frac{4}{9}$ von 72 l **b)** $\frac{3}{10}$ von 1 m und $\frac{7}{10}$ von 1 m
c) $\frac{9}{8}$ von 240 kg und $\frac{8}{8}$ von 240 kg **d)** $\frac{11}{12}$ von 1 min und $\frac{11}{12}$ von 1 h

11. Ordne folgende Brüche der Größe nach! Beginne mit dem kleinsten!
$\frac{5}{4}, \frac{7}{4}, \frac{1}{4}, \frac{12}{4}, \frac{0}{4}, \frac{3}{4}, \frac{4}{4}$

12. Ordne folgende Brüche der Größe nach! Beginne mit dem größten!
$\frac{8}{100}, \frac{17}{100}, \frac{99}{100}, \frac{100}{100}, \frac{0}{100}, \frac{6}{100}$

13. **a)** Gib alle Brüche an, die zu $\frac{5}{8}$ gleichnamig und kleiner als $\frac{5}{8}$ sind!
b) Nenne alle unechten Brüche mit dem Nenner 8, die kleiner als $\frac{7}{8}$ sind!

14. Stelle die Brüche auf einem Zahlenstrahl dar! $\frac{4}{4}, \frac{3}{4}, \frac{7}{4}, \frac{0}{4}, \frac{5}{4}, \frac{2}{4}$

15. Marina soll für die Familie $2\frac{1}{2}$ l Milch kaufen. Sie bringt 5 Milchtüten zu je $\frac{1}{2}$ l. Hat sie die verlangte Menge gekauft?

3 Erweitern und Kürzen von Brüchen

Im Bild B 12 ist jeweils die Hälfte einer Kreisfläche farbig gekennzeichnet. Dieser Anteil kann sowohl durch den Bruch $\frac{1}{2}$ wie auch durch die Brüche $\frac{2}{4}$ und $\frac{3}{6}$ angegeben werden. Diese verschiedenen Brüche bezeichnen also gleich viel. Man schreibt daher: $\frac{1}{2} = \frac{2}{4} = \frac{3}{6}$.

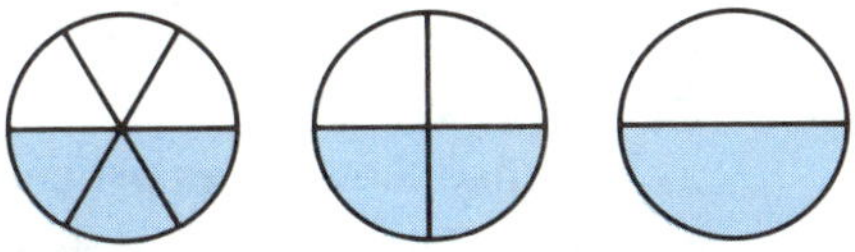

Bild B 12

● **7** Im Bild B 13 sind vier Rechtecke abgebildet. Jedes von ihnen ist in gleich große Teile geteilt.

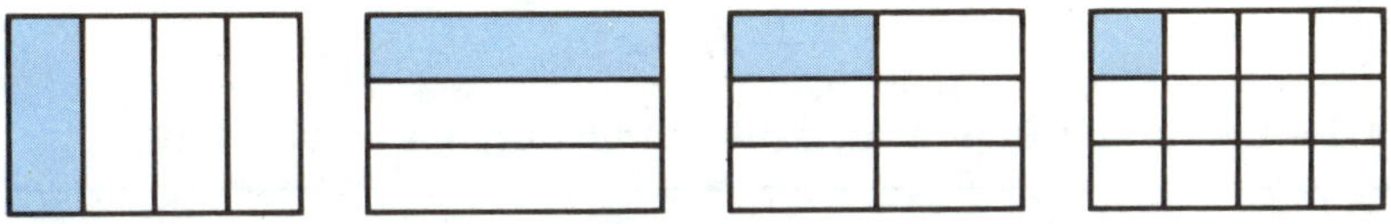

Bild B 13

a) Welcher Bruchteil ist jeweils farbig gekennzeichnet?

b) Ergänze!

(1) $\frac{1}{4} = \frac{}{12}$ (2) $\frac{1}{3} = \frac{}{12}$ (3) $\frac{1}{6} = \frac{}{12}$ (4) $\frac{1}{2} = \frac{}{12}$ (5) $\frac{2}{3} = \frac{}{12}$

c) Vergleiche bei (1) bis (5) jeweils die beiden Zähler miteinander und die beiden Nenner miteinander! Was stellst du fest?

Man sagt: Die (jeweils links stehenden) Brüche sind **erweitert** worden.

▶ **5**

> Man **erweitert einen Bruch,** indem man seinen Zähler und seinen Nenner mit der gleichen Zahl (außer mit 0) multipliziert.
> Beide Brüche sind gleich groß. Die beim Multiplizieren benutzte Zahl nennt man **Erweiterungszahl.**
>
> Es ist also $\frac{a}{b} = \frac{a \cdot n}{b \cdot n}$ $(n \neq 0)$

Es ist manchmal nützlich, Brüche zu erweitern. Um z. B. ungleichnamige Brüche vergleichen zu können, macht man sie durch Erweitern gleichnamig.

$\frac{1}{2}$ und $\frac{1}{3}$ sind zueinander ungleichnamig. Erweitern wir den ersten Bruch mit 3 und den zweiten Bruch mit 2, so erhalten wir die zueinander gleichnamigen Brüche $\frac{3}{6}$ und $\frac{2}{6}$. Da $\frac{3}{6} > \frac{2}{6}$ ist, folgt auch $\frac{1}{2} > \frac{1}{3}$

■ **4** **a)** $\frac{5}{9}$ soll mit 4 erweitert werden.

Lösung: $\frac{5}{9} = \frac{5 \cdot 4}{9 \cdot 4} = \frac{20}{36}$

Das kann man auch kürzer schreiben, z. B. $\frac{5}{9} \overset{\cdot 4}{=} \frac{20}{36}$.

b) Der Bruch $\frac{4}{5}$ soll so erweitert werden, daß der Nenner 30 lautet.
Lösung: Wir suchen zunächst die Erweiterungszahl.
Das ist hier die Zahl 6, weil $5 \cdot 6 = 30$ ist. Also ist $\frac{4}{5} \overset{\cdot 6}{=} \frac{24}{30}$.

● **8** Die Brüche $\frac{4}{6}$, $\frac{20}{30}$ und $\frac{60}{90}$ gehen alle durch Erweitern aus $\frac{2}{3}$ hervor. Es ist also $\frac{4}{6} = \frac{20}{30} = \frac{60}{90} = \frac{2}{3}$.

a) Welcher dieser vier Brüche ist am einfachsten zu überschauen?

b) Wie erhält man aus $\frac{20}{30}$ den Bruch $\frac{2}{3}$?

Die Umkehrung zum Erweitern eines Bruches heißt **Kürzen.**

▶ **6**

> Man **kürzt einen Bruch,** indem man seinen Zähler und seinen Nenner durch die gleiche Zahl (außer 0) dividiert. Beide Brüche sind gleich groß. Die beim Dividieren benutzte Zahl nennt man **Kürzungszahl.**
>
> Es ist also: $\frac{a}{b} = \frac{a : n}{b : n} \quad (n \neq 0)$.
>
> (Hierbei ist vorausgesetzt, daß *a* und *b* durch *n* teilbar sind.)

■ **5** Die Brüche **a)** $\frac{24}{27}$, **b)** $\frac{12}{36}$ und **c)** $\frac{7}{8}$ sollen so weit wie möglich gekürzt werden.

Lösung:

a) $\frac{24}{27} = \frac{24:3}{27:3} = \frac{8}{9}$ Das können wir kürzer schreiben, z. B. $\frac{24}{27} \overset{:3}{=} \frac{8}{9}$.

b) $\frac{12}{36} \overset{:12}{=} \frac{1}{3}$ Das Kürzen kann auch schrittweise erfolgen:

$\frac{12}{36} \overset{:3}{=} \frac{4}{12} \overset{:4}{=} \frac{1}{3}$ oder $\frac{12}{36} \overset{:2}{=} \frac{6}{18} \overset{:3}{=} \frac{2}{6} \overset{:2}{=} \frac{1}{3}$

c) Da 7 und 8 keinen gemeinsamen Teiler außer 1 besitzen, kann der Bruch $\frac{7}{8}$ nicht durch Kürzen vereinfacht werden.

Hinweis: Nach dem Merkstoff ▶5 und ▶6 kann man einen Bruch auch mit 1 erweitern und kürzen. Dabei entsteht jedoch derselbe Bruch.

Bild B 14

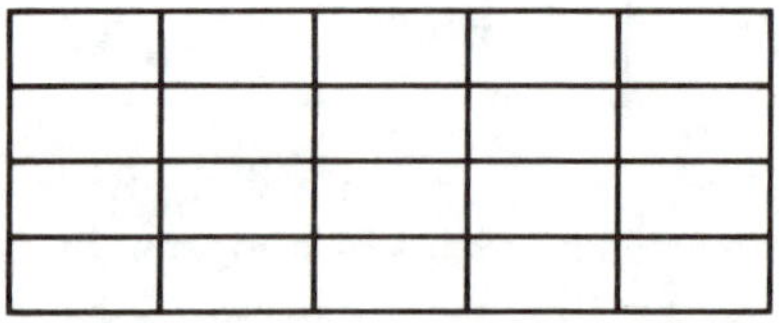

Aufgaben

1. Versuche, Brüche zu finden, die so groß sind wie **a)** $\frac{2}{5}$, **b)** $\frac{1}{4}$, **c)** $\frac{10}{20}$, **d)** $\frac{1}{10}$!
Hinweis: Benutze dabei Bild B14!

2. Um den Inhalt eines Gefäßes zu ermitteln, schüttet Klaus mehrmals den Inhalt eines Meßbechers hinein. Der Meßbecher faßt $\frac{1}{2}$ l. Nach 7maligem Einschütten ist das Gefäß gefüllt. Wie oft hätte Klaus schütten müssen, um das Gefäß zu füllen, wenn er einen Meßbecher benutzt hätte, der nur $\frac{1}{4}$ l faßt?

3. Wolfgang soll 4 Tüten Milch zu je $\frac{1}{2}$ l Inhalt holen. Es sind jedoch nur Tüten zu $\frac{1}{4}$ l da. Was kann er tun?

B

4. Erweitere die Brüche $\frac{2}{3}$, $\frac{4}{5}$, $\frac{13}{6}$, $\frac{5}{9}$, $\frac{12}{1}$, $\frac{0}{6}$, $\frac{3}{3}$
mit **a)** 2, **b)** 3, **c)** 10, **d)** 15, **e)** 30, **f)** 100!

5. Erweitere **a)** $\frac{4}{9}$ mit 10, **b)** $\frac{7}{5}$ mit 4, **c)** $\frac{25}{2}$ mit 2, **d)** $\frac{18}{18}$ mit 3!

6. Erweitere die folgenden Brüche so, daß der entstehende Bruch den jeweils in Klammern angegebenen Nenner hat!
a) $\frac{4}{15}$ (30) **b)** $\frac{7}{9}$ (90) **c)** $\frac{7}{9}$ (63) **d)** $\frac{8}{5}$ (60)
e) $\frac{7}{1}$ (5) **f)** $\frac{0}{12}$ (36) **g)** $\frac{11}{3}$ (33) **h)** $\frac{5}{5}$ (150)

7. Erweitere die folgenden Brüche so, daß Brüche mit dem Nenner 100 entstehen!
$\frac{2}{50}$, $\frac{9}{25}$, $\frac{1}{2}$, $\frac{13}{10}$, $\frac{4}{5}$, $\frac{19}{20}$, $\frac{3}{4}$, $\frac{2}{3}$, $\frac{6}{200}$

8. **a)** Wieviel Viertel sind ein Halbes? **d)** Wieviel Zwölftel sind drei Viertel?
b) Wieviel Neuntel sind ein Ganzes? **e)** Wieviel Zehntel sind drei Halbe?
c) Wieviel Achtel sind ein Viertel? **f)** Wieviel Drittel sind zwei Ganze?

9. Welche Zahlen *x* erfüllen die folgenden Gleichungen?
a) $\frac{7}{13} = \frac{x}{26}$ **b)** $\frac{4}{5} = \frac{20}{x}$ **c)** $\frac{7}{7} = \frac{21}{x}$ **d)** $\frac{5}{8} = \frac{x}{72}$ **e)** $\frac{0}{5} = \frac{0}{x}$ **f)** $\frac{3}{5} = \frac{3^2}{x}$

10. Stelle für jedes der folgenden Paare von Brüchen fest, ob der zweite Bruch aus dem ersten durch Erweitern hervorgegangen ist! Wenn das der Fall ist, gib die Erweiterungszahl an!
a) $\frac{5}{7}$, $\frac{15}{21}$ **b)** $\frac{11}{4}$, $\frac{121}{16}$ **c)** $\frac{7}{8}$, $\frac{7}{16}$ **d)** $\frac{21}{14}$, $\frac{7}{2}$ **e)** $\frac{10}{4}$, $\frac{25}{35}$ **f)** $\frac{9}{10}$, $\frac{900}{1000}$

11. Der Bruch $\frac{3}{4}$ sollte mit verschiedenen Zahlen erweitert werden. Dabei entstanden die Brüche $\frac{9}{12}$, $\frac{12}{18}$, $\frac{15}{20}$, $\frac{21}{28}$, $\frac{39}{50}$, $\frac{80}{100}$, $\frac{135}{180}$, $\frac{300}{400}$.
Kennzeichne die Brüche, bei denen falsch gerechnet wurde!

12. Vereinfache durch Kürzen so weit wie möglich!
a) $\frac{4}{8}$ **b)** $\frac{12}{9}$ **c)** $\frac{12}{36}$ **d)** $\frac{9}{6}$ **e)** $\frac{8}{6}$ **f)** $\frac{33}{27}$ **g)** $\frac{30}{75}$ **h)** $\frac{48}{72}$
i) $\frac{63}{84}$ **j)** $\frac{45}{80}$ **k)** $\frac{72}{66}$ **l)** $\frac{75}{60}$ **m)** $\frac{144}{96}$ **n)** $\frac{39}{65}$ **o)** $\frac{40}{100}$ **p)** $\frac{90}{360}$

13. Der Bruch $\frac{12}{48}$ soll durch Kürzen so weit wie möglich vereinfacht werden.

Isolde rechnet: $\frac{12}{48} \overset{:12}{=} \frac{1}{4}$ Eva rechnet: $\frac{12}{48} \overset{:12}{=} \frac{1}{3}$

Elsa rechnet: $\frac{12}{48} \overset{:3}{=} \frac{6}{24} \overset{:3}{=} \frac{2}{8} \overset{:2}{=} \frac{1}{4}$ Irene rechnet: $\frac{12}{48} \overset{:6}{=} \frac{2}{8}$

Beurteile die Lösungen!

14. Gib den jeweiligen Anteil mit Hilfe gekürzter Brüche an!
a) 8 Mitarbeiter bilden die Frühschicht, davon 4 Frauen.
b) Gerlinde errang 30 von 40 möglichen Punkten bei einem Mathematikwettbewerb.
c) Wolfram hat von 21 Ferientagen bereits 7 verlebt.
d)* An einem Tag regnete es 6 Stunden.
e)* Ein Buch mit 300 Seiten ist ohne Einband 15 mm dick. Wie stark ist ein Blatt dieses Buches?

15. Versuche, durch Kürzen und Erweitern zu einem Bruch mit dem in Klammern angegebenen Nenner zu gelangen!

a) $\frac{10}{15}$ (27) **b)** $\frac{15}{20}$ (44) **c)** $\frac{33}{55}$ (100) **d)** $\frac{9}{9}$ (4) **e)** $\frac{30}{36}$ (20)

16. Berechne möglichst einfach

a) $\frac{8}{16}$ von 32 kg, **b)** $\frac{8}{12}$ von 360, **c)** $\frac{15}{10}$ von 40 t **d)** $\frac{12}{48}$ von 12 m!

17. Die Klassen 5 a und 5 b haben je 32 Schüler. Bei einer Elternversammlung waren in der 5 a die Eltern von $\frac{5}{8}$ aller Schüler anwesend, in der 5 b waren die Eltern von $\frac{3}{4}$ aller Schüler gekommen. In welcher Klasse waren mehr Schüler durch ihre Eltern vertreten?

18. Im Alten Orient besaß der Tempel von Lagasch 2 500 ha Ackerland. Davon standen 500 ha den Priestern zur Verfügung. Adlige erhielten Bodenanteile bis zu 20 ha. Handwerker erhielten bis zu 1 ha dieser Fläche zur Benutzung. Gib die Anteile durch möglichst einfache Brüche an!

19.* Versuche, den Bruch $\frac{1}{5}$ so zu erweitern, daß in dem neuen Bruch

a) der Zähler um 20 kleiner ist als der Nenner,
b) der Zähler größer ist als der Nenner,
c) der Nenner 5mal so groß ist wie der Zähler!

20. Stelle fest, welcher von den Brüchen jedes Paares größer ist!
Hinweis: Mach dazu die Brüche gleichnamig, indem du kürzt!

a) $\frac{4}{7}$ und $\frac{10}{14}$ **b)** $\frac{11}{10}$ und $\frac{80}{100}$ **c)** $\frac{45}{55}$ und $\frac{9}{11}$ **d)** $\frac{56}{64}$ und $\frac{33}{24}$

4 Dezimalbrüche

Im Bild B 15 sehen wir Angaben, bei denen zwischen einzelnen Ziffern ein Komma steht.

Bild B 15

9 Nenne weitere Beispiele für solche Angaben! Beachte dabei, daß man die Stellen nach dem Komma einzeln spricht, also z. B. 0,25 als *Null-Komma-Zwei-Fünf*!

Auf einer Milchtüte, die 0,5 l enthält, lesen wir die Angabe $\frac{1}{2}$ l. Beide Angaben bezeichnen die gleiche Menge. $\frac{1}{2}$ ist demnach eine andere Schreibweise für 0,5. Wir wollen jetzt den Zusammenhang zwischen diesen beiden Schreibweisen näher betrachten.

B

Wie *wir wissen,* schreibt man 1 Pf auch als 0,01 DM. Wir haben jetzt gelernt, daß 1 Pfennig als hundertster Teil einer D-Mark auch durch $\frac{1}{100}$ DM bezeichnet werden kann. Demnach gilt: $\frac{1}{100}$ DM = 0,01 DM.

■ **6** Entsprechend sind 53 Pf = $\frac{53}{100}$ DM = 0,53 DM und
53 dm = $\frac{53}{10}$ m = $5\frac{3}{10}$ m = 5,3 m.

● **10** Drücke die folgenden Angaben in der in Klammern stehenden Einheit aus! Schreib wie im Beispiel 6!

a) 7 mm (cm) **b)** 27 Pf (DM) **c)** 9 g (kg)
d) 21 cm (m) **e)** 377 kg (t) **f)** 891 m (km)

Bei den im Auftrag 10 vorkommenden Brüchen sind die Nenner (10, 100 oder 1 000) Potenzen von 10. Solche Brüche nennt man **Zehnerbrüche.** *Wir kennen bereits* die **Stellentafel.** Bisher war sie rechts begrenzt und endete mit den Einern.
Um auch Zehnerbrüche eintragen zu können, setzen wir sie jetzt nach rechts fort. Dem Aufbau entsprechend muß die nächste Stelle den Wert $\frac{1}{10}$ erhalten, die folgende den Wert $\frac{1}{100}$, die nächste $\frac{1}{1000}$ usw.

Wir tragen einige Zehnerbrüche in die Stellentafel ein:

	10 000	1 000	100	10	1	$\frac{1}{10}$	$\frac{1}{100}$	$\frac{1}{1000}$
a) $\frac{4}{10}$						4		
b) $\frac{1}{100}$							1	
c) $\frac{53}{100}$						5	3	
d) $\frac{53}{10} = 5\frac{1}{10}$					5	3		

Wie üblich, wird in jedes Feld nur eine Ziffer eingetragen. Bei c) wird daher die 5 in die Spalte „$\frac{1}{10}$" gesetzt. Wie bei den natürlichen Zahlen können wir jetzt die Ziffern außerhalb der Stellentafel aneinandergereiht schreiben. Um eine Verwechslung zwischen $\frac{53}{100}$ und $\frac{53}{10}$ auszuschließen, wird zwischen Einer und Zehntel ein Komma gesetzt. Soweit nötig, werden leere Felder mit Nullen bezeichnet.
Wir erhalten:
a) 0,4 **b)** 0,01 **c)** 0,53 **d)** 5,3
Damit sind unsere Überlegungen aus dem Beispiel 6 bestätigt.

Man nennt Brüche, die in dieser Form geschrieben werden, **Dezimalbrüche.** Die Stellen nach dem Komma werden **Dezimalstellen** genannt. Im Gegensatz dazu nennt man Brüche in der Form $\frac{a}{b}$ **gemeine Brüche.**
Da $0{,}5 = \frac{5}{10} = \frac{1}{2}$ ist, erkennen wir jetzt, warum die unterschiedlichen Angaben 0,5 l und $\frac{1}{2}$ l dasselbe bedeuten.

● **11** **a)** Vergleiche die natürlichen Zahlen 3, 30, 300 und 3 000!
b) Schreib unter eventueller Verwendung der Stellentafel unter jeden der folgenden gemeinen Brüche den entsprechenden Dezimalbruch! Vergleiche!
$\frac{4}{10}$, $\frac{40}{100}$, $\frac{400}{1000}$

Anders als bei natürlichen Zahlen ändert bei Dezimalbrüchen das Anfügen von Nullen die Größe nicht. Zum Beispiel ist 1,6 = 1,60 = 1,600. Allerdings drücken 1,6 m und 1,60 m oft eine unterschiedliche Genauigkeit der Größenangabe aus. Im ersten Fall ist auf Dezimeter, im zweiten auf Zentimeter genau gemessen worden.
Das Anfügen von Nullen an einen Dezimalbruch entspricht dem Erweitern gemeiner Brüche mit 10, 100, 1 000 usw.
Wir wissen, daß wir zur Bezeichnung natürlicher Zahlen auch Brüche mit dem Nenner 1 wählen können. Für 7 können wir auch $\frac{7}{1}$ schreiben. Entsprechend lassen sich natürliche Zahlen auch als Dezimalbrüche angeben: 7 = 7,0 = 7,00.
Den Zusammenhang zwischen gemeinen Brüchen und Dezimalbrüchen erkennen wir auch bei der Darstellung von Größen an einem Strahl.

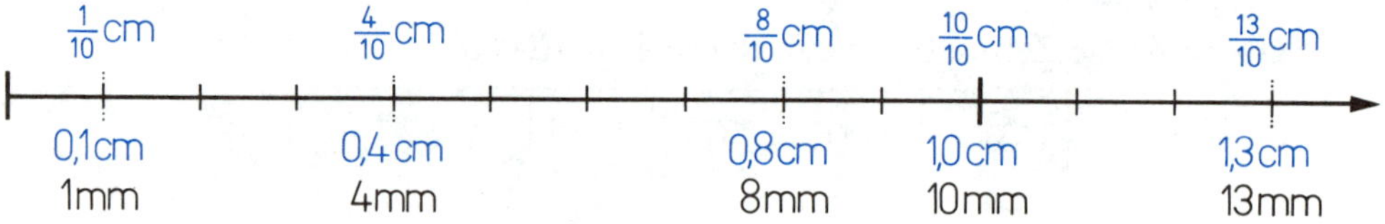

Jetzt läßt sich die Bedeutung bestimmter *Vorsätze* bei Maßeinheiten erklären.
So bedeutet z. B. *dezi* (aus dem Lateinischen stammend) *Zehntel, zenti* bedeutet entsprechend *Hundertstel, milli* bedeutet *Tausendstel.*
Beispiel: $1\ \text{dm} = \frac{1}{10}\ \text{m} = 0{,}1\ \text{m}.$

Aufgaben

1. Erweitere folgende Zehnerbrüche mit 10 (100, 1 000)!
$\frac{8}{10}$, $\frac{15}{10}$, $\frac{3}{100}$, $\frac{14}{1000}$, $\frac{130}{100}$

2. Trage in eine Stellentafel ein:
$\frac{1}{10}$, $\frac{16}{100}$, $\frac{7}{100}$, $\frac{18}{10}$, $\frac{241}{1000}$, $\frac{171}{100}$, $\frac{2}{1000}$!
Lies die entsprechenden Dezimalbrüche ab!

3. Trage in eine Stellentafel ein und vergleiche!
a) $\frac{2753}{10}$, $\frac{2753}{1000}$ **b)** $\frac{308}{100}$, $\frac{308}{1000}$ **c)** $\frac{51}{1}$, $\frac{51}{10}$, $\frac{51}{1000}$

4. Trage Dezimalbrüche in die Stellentafel ein! Gib sie als Zehnerbrüche an!
0,6; 0,34; 0,05; 0,222; 1,4; 2,35; 16,1; 1,61; 0,161

5. Welche Stellenwerte haben die einzelnen Ziffern in den folgenden Dezimalbrüchen?
a) 24,24 **b)** 0,045 **c)** 6,025 **d)** 141,14 **e)** 0,0007

6. Susanne soll in die Stellentafel den Dezimalbruch 0,6 eintragen. Sie trägt die Ziffer 6 fälschlich eine Stelle zu weit nach rechts (links) ein. Welchen Dezimalbruch hat sie dann eingetragen?

7. Welche Ziffern bezeichnen in den folgenden Dezimalbrüchen die Zehntel (Hundertstel)?
a) 4,625 **b)** 2,9 **c)** 3,082 **d)** 5,0 **e)** 2,2222

8. Welche der folgenden Dezimalbrüche sind eine andere Schreibweise für $\frac{5}{100}$?
a) 5,00 **b)** 0,005 **c)** 0,5 **d)** 0,05 **e)** 500 **f)** 0,050

9. Welche der folgenden Brüche bedeuten dasselbe wie 1,5?
$\frac{15}{100}$, $\frac{15}{10}$, $\frac{15}{1000}$, $\frac{15}{1}$, $\frac{150}{100}$

10. Gib in der folgenden Darstellung für die Punkte *A, B, C, D, E* und *F*
a) den entsprechenden Dezimalbruch, **b)** den entsprechenden Zehnerbruch an!

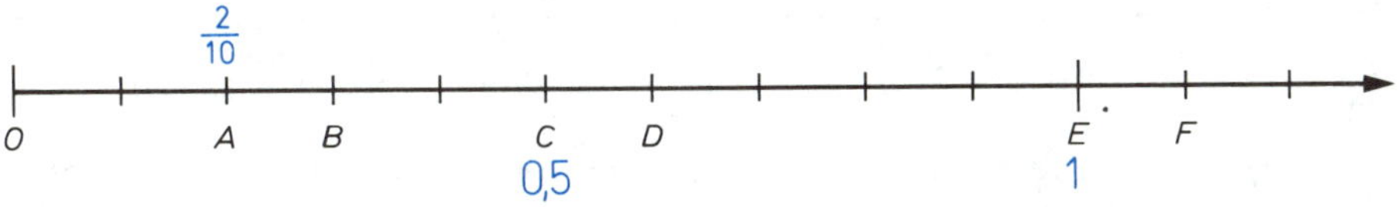

11. Welche der folgenden Aussagen sind falsch? Begründe deine Entscheidung und berichtige diese Aussagen!
a) 2,5 = 2,500 **b)** 30,09 = 30,90 **c)** $\frac{427}{100}$ = 42,7
d) $\frac{53}{1000}$ = 0,053 **e)** 0,017 = 0,0170 **f)** 38 = 38,00

12. Rechne die folgenden Größen in die geforderte Einheit um! Gib die Zahlenwerte zuerst als Zehnerbrüche und anschließend als Dezimalbrüche an!
a) 7 mm (cm) **b)** 27 Pf (DM) **c)** 9 g (kg)
d) 21 dt (t) **e)** 377 kg (t) **f)** 891 m (km)

13. Jens behauptet, daß 1 min = 0,1 h ist. Uwe behauptet, daß 1 min = 0,01 h ist. Untersuche, ob diese Behauptungen stimmen! Begründe!

5 Gebrochene Zahlen

● **12** **a)** Arno meint, ein bestimmtes Zahnrad habe 16 Zähne. Alfred meint, es habe 17 Zähne.
b) Beate meint, von der Geburtstagstorte sei noch die Hälfte übrig. Bianca meint, es seien noch $\frac{8}{16}$ der Torte übrig.
c) Claudia meint, die Seite eines quadratischen Tischchens in ihrem Zimmer sei 0,25 m lang. Christa meint, die Seitenlänge betrage $\frac{1}{4}$ m.
Können jeweils beide Schüler recht haben? Begründe!

Daß man **gleiche Bruchteile** eines Ganzen durch verschiedene Brüche angeben kann, wird auch bei der Darstellung von Brüchen auf einem Strahl deutlich (Bild B 16).

Bild B 16

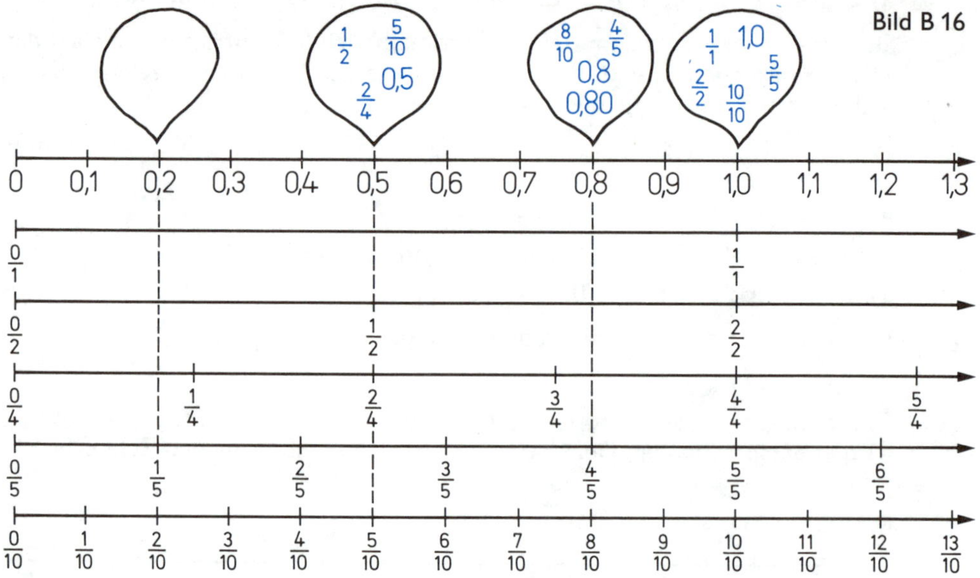

● **13** **a)** $\frac{1}{2}$, $\frac{2}{4}$ und $\frac{5}{10}$ bezeichnen Gleiches. Wie erhält man aus einem dieser Brüche die anderen?

b) Nenne mindestens vier Brüche, die in das leere Feld (bei 0,2) im Bild B 16 gehören! Wie kann man weitere derartige Brüche finden?

Alle Brüche, die am gleichen Punkt eines Strahls abgebildet werden, bezeichnen Gleiches. Sie sind **verschiedene Schreibweisen** für **ein und dieselbe Zahl.** Eine solche Zahl nennen wir eine **gebrochene Zahl.**

Im Bild B 17 sind scherzhaft Brüche dargestellt. Diejenigen Brüche, die die gleiche gebrochene Zahl bezeichnen, sollen durch das gleiche Tor gehen.

● **14** **a)** Nenne weitere Brüche, die durch das rechte (durch das linke) Tor zu gehen hätten!

b) Gibt es einen Bruch, der durch beide Tore gehen dürfte?

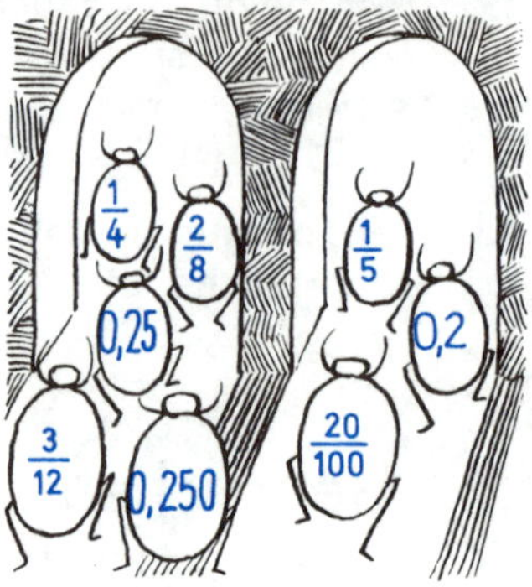

Bild B 17

▶ **7**

Brüche (gemeine Brüche und Dezimalbrüche) sind **Schreibweisen für gebrochene Zahlen.**
Wenn zwei Brüche auf den gleichen Punkt eines Zahlenstrahls abgebildet werden, bezeichnen sie die gleiche gebrochene Zahl.
Alle Brüche, die durch Kürzen oder Erweitern auseinander hervorgehen, bezeichnen die gleiche gebrochene Zahl.

Brüche, die nicht durch Kürzen oder Erweitern auseinander hervorgehen, bezeichnen verschiedene gebrochene Zahlen. Statt zu sagen: „die gebrochene Zahl, die durch den Bruch $\frac{1}{2}$ dargestellt wird", sagen wir einfacher: „die gebrochene Zahl $\frac{1}{2}$".
Dabei können wir anstelle von $\frac{1}{2}$ auch $\frac{2}{4}$, $\frac{3}{6}$, $\frac{5}{10}$, $\frac{50}{100}$ oder 0,5; 0,50 und viele andere Brüche benutzen.

B

■ **7** Es soll entschieden werden, ob **a)** $\frac{4}{5}$ und $\frac{20}{25}$, **b)** $\frac{5}{18}$ und $\frac{2}{9}$, **c)** $\frac{2}{6}$ und $\frac{3}{9}$ die gleiche gebrochene Zahl darstellen oder nicht.

a) Es ist $\frac{20}{25} \overset{:5}{=} \frac{4}{5}$. Beide Brüche stellen die gleiche gebrochene Zahl dar.

b) Es ist $\frac{2}{9} \overset{\cdot 2}{=} \frac{4}{18}$ und $\frac{4}{18} < \frac{5}{18}$. Beide Brüche stellen verschiedene gebrochene Zahlen dar.

c) Es ist $\frac{2}{6} \overset{:2}{=} \frac{1}{3}$ und $\frac{3}{9} \overset{:3}{=} \frac{1}{3}$. Beide Brüche stellen die gleiche gebrochene Zahl dar.

Aufgaben

1. Stelle die folgenden Brüche auf dem Zahlenstrahl dar! Wähle als Einheit 10 cm!
$\frac{10}{10}$, $\frac{7}{10}$, $\frac{2}{5}$, $\frac{5}{5}$, $\frac{1}{2}$, $\frac{6}{5}$, $\frac{4}{10}$, $\frac{1}{1}$, $\frac{9}{10}$, $\frac{12}{10}$, $\frac{5}{10}$, $\frac{4}{5}$
Stelle jeweils Brüche zusammen, die die gleiche gebrochene Zahl bezeichnen!

2. Gib zu jedem der folgenden Brüche mindestens drei weitere an, die die gleiche Zahl darstellen! Begründe!
a) $\frac{1}{3}$ **b)** $\frac{6}{5}$ **c)** $\frac{24}{16}$ **d)** $\frac{9}{9}$ **e)** $\frac{11}{33}$

Stellen die beiden Brüche jeweils die gleiche Zahl dar? Begründe!

3. **a)** $\frac{3}{7}$ und $\frac{21}{49}$ **b)** $\frac{3}{7}$ und $\frac{5}{8}$
c) $\frac{13}{2}$ und $\frac{52}{8}$ **d)** $\frac{11}{12}$ und $\frac{23}{24}$
e) $\frac{14}{24}$ und $\frac{21}{36}$ **f)** $\frac{14}{24}$ und $\frac{14}{22}$

4. **a)** $\frac{14}{22}$ und $\frac{16}{24}$ **b)** $\frac{14}{22}$ und $\frac{35}{55}$
c) $\frac{8}{15}$ und $\frac{12}{22}$ **d)** $\frac{8}{15}$ und $\frac{32}{60}$
e) $\frac{18}{21}$ und $\frac{12}{14}$ **f)** $\frac{14}{40}$ und $\frac{15}{45}$

5. Man soll $\frac{3}{5}$, $\frac{4}{8}$, $\frac{9}{15}$, $\frac{5}{10}$, $\frac{27}{36}$, $\frac{75}{100}$, $\frac{1}{2}$, und $\frac{12}{20}$ als Punkte auf *einem* Zahlenstrahl eintragen. Wie viele verschiedene Punkte kennzeichnen diese Brüche?

6. Gib alle Brüche an, die die gleiche gebrochene Zahl wie $\frac{5}{11}$ darstellen und deren Nenner eine zweistellige Zahl ist!

7. Versuche, einen Bruch zu finden, der die gleiche gebrochene Zahl darstellt wie der angegebene und den in Klammern angegebenen Nenner hat!
a) $\frac{5}{8}$ (40) **b)** $\frac{7}{9}$ (2) **c)** $\frac{12}{15}$ (10) **d)** $\frac{11}{11}$ (3)

8.* Können folgende Brüche die gleiche gebrochene Zahl darstellen:
a) ein Bruch mit dem Nenner 2 und ein Bruch mit dem Nenner 3,
b) ein echter und ein unechter Bruch,

c) zwei Brüche mit gleichem Zähler (außer 0) und verschiedenen Nennern,
d) ein Bruch, dessen Zähler um 3 größer ist als sein Nenner, und ein Bruch, dessen Zähler um 4 größer ist als sein Nenner,
e) zwei verschiedene gleichnamige Brüche?

9. Drei Schüler haben jeweils eine Menge von Brüchen „sortiert". Bei Matthias ist folgende Einteilung entstanden:

$\frac{4}{9}$ $\frac{1}{31}$ $\frac{0}{25}$ $\frac{6}{13}$ und $\frac{29}{14}$ $\frac{64}{11}$ $\frac{7}{1}$ $\frac{4}{4}$.

Franziska hat bei einer zweiten Menge folgendes erhalten:

$\frac{9}{12}$ $\frac{13}{12}$ $\frac{5}{12}$ und $\frac{4}{3}$ $\frac{13}{3}$ $\frac{5}{3}$ $\frac{1}{3}$.

Hannes hat eine dritte Menge wie folgt erhalten:

$\frac{5}{6}$ $\frac{10}{12}$ $\frac{20}{24}$ $\frac{50}{60}$ und $\frac{22}{33}$ $\frac{40}{60}$ $\frac{2}{3}$.

a) Nach welchem Gesichtspunkt hat jeder von den dreien die Einteilung vorgenommen?
b) Wohin wäre bei jeder dieser Einteilungen der Bruch $\frac{8}{12}$ zu schreiben?

6 Umformen gemeiner Brüche in Dezimalbrüche und umgekehrt

Wir wissen bereits, daß gebrochene Zahlen sowohl durch gemeine Brüche wie auch durch Dezimalbrüche bezeichnet werden können. Wir wollen jetzt lernen, wie man gemeine Brüche in Dezimalbrüche umformen kann.

■ **8** Folgende gemeine Brüche sollen als Dezimalbrüche geschrieben werden:
a) $\frac{1}{4}$, **b)** $\frac{3}{8}$, **c)** $\frac{17}{2}$.

a) Es gilt: $\frac{1}{4} \overset{\cdot 25}{=} \frac{25}{100} = 0{,}25.$ **b)** Es gilt: $\frac{3}{8} \overset{\cdot 125}{=} \frac{375}{1\,000} = 0{,}375.$

c) Es gilt: $\frac{17}{2} \overset{\cdot 5}{=} \frac{85}{10} = 8{,}5$ oder $\frac{17}{2} = 8\frac{1}{2} = 8\frac{5}{10} = 8{,}5.$

Es gibt allerdings gemeine Brüche, bei denen ein solches Umformen in einen Dezimalbruch nicht möglich ist, $\frac{1}{3}$ ist ein solcher Bruch.

Wir können bereits Dezimalbrüche in Zehnerbrüche umformen. Wir wollen diese Zehnerbrüche jetzt nach Möglichkeit noch kürzen.

■ **9** Folgende Dezimalbrüche sollen als gemeine Brüche geschrieben werden:
a) 0,8; **b)** 0,75; **c)** 6,5.

a) Es gilt: $0{,}8 = \frac{8}{10} \overset{:2}{=} \frac{4}{5}.$ **b)** Es gilt: $0{,}75 = \frac{75}{100} \overset{:25}{=} \frac{3}{4}.$

c) Es gilt: $6{,}5 = \frac{65}{10} \overset{:5}{=} \frac{13}{2} = 6\frac{1}{2}.$

Aufgaben

1. Überprüfe die folgenden Zusammenhänge und präge sie dir fest ein!
$\frac{1}{2} = 0{,}5$ $\frac{1}{4} = 0{,}25$ $\frac{1}{8} = 0{,}125$ $\frac{1}{5} = 0{,}2$ $\frac{1}{10} = 0{,}1$ $\frac{3}{4} = 0{,}75$

2. Schreib die gebrochenen Zahlen als Dezimalbrüche!
a) $\frac{1}{5}$ **b)** $\frac{3}{2}$ **c)** $\frac{9}{10}$ **d)** $\frac{5}{2}$ **e)** $\frac{8}{4}$

3. Schreib die Zahlenwerte der Größen als Dezimalbrüche!
a) $\frac{1}{4}$ km **b)** $\frac{1}{8}$ km **c)** $\frac{4}{5}$ t **d)** $\frac{3}{4}$ DM **e)** $\frac{5}{4}$ DM **f)** $2\frac{1}{2}$ m
g) $\frac{3}{5}$ km **h)** $\frac{5}{8}$ kg **i)** $1\frac{1}{2}$ t **k)** $2\frac{1}{4}$ DM **l)** $\frac{18}{20}$ dt **m)** $\frac{12}{25}$ km

4. Schreib die Zahlenwerte der Größen als gemeine Brüche! Kürze soweit wie möglich!
a) 0,50 m **b)** 1,2 km **c)** 0,65 dt **d)** 2,75 DM **e)** 0,4 t
f) 0,75 DM **g)** 2,5 km **h)** 1,25 t **i)** 0,10 DM **k)** 0,8 t

5. Schreib zuerst als Zehnerbruch, dann als Dezimalbruch!
a) $\frac{3}{20}$ **b)** $\frac{7}{5}$ **c)** $\frac{5}{2}$ **d)** $\frac{8}{25}$ **e)** $\frac{32}{40}$ **f)** $\frac{117}{50}$ **g)** $\frac{56}{80}$
h) $\frac{7}{20}$ **i)** $\frac{11}{5}$ **k)** $\frac{9}{2}$ **l)** $\frac{11}{25}$ **m)** $\frac{36}{40}$ **n)** $\frac{211}{50}$ **o)** $\frac{56}{40}$

6. Schreib zuerst als Zehnerbruch! Kürze dann soweit wie möglich!
a) 0,24 **b)** 1,8 **c)** 2,15 **d)** 0,065 **e)** 1,02 **f)** 10,2
g) 0,16 **h)** 1,2 **i)** 2,55 **k)** 0,115 **l)** 2,06 **m)** 0,008

7 Vergleichen und Ordnen von Dezimalbrüchen

● **15** Vergleiche nach der Größe! Beschreibe, wie du vorgehst!
a) 64 172 und 7 514 **b)** 117 094 und 117 113 **c)** 0,9 und 0,75

Das Verkehrsschild an der Brücke (Bild B 18) besagt, daß nur Fahrzeuge hindurchfahren dürfen, die höchstens 2,8 m hoch sind. Ein LKW hat eine Höhe von 2,25 m. Darf er durch diese Brücke fahren?
Roland überlegt:
2,8 m sind 2 m und 80 cm. Der LKW ist 2 m und 25 cm hoch. 25 cm sind weniger als 80 cm, also sind auch 2,25 m weniger als 2,8 m. Der LKW darf durch die Brücke fahren.

Bild B 18

Beim **Größenvergleich von Dezimalbrüchen** kann man folgendermaßen verfahren:

(1) Man betrachtet zunächst die vor dem Komma stehenden Zahlen, also die Ganzen. Sind diese Zahlen verschieden, dann vergleicht man sie wie natürliche Zahlen.

(2) Sind die Zahlen vor dem Komma gleich, so betrachtet man die einzelnen Stellen nach dem Komma der Reihe nach. Man beginnt mit der höchsten Stelle, also den Zehnteln. Die erste Stelle, an der verschiedene Ziffern stehen, entscheidet darüber, welcher Dezimalbruch größer ist.

■ **10** Folgende Dezimalbrüche sollen verglichen werden:

a) 721,12 und 72,935 **b)** 1,7 und 1,65
c) 3,457 und 3,458 **d)** 4,7 und 4,700

Lösung:

a) Wegen 721 > 72 gilt 721,12 > 72,935.
b) Wegen 7 > 6 gilt 1,7 > 1,65.
c) Wegen 7 < 8 gilt 3,457 < 3,458.
d) Es gilt 4,7 = 4,700, da an den ersten Dezimalbruch beliebig viele Nullen angehängt werden dürfen und somit an allen Stellen bei beiden Zahlen die gleichen Ziffern stehen.

● **16** Jens behauptet: „Null Komma zwölf ist größer als null Komma acht, denn zwölf ist größer als acht." Nimm zu dieser Behauptung Stellung!

Jetzt *können wir auch* Dezimalbrüche ordnen.

■ **11** Die folgenden Dezimalbrüche sollen der Größe nach geordnet werden. Dabei ist mit dem größten zu beginnen:
8,72; 9,2; 8,81; 8,723 und 9,17.

Lösung:

Wegen 9 > 8 sind 9,2 und 9,17 größer als die übrigen Brüche. Da bei 9,2 an der ersten Stelle nach dem Komma die Ziffer 2, bei 9,17 aber die Ziffer 1 steht, ist 9,2 > 9,17.
Von den übrigen Dezimalbrüchen 8,72, 8,81 und 8,723 ist 8,81 der größte.
Schließlich ist 8,723 größer als 8,72 = 8,720.
So erhält man 9,2 > 9,17 > 8,81 > 8,723 > 8,72.

Aufgaben

1. Vergleiche! Gib jeweils auch die Stelle an, an der sich entscheidet, welcher Dezimalbruch größer bzw. kleiner ist!

a) 20,75 und 27,05 **b)** 123,9 und 130,1 **c)** 11,10 und 11,01
d) 2,078 und 2,087 **e)** 11,07 und 10,99 **f)** 0,54 und 0,540
g) 2,05 und 2,50 **h)** 16,246 und 16,624

2. Vergleiche!

a) 1,2 und 1,25 **b)** 30,4 und 30,04 **c)** 7,356 und 7,56
d) 0,1 und 0,01 **e)** 7,2 und 7,199 **f)** 0,8 und 0,10

3. Vergleiche! Forme dazu die gemeinen Brüche in Dezimalbrüche um!

a) $\frac{4}{10}$ und 0,375 **b)** $\frac{1}{5}$ und 0,5 **c)** $\frac{7}{100}$ und 0,7
d) $\frac{3}{4}$ und 7,5 **e)** $\frac{9}{10}$ und 0,09 **f)** $\frac{1}{8}$ und 0,12

4. Nenne alle Dezimalbrüche, die zwischen den angegebenen Zahlen liegen und genau so viel Dezimalstellen haben wie diese!

a) 0,997 und 1,001 **b)** 200,8 und 201,0 **c)** 3,02 und 3,20

B

5. Ordne den folgenden gebrochenen Zahlen je einen Punkt des Zahlenstrahls zu! Schreib dann ihre Reihenfolge auf! Beginne mit der kleinsten dieser Zahlen! 0,75; 1,2; 0,4; 2,1; 1,5; 0,9; 1,0; 0,1

6. $a = 2{,}076$ und $b = 2{,}0{*}7$. Welche Ziffern kann man für $*$ setzen, damit $a > b$ ($a < b$) gilt?

7. Gib den kleinsten Dezimalbruch mit drei Dezimalstellen an, der größer als 0 ist!

8. Der Radius eines Kreises ist 73 mm, der eines zweiten Kreises 8,3 cm. Welcher der beiden Kreise ist größer?

9. Ordne folgende Dezimalbrüche, beginnend mit dem kleinsten!
a) 6,4; 6,6; 6,05; 6,41; 6,06; 6,409; 6,006
b) 12,8; 12,08; 12,88; 12,808; 12,088; 12,888

10. Untersuche, ob folgende Behauptungen wahr sind!
a) Von zwei Dezimalbrüchen ist der größer, der die größere Anzahl von Stellen vor dem Komma hat.
b) Von zwei Dezimalbrüchen ist der größer, der die größere Anzahl von Stellen nach dem Komma hat.

Addition und Subtraktion gebrochener Zahlen

8 Addition und Subtraktion gleichnamiger Brüche

● **17** Susanne hat $\frac{1}{2}$ Stunde für ihre Hausarbeit in Mathematik gebraucht und $\frac{1}{4}$ Stunde Vokabeln gelernt. Welche Zeit hat sie für beides zusammen gebraucht?

Die Frage im Auftrag 17 führt auf die **Addition gebrochener Zahlen,** die als gemeine Brüche angegeben sind. (Man sagt kürzer: die Addition gemeiner Brüche.) Solche Aufgaben sind einfach zu lösen, wenn die dabei auftretenden Brüche gleichnamig sind:

Beim Backen einer Torte nimmt Mutti $\frac{2}{8}$ l Milch für den Teig und $\frac{3}{8}$ l Milch für die Creme. Wieviel Liter Milch braucht sie insgesamt?

Wir veranschaulichen diese beiden Mengen zunächst an einem Litergefäß (Bild B 19).

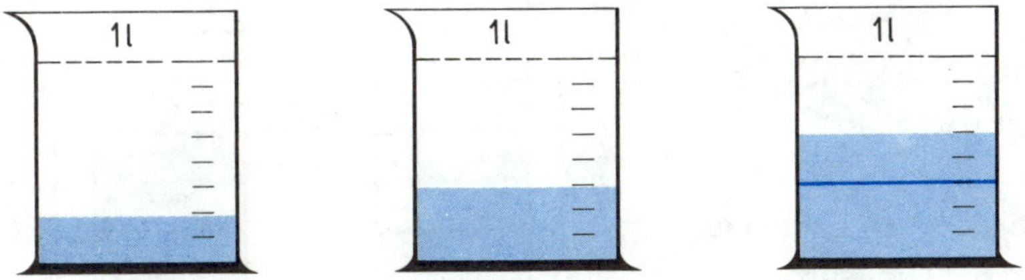

Bild B 19

Um die gestellte Frage zu beantworten, haben wir die Brüche $\frac{2}{8}$ und $\frac{3}{8}$ zu addieren.
Wir erhalten: $\frac{2}{8}\,l + \frac{3}{8}\,l = \frac{5}{8}\,l$ und somit $\frac{2}{8} + \frac{3}{8} = \frac{5}{8}$

● **18** Bei einer Wanderung über 5 km gelangt eine Klasse nach $\frac{1}{5}$ dieser Strecke an einen Waldrand. Nachdem sie weitere $\frac{2}{5}$ der Gesamtstrecke zurückgelegt hat, kommt sie an ein Gasthaus (Bild B 20).
Welchen Teil der Gesamtstrecke hat die Klasse bis zum Gasthaus zurückgelegt?

a) Lies das Ergebnis aus der Darstellung ab!
b) Löse die Aufgabe, indem du die Längen der Teilstrecken ausrechnest!
c) Gib die entsprechende Additionsaufgabe mit gemeinen Brüchen an! Überlege, wie man dabei zum Ergebnis kommt!

Bild B 20

▶ **8**

> Man **addiert gleichnamige Brüche,** indem man die Zähler addiert und den Nenner beibehält.
>
> $$\frac{a}{c} + \frac{b}{c} = \frac{a+b}{c}$$

● **19** **a)** Addiere die Brüche $\frac{4}{10}$ und $\frac{2}{10}$! Kürze das Ergebnis!
b) Kürze zunächst die beiden Brüche! Addiere dann!
c) Vergleiche die Ergebnisse von a) und b)!

Knut und Erik haben die gleiche Anzahl von Werkstücken zu bearbeiten. Bis zur Pause hat Knut $\frac{4}{6}$ und Erik $\frac{3}{6}$ seiner Werkstücke fertig. Wie groß ist Knuts Vorsprung?
Der Darstellung (Bild B 21) entnehmen wir, daß Knut $\frac{1}{6}$ der Werkstücke mehr als Erik bearbeitet hat. Es ist

$$\frac{4}{6} - \frac{3}{6} = \frac{1}{6}$$

Auch bei den gebrochenen Zahlen ist die **Subtraktion** die Umkehroperation zur Addition.

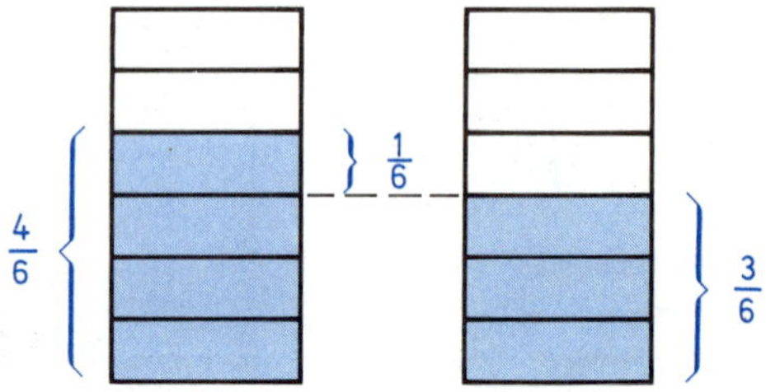

Bild B 21

B

● **20** **a)** Wenn $\frac{7}{10} - \frac{4}{10} = \frac{a}{10}$ ist, dann muß gelten $\frac{a}{10} + \frac{4}{10} = \frac{7}{10}$. Welche Zahl muß a demnach sein?

b) Überlege, wie du das Ergebnis der Subtraktionsaufgabe finden kannst, ohne auf die Addition zurückzugreifen!

▶ **9**

> Man **subtrahiert gleichnamige Brüche,** indem man ihre Zähler subtrahiert und den Nenner beibehält.
> $$\frac{a}{c} - \frac{b}{c} = \frac{a-b}{c}$$

● **21** **a)** Berechne $\frac{4}{5} - \frac{3}{5}$!

b) Versuche, die Aufgabe $\frac{3}{5} - \frac{4}{5}$ zu lösen!

Welche Einschränkung für $\frac{a}{c}$ muß bei Merkstoff ▶ 9 gemacht werden?

c) Begründe, warum bei der Addition eine solche Einschränkung nicht nötig ist!

■ **12** **a)** $\frac{3}{7} + \frac{2}{7} = \frac{3+2}{7} = \frac{5}{7}$

Da die Brüche gleichnamig sind, addieren wir ihre Zähler.

b) $\frac{5}{8} + \frac{1}{8} = \frac{5+1}{8} = \frac{6}{8} = \frac{3}{4}$

Wir kürzen das Ergebnis so weit wie möglich.

c) $\frac{19}{10} - \frac{9}{10} = \frac{19-9}{10} = \frac{10}{10} = 1$

d) $\frac{3}{4} - \frac{5}{4}$ ist nicht lösbar, da $\frac{3}{4} < \frac{5}{4}$ bzw. $3 < 5$ ist.

Man kann gebrochene Zahlen auch addieren und subtrahieren, wenn sie durch ungleichnamige Brüche angegeben sind. Das sei an einigen einfachen Beispielen gezeigt.

■ **13** **a)** Im abgebildeten Rechteck (Bild B 22) sind einmal $\frac{1}{4}$, zum anderen $\frac{1}{8}$ der Fläche farbig gekennzeichnet. Zusammen sind das drei Kästchen, d. h. $\frac{3}{8}$ der Fläche.

Also ist $\frac{1}{4} + \frac{1}{8} = \frac{3}{8}$.

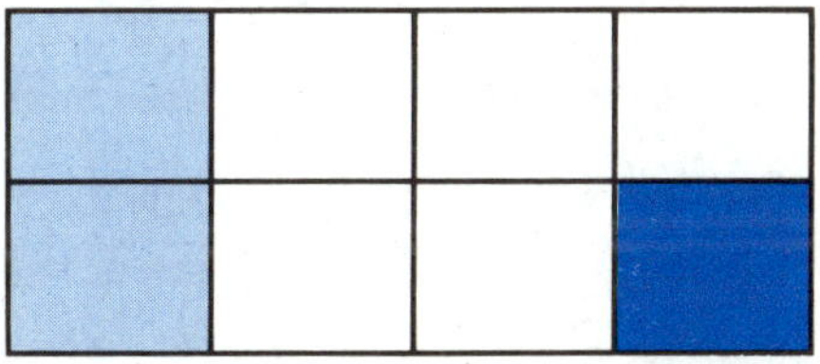

Bild B 22

b) Es soll $\frac{1}{5} - \frac{1}{10}$ berechnet werden. Beide Brüche sind zueinander ungleichnamig. Nun kann aber $\frac{1}{5}$ durch $\frac{2}{10}$ ersetzt werden, da diese beiden Brüche die gleiche gebrochene Zahl darstellen.

So erhalten wir $\frac{2}{10} - \frac{1}{10} = \frac{1}{10}$, also auch $\frac{1}{5} - \frac{1}{10} = \frac{1}{10}$.

● **22** Überlege, wie man entsprechend **a)** $\frac{1}{5} + \frac{1}{10}$, **b)** $\frac{1}{4} - \frac{1}{8}$ berechnen kann!

Aufgaben

1. Bernd hatte zwei Additionsaufgaben und eine Subtraktionsaufgabe mit gleichnamigen Brüchen zu lösen. Er fertigte eine Skizze an (Bild B 23). Versuche herauszufinden, welche Aufgaben das waren, und löse sie!

(a) (b) (c) Bild B 23

2. Veranschauliche ähnlich wie im Bild B 23 folgende Aufgaben und gib dann die Lösungen an!

a) $\frac{3}{4} - \frac{2}{4}$ **b)** $\frac{1}{6} + \frac{2}{6}$ **c)** $\frac{3}{5} - \frac{2}{5}$

3. **a)** $\frac{7}{10} + \frac{2}{10}$ **b)** $\frac{9}{5} + \frac{3}{5}$ **c)** $\frac{4}{6} + \frac{1}{6}$ **d)** $\frac{11}{50} + \frac{22}{50}$

4. Berechne! Kürze das Ergebnis so weit wie möglich!

a) $\frac{5}{9} + \frac{1}{9}$ **b)** $\frac{7}{12} + \frac{2}{12}$ **c)** $\frac{2}{10} + \frac{3}{10}$ **d)** $\frac{11}{24} + \frac{5}{24}$

Berechne! Kürze das Ergebnis, wenn möglich!

5. **a)** $\frac{4}{12} + \frac{7}{12}$ **b)** $\frac{7}{15} + \frac{8}{15}$
c) $\frac{7}{20} + \frac{22}{20}$ **d)** $\frac{15}{24} + \frac{6}{24}$

6. **a)** $\frac{2}{17} + \frac{8}{17}$ **b)** $\frac{7}{20} + \frac{13}{20}$
c) $\frac{14}{15} + \frac{3}{15}$ **d)** $\frac{24}{48} + \frac{8}{48}$

7. **a)** $\frac{3}{10} + \frac{1}{10} + \frac{4}{10}$
b) $\frac{1}{6} + \frac{2}{6} + \frac{3}{6}$
c) $\frac{3}{9} + \frac{1}{9} + \frac{4}{9} + \frac{7}{9}$
d) $\frac{4}{40} + \frac{15}{40} + \frac{28}{40} + \frac{3}{40} + \frac{10}{40}$

8. **a)** $\frac{6}{10} + \frac{1}{10} + \frac{2}{10}$
b) $\frac{4}{8} + \frac{3}{8} + \frac{1}{8}$
c) $\frac{6}{12} + \frac{5}{12} + \frac{1}{12} + \frac{10}{12}$
d) $\frac{11}{100} + \frac{25}{100} + \frac{9}{100} + \frac{53}{100}$

Kontrolliere bei den Aufgaben 9. und 10. das Ergebnis mit Hilfe der Addition!

9. **a)** $\frac{7}{10} - \frac{4}{10}$ **b)** $\frac{11}{25} - \frac{8}{25}$
c) $\frac{7}{10} - \frac{3}{10}$ **d)** $\frac{11}{12} - \frac{7}{12}$

10. **a)** $\frac{9}{4} - \frac{5}{4}$ **b)** $\frac{17}{5} - \frac{8}{5}$
c) $\frac{7}{8} - \frac{5}{8}$ **d)** $\frac{17}{20} - \frac{9}{20}$

11. Gib Lösungen für folgende Gleichungen an!

a) $\frac{7}{9} + \frac{a}{9} = \frac{39}{9}$ **b)** $\frac{2}{9} + \frac{x}{9} = \frac{5}{9}$ **c)** $\frac{x}{5} - \frac{11}{5} = \frac{52}{5}$ **d)** $y - \frac{1}{4} = \frac{3}{4}$

12. **a)** $\frac{15}{20} - \frac{7}{20} - \frac{2}{20}$ **b)** $\frac{19}{15} - \frac{7}{15} - \frac{4}{15}$ **c)** $\frac{3}{4} + \frac{5}{4} - \frac{7}{4}$ **d)** $\frac{7}{8} - \frac{6}{8} + \frac{5}{8}$

13. Berechne $\frac{3}{4}$ h + $\frac{3}{4}$ h **a)** durch Umrechnen der Angaben in Minuten, **b)** durch Addition der gebrochenen Zahlen!

14. Für welche Zahlen a ist die Aufgabe $\frac{7}{8} - \frac{a}{8}$ lösbar?

15. Um wieviel ist $\frac{17}{10}$ größer als $\frac{7}{10}$?

16. Gegeben sind die Zahlen $\frac{43}{50}$ und $\frac{67}{50}$.
Subtrahiere die kleinere von der größeren!

17. Bilde **a)** die Summe, **b)** die Differenz der Zahlen $\frac{15}{7}$ und $\frac{3}{7}$!

18. Der Tank eines Schiffsmodells ist mit 2 l Treibstoff gefüllt. Davon werden $\frac{2}{8}$ l verbraucht. Wieviel Liter verbleiben im Tank?

19. Von 32 Schülern einer Klasse sind $\frac{5}{8}$ zur Zeit 11 Jahre alt. $\frac{2}{8}$ der Schüler sind 10 Jahre alt. Die übrigen Schüler dieser Klasse sind 12 Jahre alt. Wie viele Schüler sind das? (Löse diese Aufgabe auf verschiedene Weise!)

20.* Suche zwei gebrochene Zahlen! Ihre Differenz soll $\frac{1}{5}$, ihre Summe soll 1 sein.

21.* Edgar behauptet, es sei $\frac{1}{6} + \frac{1}{3} = \frac{1}{2}$. Hat er recht?

B

9 Addition und Subtraktion von Dezimalbrüchen

Kerstin kauft einige Hefte für einen Gesamtpreis von 80 Pf, einen Pinsel zu 0,30 DM, einen Taschenkalender, der genau 2 DM kostet, und einen Kugelschreiber zu 5,60 DM. Auf dem Kassenzettel sind die Beträge mit Dezimalbrüchen geschrieben und addiert (vgl. Tabelle, 1. Spalte). Wir rechnen auch schon lange so. Jetzt wissen wir, daß wir dabei gebrochene Zahlen addieren, die als Dezimalbrüche angegeben sind (kürzer: daß wir Dezimalbrüche addieren).
Warum man so vorgehen kann und was dabei zu beachten ist, zeigt ein Vergleich. In der 2. Spalte der Tabelle sind die Beträge in Pfennig umgerechnet, die Zahlenwerte sind also natürliche Zahlen. In der 3. Spalte sind Zehnerbrüche verwendet.

0,80	80	$\frac{80}{100}$
0,30	30	$\frac{30}{100}$
2,00	200	$\frac{200}{100}$
+ 5,60	+ 560	+ $\frac{560}{100}$
8,70	870	$\frac{870}{100}$

Wir beachten beim **schriftlichen Addieren von Dezimalbrüchen:**
(1) Man schreibt so, daß Komma unter Komma steht.
(2) Man schreibt natürliche Zahlen als Dezimalbrüche, z. B. 2 als 2,00. Sind verschieden viele Dezimalstellen vorhanden, hängt man eventuell Nullen an.
(3) Man addiert wie bei natürlichen Zahlen.
(4) Das Komma in der Summe wird unter die Kommas in den Summanden gesetzt.

■ **14** Es sei die Summe der Zahlen 7; 0,04 und 8,2 zu berechnen.

Lösung:
```
  7,00
  0,04
+ 8,20
------
 15,24
```

Entsprechend verfährt man beim **Subtrahieren** von Dezimalbrüchen.

■ **15** Von einem 6,50 m langen Stück Fußbodenbelag werden 3,70 m abgeschnitten. Wie lang ist der Rest?

Lösung:

$$\begin{array}{r} 6{,}50\,\text{m} \\ -\ 3{,}70\,\text{m} \\ \hline 2{,}80\,\text{m} \end{array}$$

Kontrolle:

$$\begin{array}{r} 2{,}80\,\text{m} \\ +\ 3{,}70\,\text{m} \\ \hline 6{,}50\,\text{m} \end{array}$$

■ **16** Es soll berechnet werden:

a) 8,4 – 7,25 **b)** 6 – 4,375

Lösung:

$$\begin{array}{r} 8{,}40 \\ -\ 7{,}25 \\ \hline 1{,}15 \end{array}$$

Lösung:

$$\begin{array}{r} 6{,}000 \\ -\ 4{,}375 \\ \hline 1{,}625 \end{array}$$

● **23** **a)** Ralf erhält bei der Aufgabe 3,5 + 8 das Ergebnis 4,3. Was hat er wohl falsch gemacht?

b) Dorit rechnet 3,5 + 8 = 3,58. Nimm dazu Stellung!

▶ **10**

> Beim **schriftlichen Addieren und Subtrahieren von Dezimalbrüchen** gehören gleiche Stellenwerte untereinander.
> Das bedeutet: **Komma unter Komma!**

Aufgaben

1.

a) 0,7 + 0,4 **b)** 0,46 + 0,25 **c)** 11,1 + 12,8
d) 2,55 + 1,45 **e)** 1,8 + 2,3 **f)** 0,27 + 0,63
g) 0,072 + 0,728 **h)** 10,756 + 11,336 **i)** 4,725 + 3,256
k) 14 + 0,56 **l)** 27,34 + 18 **m)** 14 + 14,888

2.

a) 0,80 – 0,36 **b)** 1,100 – 0,989 **c)** 0,798 – 0,479
d) 1,2 – 0,9 **e)** 6,9 – 7,5 **f)** 13,3 – 11,4
g) 5,756 – 4,083 **h)** 2,22 – 0,88 **i)** 1,12 – 1,38
k) 16 – 4,2 **l)** 39 – 0,78 **m)** 100 – 0,01

3. Berechne von den folgenden Zahlen jeweils die Summe und die Differenz!

a) 7,7 und 6,5 **b)** 8,125 und 7,775 **c)** 14,0 und 13,8
d) 30,89 und 29,89 **e)** 0,69 und 0,71 **f)** 0,075 und 0,075

4. Berechne und vergleiche die Ergebnisse!

a) 2,4 + 6,8 und 6,8 + 2,4
b) 3,9 + 4,2 + 6,1 und 3,9 + 6,1 + 4,2

5. Berechne im Kopf! Nutze Rechenvorteile!

a) 0,8 + 4,7 + 0,2 **b)** 17,3 – 4,2 – 0,8 **c)** 7,2 + 7,4 + 7,6 + 7,8

6. **a)** Wie groß ist die Differenz von 0,9 und 0,10?

b) Von welcher Zahl muß man 2,45 subtrahieren, um 7,08 zu erhalten?

c) Welche Zahl muß man von 10 subtrahieren, um 3,56 zu erhalten?

7. Vergrößere die Zahlen um 1,5!

0,25; 3,570; 2,0; $\frac{1}{2}$

8. Vermindere die Zahlen um $\frac{1}{4}$!

0,5; 1; 3,75; 100; 0,3

B

9. Nenne Paare von Dezimalbrüchen x und y, für die gilt:
a) $x + y = 0{,}5$; **b)** $x - y = 0{,}5$!

10. Gib jeweils die Differenz bis zur nächstgrößeren natürlichen Zahl an!
0,7; 2,35; 6,125; 0,03; 28,777; 99,99

11. Welche der beiden gebrochenen Zahlen 5,678 und 5,724 liegt näher an 5,7? Suche eine Zahl, die zwischen dieser Zahl und 5,7 liegt!

12. Die mittlere Jahrestemperatur wird für Berlin mit 9,1 °C angegeben. In Moskau beträgt sie 5,2 °C weniger und in Budapest 2,0 °C mehr als in Berlin. In Bukarest ist sie um 0,1 °C niedriger als in Budapest. Gib die mittlere Jahrestemperaturen dieser Städte an!

13. **a)** $0{,}567 + 1{,}024 + 11{,}103 + 0{,}014 + 0{,}003$
b) $14{,}567 + 1{,}035 + 0{,}08 + 5{,}079 + 0{,}001$
c) $12{,}39 + 7{,}41 + 648{,}27 + 0{,}09 + 40{,}15$

14. **a)** $27{,}8 - 5{,}6 - 1{,}8$
b) $0{,}3 + 0{,}7 - 0{,}4$
c) $1{,}178 - 0{,}555 + 1{,}822$
d) $3{,}36 + 0{,}04 - 0{,}75$
e) $100 - 28{,}6 - 7{,}2 - 0{,}4 - 57{,}1$

15. **a)** $7{,}34 - 1{,}29 - 2{,}05$
b) $36{,}36 + 64{,}64 - 100$
c) $8{,}88 - 7{,}765 - 0{,}115$
d) $11{,}1 - 9{,}9 + 0{,}2$
e) $395{,}75 - 204{,}09 - 16{,}18 - 80{,}05$

16. Subtrahiere von 3 die Zahl 0,45 so oft wie möglich!

17. **a)** Die Summe von 0,8 und 1,4 ist um 2,1 zu vermindern.
b) Die Summe der Zahlen 0,375 und 1,255 soll um die Differenz der Zahlen 1,125 und 0,755 verkleinert werden.

18. Löse folgende Gleichungen:
a) $0{,}72 + x = 1{,}00$ **b)** $2{,}735 - y = 2{,}5$ **c)** $z - 4{,}38 = 5{,}62$
d) $0{,}1 + 0{,}8 + u = 2$ **e)** $1{,}35 - 0{,}25 - v = 0$ **f)** $8{,}6 + 4{,}3 - w = 8{,}6$
g) $72{,}4 - a + 9{,}7 = 80$ **h)** $5{,}34 = b - 5{,}34$ **i)** $15{,}7 + 8{,}3 = 24 - c$

19. Ergänze die Tabellen!

a)

$x - 1{,}2$	x	$x + 1{,}2$
	10,2	
	8,8	
0		
		2,5

b)

x	y	z	$x + y - z$
1,8	1,3	0,5	
0,45	0,25	0,15	
0,4	0,8		0
	0,75	0,65	1

20. Die Radien zweier Kreise unterscheiden sich um 0,7 cm. Der eine Radius beträgt 3,6 cm. Wie lang kann der andere sein?

21. Mit vier LKW werden 8,50 t Heu eingefahren. Auf dem ersten LKW sind 1,75 t Heu, auf dem zweiten LKW eine halbe Tonne mehr. Der dritte LKW ist mit 2,55 t Heu beladen. Wieviel Tonnen Heu befinden sich auf dem vierten LKW?

22. Ein Baubetrieb reparierte an zwei Tagen 520 m bzw. 380 m Straße. Er hatte sich das Ziel gesetzt, ein 1 km langes Stück in diesen beiden Tagen instandzusetzen. Wieviel Meter fehlen noch?

23. Setze Zahlen in die leeren Felder so ein, daß in jedem Feld die Summe aus den Zahlen steht, die sich in den beiden darunterliegenden Feldern befinden!

(a)

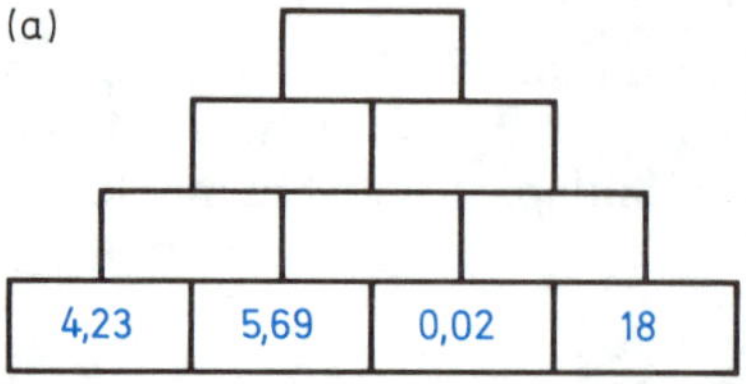

(b)

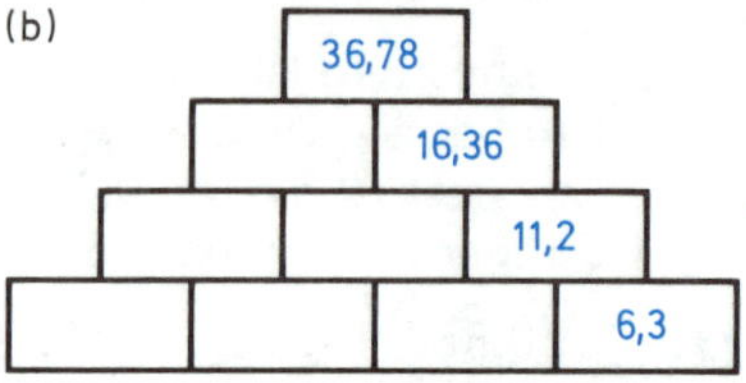

---

1. Wandle in Zentimeter um!
a) 3 m **b)** 12 m **c)** 25 dm **d)** 3,6 m **e)** 2,05 m **f)** 0,25 dm

2. Wandle in Meter um!
a) 400 cm **b)** 15 dm **c)** 30 cm **d)** 3200 mm **e)** 6 cm
f) 723 cm **g)** 4 dm **h)** 58 cm **i)** 4320 mm **k)** 308 cm

Multiplikation von Dezimalbrüchen

10 Vervielfachen von Dezimalbrüchen

Lehrlinge haben in ihrer Ausbildung Blumentischchen fertigzustellen.
Jede der quadratischen Tischplatten erhält an den Seiten Metalleinfassungen von je 0,35 m Länge (Bild B 24). Wieviel Meter Metallband werden für jedes Tischchen benötigt?

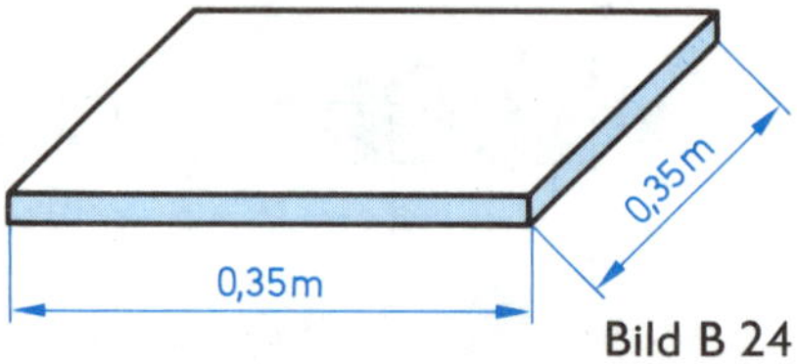

Bild B 24

Die Aufgabe lautet: $4 \cdot 0{,}35\ \text{m}$
Diese Aufgabe könnten wir auf verschiedene Weise lösen:
a) $4 \cdot 0{,}35\ \text{m} = 4 \cdot 35\ \text{cm} = 140\ \text{cm} = 1{,}40\ \text{m}$
b) $4 \cdot 0{,}35\ \text{m} = 0{,}35\ \text{m} + 0{,}35\ \text{m} + 0{,}35\ \text{m} + 0{,}35\ \text{m} = 1{,}40\ \text{m}$
c) $4 \cdot 0{,}35\ \text{m} = \frac{35}{100}\ \text{m} + \frac{35}{100}\ \text{m} + \frac{35}{100}\ \text{m} + \frac{35}{100}\ \text{m} = \frac{140}{100}\ \text{m} = 1{,}40\ \text{m}$
Wir wollen jetzt einen einfacheren Lösungsweg finden.

● **24** Berechne **a)** $7 \cdot 1{,}2$, **b)** $3 \cdot 0{,}63$ durch fortgesetzte Addition des entsprechenden Dezimalbruches! Vergleiche das Ergebnis von a) mit dem Produkt $7 \cdot 12$, das Ergebnis von b) mit dem Produkt $3 \cdot 63$!

B

▶ 11

Vervielfachen von Dezimalbrüchen
(1) Man läßt im Dezimalbruch das Komma weg.
(2) Das Produkt der beiden natürlichen Zahlen wird ermittelt.
(3) Im Ergebnis werden durch ein Komma so viele Stellen (von rechts) abgetrennt, wie der ursprüngliche Dezimalbruch hatte.
Ein Vergleich mit dem Überschlag dient der notwendigen Kontrolle.

■ 17 *Aufgabe:* 21 · 3,8
Überschlag: 20 · 4 = 80

Nebenrechnung:

```
21 · 38
-------
   63
  168
  ---
  798
```

Ergebnis: 79,8 (Vergleich mit Überschlag!)

Eine solche Rechnung kann man auch kürzer ausführen:

■ 18 *Aufgabe:* 305 · 0,93 *Überschlag:* 300 · 1 = 300

Lösung:

```
305 · 0,93
----------
    2745
     915
  ------
  283,65
```

(Vergleich mit Überschlag!)

● 25 Berechne!

a) 10 · 2,135
100 · 2,135

b) $10^1 \cdot 0{,}61$
$10^2 \cdot 0{,}61$

c) $10^1 \cdot 3{,}0$
$10^2 \cdot 3{,}0$

Wir erkennen, wie rasch und vorteilhaft man derartige Aufgaben lösen kann.

▶ 12

Beim Vervielfachen von Dezimalbrüchen mit Zehnerpotenzen (10^n) rückt das Komma im Dezimalbruch um *n* Stellen nach rechts. (Gegebenenfalls müssen Nullen angehängt werden.)

■ 19

$10 \cdot 5{,}367 = 10^1 \cdot 5{,}367 = 53{,}67$
$100 \cdot 5{,}367 = 10^2 \cdot 5{,}367 = 536{,}7$
$1\,000 \cdot 5{,}367 = 10^3 \cdot 5{,}367 = 5\,367{,}0$
usw.

$10 \cdot 12 = 10^1 \cdot 12{,}0 = 120{,}0$
$100 \cdot 12 = 10^2 \cdot 12{,}0 = 1\,200{,}0$
$1\,000 \cdot 12 = 10^3 \cdot 12{,}0 = 12\,000{,}0$
usw.

Aufgaben

1. Schreib als Produkt! Ermittle das Ergebnis in Metern!
a) 0,75 m + 0,75 m + 0,75 m + 0,75 m + 0,75 m
b) 10,2 m + 10,2 m + 10,2 m + 10,2 m
c) 2,8 m + 2,8 m + 2,8 m + 2,8 m + 2,8 m + 2,8 m
d) 4,07 m + 4,07 m + 4,07 m

2. Schreib als Produkt! Ermittle das Ergebnis in Kilogramm!
a) 1,3 kg + 1,3 kg + 1,3 kg + 1,3 kg + 1,3 kg + 1,3 kg
b) 0,415 kg + 0,415 kg + 0,415 kg
c) 12,4 kg + 12,4 kg + 12,4 kg + 12,4 kg
d) 3,25 kg + 3,25 kg + 3,25 kg + 3,25 kg + 3,25 kg

3.

a)	b)	c)	d)	e)
2 · 0,7	12 · 0,6	7 · 0,21	12 · 0,06	35 · 0,6
3 · 0,8	15 · 0,3	0 · 0,43	15 · 0,03	9 · 6,0
4 · 1,2	24 · 0,2	4 · 0,81	20 · 0,12	10 · 2,45
6 · 2,3	11 · 0,5	5 · 0,32	25 · 0,04	1 · 3,8

4.

a)	b)	c)	d)
15 · 0,72	21 · 2,5	12 · 1,575	413 · 0,67
27 · 1,45	56 · 0,7	17 · 0,096	512 · 2,16
36 · 2,09	212 · 0,9	24 · 10,061	109 · 1,31
105 · 0,83	345 · 1,7	45 · 0,338	225 · 0,09

5. Rechne vorteilhaft!

a)	b)	c)	d)
5 · 0,4	50 · 0,12	25 · 1,6	30 · 1,4
5 · 2,6	50 · 2,04	25 · 0,84	70 · 0,9
5 · 1,04	50 · 3,28	25 · 2,08	80 · 2,1
5 · 3,2	50 · 0,38	25 · 1,44	40 · 1,05

6. Ergänze die Tabellen!

a)

$3 \cdot x$	x	$100 - 20 \cdot x$
	0,5	
2,1		
	1,25	
6,66		
		90

b)

$7 \cdot y$	y	$10 + 50 \cdot y$
	0,9	
7,77		
	0,21	
3,5		
		35

7. Löse folgende Gleichungen!
a) $5 \cdot a = 1{,}5$ **b)** $3 \cdot b = 0{,}93$ **c)** $7 \cdot c = 14{,}77$ **d)** $d \cdot 0{,}04 = 0{,}16$
e) $2 \cdot e - 1{,}2 = 0$ **f)** $2{,}0 \cdot y = 1{,}0$ **g)** $10 \cdot g - 4{,}0 = 2{,}5$ **h)** $100 \cdot (w - 1) = 20$

8. Ergänze die Tabellen!

a)

s	0,7	1,12	$\frac{1}{2}$		
$4 \cdot s$				0,32	0

b)

t	0,9	2,05	$\frac{1}{4}$		
$6 \cdot t$				0,42	3

9.

a)	b)	c)
10 · 0,74 DM	10 · 1,275 kg	10 · 0,65 dt
100 · 0,74 DM	1 000 · 1,275 kg	100 · 0,65 dt
1 000 · 0,74 DM	10 000 · 1,275 kg	100 000 · 0,65 dt

10. **a)** $10 \cdot 36$; $10 \cdot 0{,}7$; $10 \cdot 13{,}35$; $10 \cdot 0{,}0875$; $10 \cdot 2{,}008$

b) $100 \cdot 27$; $100 \cdot 0{,}71$; $100 \cdot 0{,}2$; $100 \cdot 1{,}445$; $100 \cdot 0{,}0063$

c) $1\,000 \cdot 7$; $1\,000 \cdot 0{,}8$; $1\,000 \cdot 1{,}17$; $1\,000 \cdot 2{,}075$; $1\,000 \cdot 0{,}0081$

d) $10\,000 \cdot 0{,}75$; $100\,000 \cdot 34$; $10 \cdot 0{,}765$; $1\,000 \cdot 9{,}123$; $100 \cdot 5{,}6$

11. $a = b \cdot 3{,}458$

b	2	5	10	100	
a					34 580

12.

$10^3 \cdot p$	$10 \cdot p$	p
		2,7
	0,85	
34		
	1	
		0

13. $m = n \cdot 0{,}03714$

n	0	1	5	10	
m					3 714

14. Welche natürlichen Zahlen x erfüllen jeweils die Ungleichungen?
a) $x \cdot 0{,}4 < 2{,}0$
b) $(x + 1) \cdot 0{,}12 < 0{,}5$
c) $1 < x \cdot 1{,}05 < 4{,}25$

15. Welche natürlichen Zahlen y erfüllen jeweils die Ungleichungen?
a) $y \cdot 0{,}3 < 1{,}0$
b) $(y + 2) \cdot 1{,}25 < 5{,}2$
c) $11 < (y - 1) \cdot 2{,}4 < 25$

16. Berechne die Summe aus dem Dreifachen und dem Fünffachen von 0,78! Wähle den kürzesten Rechenweg!

17. Ermittle die Differenz zwischen dem Achtfachen von 1,24 und dem Dreifachen dieser Zahl!

18. Um wieviel ist das Neunfache von 3,067 größer als das Sechsfache derselben Zahl?

19. Wenn man 1,09 mit 5 vervielfacht und danach die Zahl x addiert, erhält man als Summe 10. Wie heißt die Zahl x?

20. Das Zehnfache von 3,75 wird um 5 vermindert. Berechne die Differenz!

21. Das Hundertfache von 0,728 wird um das Zehnfache von 7,28 vermehrt (vermindert). Berechne die Summe (die Differenz)!

22. Das Tausendfache von 1,034 wird um eine Zahl y vermindert. Die Differenz ist 1 001. Gib die Zahl y an!

23. Wieviel Liter Wasser fließen in einem Jahr ungenutzt ab, wenn durch das Tropfen des Wasserhahns während einer Stunde 0,5 l Wasser verlorengehen?

24. Eine Badewanne hat ein Fassungsvermögen von 180 l. Wieviel Liter Wasser laufen in eine Badewanne ein, wenn je Sekunde 0,25 l aus dem Hahn fließen und dieser 10 Minuten geöffnet ist?

25. Ein Verkehrsflugzeug legt in 9 000 m Höhe pro Sekunde 0,26 km zurück. Welche Strecke bewältigt es dann in einer Minute (in einer Stunde)?

26. Schreib die Lösungen der folgenden Gleichungen als Zehnerpotenzen (10^n)!
a) $x \cdot 3{,}42 = 342{,}0$ **b)** $y \cdot 7{,}5 = 7\,500$ **c)** $678{,}5 = z \cdot 67{,}85$
d) $0{,}08 = w \cdot 0{,}000\,08$ **e)** $v \cdot 0{,}1 = 10^3$ **f)** $326{,}4 = r \cdot 0{,}326\,4$

27. Mit welcher Zehnerpotenz muß man die jeweiligen Dezimalbrüche vervielfachen, damit das Ergebnis **a)** eine natürliche Zahl wird, **b)** zwischen 1 und 10 liegt? 0,314; 0,0625; 0,000 71; 0,002 56

---

1. Berechne!
a) 25 · 40 Pf (in D-Mark) **b)** 30 · 10 min (in Stunden)
c) 120 · 45 g (in Kilogramm) **d)** 205 · 12 m (in Kilometern)

2. Runde die Ergebnisse auf Vielfache von Hundert!
a) 27 · 35 **b)** 72 · 53 **c)** 29 · 31 **d)** 93 · 11

3. Löse die Gleichungen! **a)** $3^3 + x = 40$ **b)** $y - 5^2 = 40$

4. Löse die Gleichungen! **a)** $(a + 40) : 120 = 1$ **b)** $b : 750 = 0$

5. Gib nur den Überschlag an!
a) 739 : 25 **b)** 3 027 : 58 **c)** 47 980 : 601 **d)** 235 : 24
e) 207 · 19 **f)** 39 · 71 **g)** 1 120 · 998 **h)** 48 · 0,13

6. Rechne! (Überschlag, Rechnung, Probe) 14 555 : 71

11 Multiplikation von Dezimalbrüchen

Die Schüler einer 5. Klasse wollen die Festwiese mit Wimpelketten schmücken. Dafür werden 8,50 m Stoff benötigt. Ein Meter dieses Stoffes kostet 4,80 DM. Die Kinder berechnen, wieviel sie insgesamt für den Stoff bezahlen müssen.
Dafür ist zu rechnen: 8,5 · 4,80 DM *Überschlag:* 8 · 5 DM = 40 DM

B

Uwe ermittelt den Gesamtpreis schrittweise mit Hilfe einer Tabelle:

Stofflänge	0,5 m	1 m	2 m	3 m	4 m	8 m
Preis		4,80 DM				

● **26** **a)** Ergänze die Tabelle!
b) Vergleiche mit dem Überschlag!
c) Formuliere einen Antwortsatz!

Man könnte die Aufgabe auch so lösen: 480 Pf · 8,5 = 4 080 Pf = 40,80 DM

● **27** Ein Meter eines Stoffes kostet 32,80 DM. Wieviel kosten dann **a)** 8 m, **b)** 0,8 m dieses Stoffes?

● **28** Ermittle die Produkte **a)** 2,5 · 8,3 und **b)** 10,2 · 0,78, indem du das Komma bei den beiden Faktoren zunächst nicht beachtest.
Setze im errechneten Produkt das Komma mit Hilfe eines Überschlages!
Zähle die Stellen nach dem Komma im Produkt und bei beiden Faktoren! Was stellst du fest?

▶ **13**

Multiplizieren von Dezimalbrüchen:
(1) Bei beiden Faktoren wird das Komma zunächst nicht beachtet. Man ermittelt das Produkt der entsprechenden natürlichen Zahlen.
(2) Von diesem Produkt werden so viele Stellen (von rechts) durch ein Komma abgetrennt, wie beide Faktoren zusammen Stellen nach dem Komma aufweisen.
Ein Vergleich mit dem Überschlag dient der notwendigen Kontrolle.

■ **20**

Aufgabe: 4,2 · 2,07
Überschlag: 4 · 2 = 8
Ergebnis: 8,694

Nebenrechnung:

```
42·207
------
 840
  294
 ----
 8694
```

Eine solche Rechnung kann man auch kürzer ausführen:

■ **21**

Aufgabe: 3,1 · 12,8
Überschlag: 3 · 13 = 39
Lösung:

```
12,8·3,1
--------
   384
    128
  -----
  39,68
```

● **29** Im Beispiel B 21 wurden die Faktoren miteinander vertauscht. Begründe dieses Vorgehen!

Bei einem Produkt, wie zum Beispiel 0,315 · 0,23, kann man den Überschlag nicht – wie bisher – mit natürlichen Zahlen durchführen. In diesem Falle müßte der Überschlag heißen: 0,3 · 0,2

Nach dem Merkstoff ▶ 13 ergibt das:

(1) $3 \cdot 2 = 6$

(2) Insgesamt zwei Dezimalstellen (von rechts) durch Komma abgetrennt ergibt 0,06. Die beiden Nullen müssen ergänzt werden.

Dagegen kann man bei $0{,}04 \cdot 0{,}5 = 0{,}020$ die letzte Null weglassen:
$0{,}04 \cdot 0{,}5 = 0{,}02$

● **30** **a)** Carsten rechnet $9{,}25 \cdot 7{,}6 = 70{,}3$.
Sabine meint, das Ergebnis könne nicht stimmen, weil es nur eine Dezimalstelle hat. Die Faktoren haben zusammen aber drei Dezimalstellen. Was meinst du dazu?

b) Das Produkt $0{,}325 \cdot 0{,}24$ ist zu berechnen. Das richtige Ergebnis dafür befindet sich unter den Zahlen 7,8; 0,78; 0,078; 0,000 78; 0,663 00 und 6,630 00. Erläutere, wie du es schnell findest!

Aufgaben

1. Ein Kilogramm einer bestimmten Wurstsorte kostet 7,20 DM. Wieviel kosten **a)** 1,2 kg, **b)** $\frac{1}{2}$ kg, **c)** 150 g, **d)** 2,5 kg dieser Wurstsorte?

2. Ein Meter Anzugstoff kostet 72,80 DM. Wieviel kosten **a)** 85 cm, **b)** 2,5 m, **c)** 3,20 m, **d)** $\frac{3}{4}$ m dieses Stoffes?

3. Rechne und vergleiche die Ergebnisse!

a)	**b)**	**c)**
$4 \cdot 1{,}5$ m	$25 \cdot 8{,}12$ DM	$36 \cdot 2{,}550$ kg
$0{,}4 \cdot 1{,}5$ m	$2{,}5 \cdot 8{,}12$ DM	$3{,}6 \cdot 2{,}550$ kg
$0{,}4 \cdot 0{,}15$ m	$0{,}25 \cdot 8{,}12$ DM	$0{,}36 \cdot 2{,}550$ kg

4.

a)	**b)**	**c)**	**d)**
$14 \cdot 25$	$180 \cdot 6$	$42 \cdot 15$	$35 \cdot 17$
$14 \cdot 2{,}5$	$18 \cdot 6$	$42 \cdot 1{,}5$	$35 \cdot 1{,}7$
$1{,}4 \cdot 2{,}5$	$1{,}8 \cdot 6$	$4{,}2 \cdot 1{,}5$	$3{,}5 \cdot 1{,}7$
$1{,}4 \cdot 0{,}25$	$1{,}8 \cdot 0{,}6$	$4{,}2 \cdot 0{,}15$	$3{,}5 \cdot 0{,}17$

5. Rechne und vergleiche die Ergebnisse!

a)	**b)**	**c)**
$\frac{3}{4}$ von 2,4 t	$\frac{6}{5}$ von 3,5 km	$\frac{1}{2}$ von 0,6 cm
$0{,}75 \cdot 2{,}4$ t	$1{,}2 \cdot 3{,}5$ km	$0{,}5 \cdot 0{,}6$ cm

6.

a)	**b)**	**c)**	**d)**
$8{,}5 \cdot 42$	$2{,}7 \cdot 125$	$4{,}5 \cdot 82$	$212 \cdot 30{,}5$
$0{,}85 \cdot 4{,}2$	$2{,}7 \cdot 12{,}5$	$4{,}5 \cdot 8{,}2$	$21{,}2 \cdot 30{,}5$
$0{,}85 \cdot 42$	$27 \cdot 1{,}25$	$0{,}45 \cdot 0{,}82$	$2{,}12 \cdot 3{,}05$

7.

a)	**b)**	**c)**	**d)**
$6 \cdot 0{,}4$	$8 \cdot 0{,}7$	$9 \cdot 0{,}5$	$16 \cdot 3$
$0{,}6 \cdot 0{,}4$	$0{,}8 \cdot 0{,}7$	$0{,}9 \cdot 0{,}5$	$1{,}6 \cdot 0{,}3$
$0{,}6 \cdot 0{,}04$	$0{,}8 \cdot 7$	$0{,}9 \cdot 0{,}05$	$0{,}16 \cdot 0{,}3$

8.

a)	**b)**	**c)**	**d)**
$6 \cdot 0{,}8$	$25 \cdot 0{,}3$	$0{,}17 \cdot 0{,}2$	$0{,}3 \cdot 0{,}6$
$8 \cdot 0{,}9$	$40 \cdot 1{,}2$	$1{,}8 \cdot 0{,}4$	$0{,}4 \cdot 0{,}1$
$12 \cdot 0{,}2$	$45 \cdot 0{,}8$	$2{,}5 \cdot 0{,}4$	$0{,}5 \cdot 0{,}2$
$15 \cdot 0{,}4$	$80 \cdot 1{,}1$	$1{,}2 \cdot 0{,}6$	$0{,}2 \cdot 0{,}2$

9. Runde nach der Multiplikation auf eine Stelle nach dem Komma!

a) 2,75 · 0,97 **b)** 3,42 · 1,06 **c)** 11,8 · 9,9 **d)** 7,13 · 0,81
e) 6,5 · 2,4 **f)** 3,8 · 8,3 **g)** 255,2 · 20,1 **h)** 0,95 · 1,01

B

10. Runde nach der Multiplikation auf zwei Stellen nach dem Komma!

a) 2,87 · 7,08 **b)** 1,99 · 10,2 **c)** 72,55 · 40,84
d) 0,86 · 0,755 **e)** 1,12 · 1,12 **f)** 63,14 · 7,05
g) 0,7 · 1,2 · 4 **h)** 2,5 · 0,3 · 1,2 **i)** 1,25 · 0,7 · 10

11. Für die Multiplikationsaufgaben **a)** bis **d)** ist unter den fünf angegebenen Zahlen genau ein richtiges Produkt. Die falschen Ergebnisse sind ohne ausführliche Rechnung zu erkennen. Erläutere, wie du vorgehst!

a) 3,5 · 2,9	6,05;	10,5;	10,15;	23,35;	10,325
b) 24,1 · 5,6	134,6;	15,86;	138,37;	134,96;	328,46
c) 6,32 · 8,7	53,64;	5,4984;	54,98;	53,981;	54,984
d) 42,6 · 7,5	319,5;	321,65;	84,5;	627,30;	284,25

12. Rechne mündlich! Welche Aufgabe gehört zu welchem Ergebnis?

a) 3 · 2,2 **b)** 3 · 0,22 **c)** 3 · 0,022 **d)** 0,3 · 22 **e)** 0,3 · 2,2

Ergebnisse	0,006 6	6,6	66	0,66	0,066	666	66,6
Aufgabe							

13. Ergänze die Tabellen!

a)

2 · *x*			1	
x	1,4	0,65		
0,2 · *x*				0,8

b)

12 · *y*			3	
y	0,4	0,75		
1,2 · *y*				0,012

14. Rechne mündlich! Multipliziere zeilen- und spaltenweise!

a)

0,5	0,6	
0,3	0,2	

b)

1,2	2,5	
1,5	0,8	

15. **a)** 2,5 + 1,5 · 4 − 3,5
(2,5 + 1,5) · 4 − 3,5
2,5 + 1,5 · (4 − 3,5)
(2,5 + 1,5) · (4 − 3,5)

b) 0,75 + 0,15 · 0,2 − 0,1
0,75 + 0,15 · (0,2 − 0,1)
(0,75 + 0,15) · 0,2 − 0,1
(0,75 + 0,15) · (0,2 − 0,1)

16. Das Produkt aus der Summe der Zahlen 10,4 und 2,2 und deren Differenz ist zu berechnen.

17. Die Differenz von 0,73 und 0,38 ist zu verfünffachen.

18. Die Summe aus dem Produkt der Zahlen 0,4 und 1,2 und der Zahl 0,85 ist zu ermitteln.

19. Berechne die Differenz aus der Summe von 2,35 und 0,88 und ihrem Produkt!

20. Die Summe aus einer unbekannten Zahl und 2,1 ist 5. Wie heißt die Zahl?

21. Subtrahiert man von einer Zahl 4,5, so erhält man 3,7. Das Produkt aus der unbekannten Zahl und der genannten Differenz ist zu berechnen.

22. Vom Produkt der Zahlen 2,5 und 3,3 wird eine Zahl subtrahiert, so daß die Differenz 8 ergibt. Wie heißt die Zahl?

23. **a)**

x	y	$x \cdot y$
0,4	2,2	
0,13	0,5	
2	1,7	
0,25		1
	0,65	0

b)

u	v	$u \cdot v$
0,7	1,2	
2,65	0,4	
3	2,1	
0,3		1,5
	3,25	3,25

---

1. **a)**
$13+7 \cdot 5+5$
$(13+7) \cdot 5+5$
$13+7 \cdot (5+5)$
$(13+7) \cdot (5+5)$

b)
$120-60 : 10+50$
$(120-60) : 10+50$
$120-60 : (10+50)$
$(120-60) : (10+50)$

2. Rechne vorteilhaft! Überschlag! **a)** $35 \cdot 207$ **b)** $102 \cdot 814$ **c)** $2 \cdot 873 \cdot 5$

3. Löse die Gleichungen! Begründe die Teilschritte!
a) $14 \cdot x - 10 = 18$ **b)** $14 \cdot (x - 10) = 28$

Zusammenfassung

Gebrochene Zahlen	
Darstellungsformen	
1. Gemeine Brüche	$\frac{4}{5}, \frac{10}{6}$ ← Zähler ← Nenner
a) echte Brüche Zähler kleiner als Nenner	$\frac{3}{4}, \frac{7}{10}$
b) unechte Brüche Zähler größer als Nenner oder Zähler gleich Nenner	$\frac{12}{5}, \frac{7}{7}$
2. Dezimalbrüche	0,85; 2,3; 6,0

B

Erweitern Zähler und Nenner mit gleicher Zahl (außer 0) multiplizieren	$\frac{3}{4} = \frac{6}{8}$ (Erweiterungszahl: 2) 5,7 = 5,70 (Erweiterungszahl: 10)
Kürzen Zähler und Nenner durch die gleiche Zahl (außer 0) dividieren	$\frac{6}{8} = \frac{3}{4}$ (Kürzungszahl: 2) 0,800 = 0,8 (Kürzungszahl: 100)
Umformen	$\frac{3}{5} = \frac{6}{10} = 0{,}6$; $0{,}75 = \frac{75}{100} = \frac{3}{4}$
$\frac{2}{5}, \frac{4}{10}, \frac{12}{30}$, 0,4; 0,400 usw. bezeichnen die **gleiche gebrochene Zahl.**	
Vergleichen Bei gleichnamigen Brüchen Zähler vergleichen Bei Dezimalbrüchen von links nach rechts Stellen einzeln vergleichen	$\frac{3}{4} < \frac{5}{4}$; $\frac{7}{8} > \frac{1}{8}$ **0**,7 < **5**,2; 2,**1**7 < 2,**2**; 7,14**9** > 7,14**8**
Addition und Subtraktion Bei gleichnamigen Brüchen Zähler addieren bzw. subtrahieren, Nenner beibehalten Bei Dezimalbrüchen Komma unter Komma setzen; wie natürliche Zahlen addieren bzw. subtrahieren	$\frac{3}{4} + \frac{2}{4} = \frac{5}{4}$ $(= 1\frac{1}{4})$ $\frac{7}{10} - \frac{2}{10} = \frac{5}{10} = \frac{1}{2}$ 0,60 + 1,17 = 1,77 4,00 − 0,81 = 3,19
Multiplikation Dezimalbrüche wie natürliche Zahlen multiplizieren; im Ergebnis so viele Dezimalstellen (von rechts) durch Komma abtrennen, wie die Faktoren zusammen haben Multiplikation mit 10 (100): Komma um 1 Stelle (2 Stellen) nach rechts rücken	$4 \cdot 0{,}7 = 2{,}8$ $5{,}1 \cdot 0{,}09 = 0{,}459$ $10 \cdot 3{,}756 = 37{,}56$ $100 \cdot 3{,}756 = 375{,}6$

Komplexe Übungen

1. Wieviel Grad betragen $\frac{1}{4}$, $\frac{1}{2}$, $\frac{3}{4}$, $\frac{1}{10}$, $\frac{7}{10}$, $\frac{1}{5}$, $\frac{3}{5}$

a) eines rechten Winkels, **b)** eines gestreckten Winkels?

2. Berechne x!

a) $\frac{1}{3}$ von x sind 20 m **b)** $\frac{2}{5}$ von x sind 120 kg **c)** $\frac{3}{4}$ von x sind 15 min

3. Welcher Teil

a) eines Kilometers ist ein Meter, **b)** eines Gramms ist ein Milligramm,
c) einer Minute ist eine Sekunde, **d)** eines Meters ist ein Zentimeter?

4. **a)** $0{,}2 \cdot 1{,}5\,\text{km} + 0{,}8 \cdot 2{,}4\,\text{km} - 144\,\text{m}$ **b)** $1{,}5 \cdot 2{,}2\,\text{kg} + 0{,}7 \cdot 0{,}6\,\text{kg} - 322\,\text{g}$

5. Vergleiche! Setze eines der Zeichen $<$; $>$; $=$, so daß jeweils eine wahre Aussage entsteht!

a) $2{,}8 \cdot 0{,}5\,\text{kg}$ und $1{,}5 \cdot 1\,\text{kg}$ **b)** $7{,}5 \cdot 0{,}8\,\text{m}$ und $1{,}2 \cdot 5\,\text{m}$
c) $2{,}25 \cdot 4\,\text{t}$ und $0{,}91 \cdot 10\,\text{t}$ **d)** $1{,}5 \cdot 2{,}4\,\text{cm}$ und $0{,}1 \cdot 36\,\text{mm}$

6. Löse die Gleichungen!

a) $30\,\text{cm} + 25\,\text{mm} + x = 3{,}5\,\text{dm}$ **b)** $4\,\text{m} - 75\,\text{cm} + y = 5\,000\,\text{mm}$
c) $1\,\text{dt} + 75\,\text{kg} + z = 1\,\text{t}$

7. Runde auf Vielfache von 1!

a)	b)	c)
8,4	12,7	3,52
2,6	14,2	7,48
7,5	106,5	2,9
18,501	7,498	43,751

8. Runde auf eine Stelle nach dem Komma (auf Vielfache von 0,1)!

a)	b)	c)
8,42	44,17	57,855
11,85	0,75	0,911
4,77	1,12	4,027
17,350	1,715	8,072

Freizeit

9. Mutter bereitet zum Kindergeburtstag eine Bowle aus 2 Meßbechern Obstsaft, einem Meßbecher Zucker, 2 Meßbechern Selterswasser und 4 Meßbechern Limonade. Gib die Anteile der einzelnen Zutaten in Form von Brüchen an!

10. Im Schulgarten sind $240\,\text{m}^2$ umzugraben. Die Arbeit soll an drei Tagen geschafft sein. Am ersten Tag wird ein Drittel der Fläche umgegraben. Am zweiten Tag schafft man die Hälfte des nach dem ersten Tag verbliebenen Restes. Wieviel Quadratmeter sind am dritten Tag umzugraben?

11. Schüler einer 6. Klasse basteln in ihrer Freizeit eine Beleuchtungsanlage mit bunten Lämpchen. Sie soll die Fensterfront der Schule schmücken. Es werden 24 Drahtstücke zu 0,15 m, fünf zu 1,8 m und zwei zu 6 m benötigt. Wieviel Meter Draht bleiben von 30 m übrig?

12. Udo sagt: „$\frac{1}{5}$ ist ein gleichnamiger Bruch.“ Nimm dazu Stellung!

B

13. Gibt es mehr echte oder mehr unechte Brüche mit dem Nenner 4?

14. Gib für jede der folgenden gebrochenen Zahlen mindestens drei andere Darstellungen an! $\frac{12}{15}$; 0,8; $\frac{27}{3}$; 1,25; $3\frac{1}{2}$

15. Berechne und kürze wenn möglich!

a) $\frac{5}{8} + \frac{2}{8}$ **b)** $\frac{21}{10} - 0{,}7$ **c)** $\frac{11}{24} + \frac{7}{24} + \frac{3}{24}$

d) $0{,}875 - 0{,}5 + 0{,}625 - 0{,}25$ **e)** $\frac{2}{5} + \frac{3}{5} - 0{,}8$ **f)** $\frac{100}{40} - \frac{21}{40} - \frac{22}{40} - \frac{1}{2}$

16. Ergänze die Tabelle!

a	b	$a+b$	$a-b$	$b-a$
$\frac{5}{8}$	$\frac{3}{8}$			
$\frac{7}{12}$	$\frac{1}{12}$			
$\frac{1}{4}$		0,5		
	$\frac{7}{10}$		1	
0,9				$\frac{1}{2}$
	$\frac{3}{2}$	2,5		

17. Gegeben sind die Brüche $\frac{7}{12}$ und $\frac{n}{12}$.
Versuche, für n eine natürliche Zahl zu finden, so daß
a) die Summe beider Brüche eine natürliche Zahl ergibt,
b) die Summe beider Brüche einen echten Bruch ergibt,
c) die Differenz beider Brüche einen Bruch mit dem Nenner 12 ergibt, der nicht mehr durch Kürzen vereinfacht werden kann!

18. Rechne nur den Überschlag!

a) $2{,}7 \cdot 9{,}9$ **b)** $0{,}89 \cdot 4{,}02$ **c)** $33{,}1 \cdot 2{,}07$

d) $0{,}54 \cdot 97{,}5$ **e)** $6{,}2 \cdot 5{,}9$ **f)** $74{,}8 \cdot 3{,}87$

19. Rechne mündlich!

a) $1{,}2 \cdot 0{,}5$	**b)** $3{,}2 \cdot 0{,}2$	**c)** $0{,}8 \cdot 0{,}4$	**d)** $0{,}3^2$	**e)** $2{,}5 \cdot 4$
$12 \cdot 0{,}5$	$32 \cdot 0{,}2$	$0{,}7 \cdot 0{,}2$	$0{,}2^3$	$3{,}5 \cdot 8$
$1{,}2 \cdot 5$	$3{,}2 \cdot 2$	$0{,}5 \cdot 0{,}2$	$0{,}4^2$	$7{,}5 \cdot 2$
f) $1{,}2 \cdot 0{,}8$	**g)** $0{,}2 \cdot 0{,}8$	**h)** $1{,}5 \cdot 6$	**i)** $0{,}4 \cdot 0{,}25$	**j)** $0{,}6 \cdot 0{,}5$
$2{,}1 \cdot 0{,}3$	$0{,}3 \cdot 0{,}7$	$7{,}5 \cdot 0{,}1$	$0{,}32 \cdot 0{,}05$	$1{,}5 \cdot 0{,}8$
$3{,}6 \cdot 0{,}2$	$0{,}4 \cdot 0{,}6$	$0{,}5 \cdot 0{,}3$	$0{,}2 \cdot 0{,}35$	$6{,}4 \cdot 2$

20. Zeichne einen Zahlenstrahl mit der Einheit 10 cm!
Ordne den folgenden gebrochenen Zahlen einen Punkt des Zahlenstrahles zu!
a) 0,4 **b)** $\frac{3}{4}$ **c)** $\frac{7}{5}$ **d)** $\frac{4}{8}$ **e)** 0,55 **f)** $\frac{22}{20}$

21. Gib für *a, b, c, d* und e mehrere Brüche (mindestens 2) an!

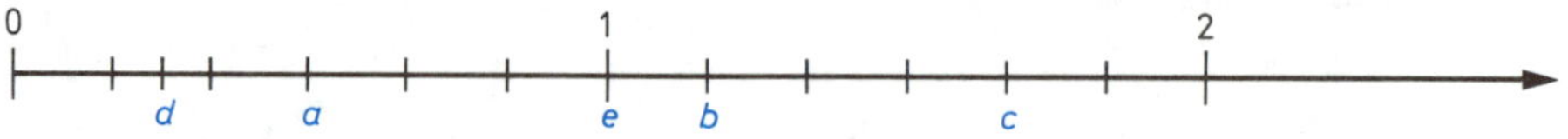

22. Ordne die gebrochenen Zahlen der Größe nach! Beginne mit der kleinsten Zahl! Veranschauliche die Ordnung an einem geeigneten Zahlenstrahl!
$\frac{7}{10}$; 0,75; $\frac{12}{5}$; $\frac{4}{2}$; 0,25; $\frac{3}{5}$; $\frac{10}{8}$

23. Veranschauliche Rechnung und Ergebnis der folgenden Aufgaben jeweils an einem geeigneten Zahlenstrahl!
a) $\frac{3}{5} + 0,7$ **b)** $1,3 - \frac{4}{10}$ **c)** $4 \cdot 0,4$

24. Ein Dreieck hat eine Seite von 2,4 cm Länge. Die zweite Seite ist dreimal so lang, und die dritte ist 1,7 cm kürzer als die zweite. Wie lang sind die Dreieckseiten?

Aus anderen Bereichen

25. Für die beiden 5. Klassen der Herderschule organisieren einige Eltern einen Theaterbesuch. Die Beteiligung in den Klassen ist unterschiedlich. Im Bild B 25 sind die Teilnehmerzahlen dargestellt. Gib die entsprechenden Anteile durch Brüche an!

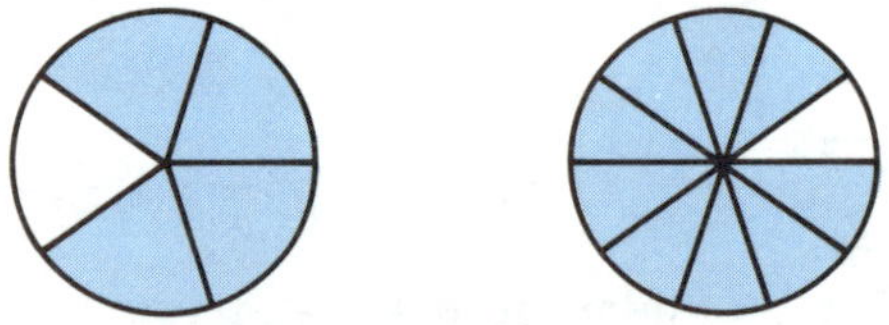

Bild B 25

26. Ordne die Erdteile der Größe nach! (Angaben in Millionen Quadratkilometern)

Afrika:	30,3	Europa:	10,5
Antarktika:	13,2	Nord- und Mittelamerika:	24,2
Asien:	43,8	Südamerika:	17,9
Australien und Ozeanien:	8,6		

Die Sowjetunion hat eine Gesamtfläche von 22,4 Millionen km². Vergleiche ihre Größe mit der Größe der Erdteile und berechne die Differenzen!

27. Unter den etwa 1 200 000 Tierarten, die man auf der Erde kennt, sind der größte Teil Insektenarten (Bild B 26).
a) Welcher Bruchteil entfällt auf die Insektenarten, welcher Bruchteil auf die übrigen Tierarten?
b) Wieviel Insektenarten kennt man etwa?

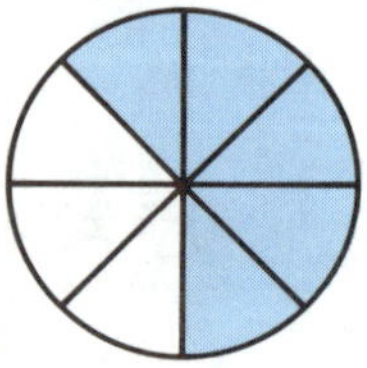

Bild B 26

B

28. Ein landwirtschaftlicher Betrieb baut 140 ha Sommergerste an. Auf $\frac{5}{7}$ der zu bestellenden Fläche wurde am ersten Tag gedrillt. Wieviel Hektar der vorgesehenen Fläche sind noch zu bestellen?

29. Eine Obstplantage hat einen Bestand von 240 Bäumen. Davon sind $\frac{1}{5}$ Apfelbäume und $\frac{1}{4}$ Birnbäume. Der Rest sind Kirschbäume. Wie viele Kirschbäume gibt es auf dieser Plantage?

30. Man findet in Zeitungen und Tabellen mitunter Angaben wie
a) Viehbestand (in Tausend): 549,3
b) Transportleistung der Zivilluftfahrt (in 1 000 t): 26,5
c) Einzelhandelsumsatz (in Mio. Mark): 2 111,7
Schreib die Werte als natürliche Zahlen!

31. Löse die Gleichungen!
a) $3{,}5 \cdot x = 0{,}35$ **b)** $(y - 1) \cdot 0{,}85 = 1{,}7$ **c)** $z^2 = 0{,}04$

32. Gib alle natürlichen Zahlen an, die die jeweilige Ungleichung erfüllen!
a) $3 > 0{,}7 \cdot x$ **b)** $4 + x < 0{,}4 \cdot 0{,}8$ **c)** $x \cdot 0{,}4 < 1$ **d)** $0{,}6 \cdot y < 2$
e) $1{,}3 \cdot z < 10$ **f)** $0{,}5 \cdot a < 4$ **g)** $0{,}7 \cdot b < 6$ **h)** $1{,}5 \cdot c < 9$

33. Es sei $u = 2{,}6$ und $v = 0{,}2$. Ermittle
a) $\frac{3}{4}$ von $(u + v)$, **b)** $\frac{5}{8}$ von $(u - v)$, **c)** $\frac{1}{4}$ von $u \cdot v$, **d)** $\frac{1}{2} \cdot u \cdot \frac{1}{2} \cdot v$!

34. Ergänze die Tabellen!

a)

x	0,2	1,5		
$2 \cdot x$			0,8	
x^2				0,09

b)

y	0,1	2,5		
$3 \cdot y$			0	
y^2				1,0

35. Einige der folgenden Gleichungen sind falsch. Finde heraus, welche das sind! In einigen Fällen brauchst du nicht auszurechnen!
a) $\frac{1}{2} + 0{,}25 = 1{,}75$ **b)** $2{,}3 + \frac{1}{4} = 2{,}55$ **c)** $1 - \frac{1}{5} = 1{,}2$ **d)** $3 \cdot 0{,}8 = 0{,}24$
e) $2{,}5 \cdot 2 = 5{,}1$ **f)** $1{,}6 \cdot 5 = 8$ **g)** $1{,}5 \cdot 1{,}5 = 3$ **h)** $1{,}3 \cdot 0{,}5 = 6{,}5$

36. **a)** $0{,}4 \cdot 25 + 0{,}8 \cdot 15 + 1{,}6 \cdot 5$ **b)** $(0{,}4 + 0{,}8) \cdot (25 + 15) - 48$
c) $0{,}6 + 0{,}4 \cdot 3 + 0{,}2 \cdot 5$ **d)** $(0{,}6 + 0{,}4) \cdot 3 - 0{,}2 \cdot 5$
e) $100 \cdot 1{,}4 - 0{,}4 \cdot 50$ **f)** $100 \cdot (1{,}4 - 0{,}4) - 50$

37. Ergänze die Tabellen!

a)

a	20cm		12 DM	
$1{,}5 \cdot a$		15 g		
$4{,}5 \cdot a$				4,5 km

b)

$a : 10$	1 Pf			
a		2 DM		
$a \cdot 10$			2 DM	
$a \cdot 100$				40 DM

38. Berechne!

a) $7{,}2 \cdot 0{,}5$ m in Zentimetern
b) $3{,}5 \cdot 0{,}4$ kg in Gramm
c) $1{,}75 \cdot 0{,}8$ km in Metern
d) $2{,}4 \cdot 2{,}50$ DM in Pfennigen

39. Ordne jeder Aufgabe das richtige Ergebnis zu!

a) $12 \cdot 0{,}8$ **b)** $12 \cdot 0{,}08$ **c)** $1{,}2 \cdot 8$ **d)** $12 \cdot 8$ **e)** $0{,}12 \cdot 8$

Ergebnisse: 0,96; 96; 0,096; 9,6; 960; 0,009 6; 96,6

40. Für x und y soll $x \cdot 0{,}5 + 0{,}5 = y$ sein.

Ergänze die Tabelle!

x	0,8	1,2	4			0
y				1	10,5	

Scherzhaftes

41. Multipliziere! Ordne die Produkte der Größe nach! Beginne mit der kleinsten Zahl! So ergibt sich als Lösungswort ein mathematischer Begriff.

$0{,}6 \cdot 4 = a$ $\quad$ $2{,}5 \cdot 5 = k$ $\quad$ $10 \cdot 2{,}4 = o$

$0{,}6 \cdot 2{,}5 = f$ $\quad$ $2{,}5 \cdot 12 = r$ $\quad$ $0{,}15 \cdot 100 = t$

42. Hans legt den Bruch $\frac{1}{7}$ mit Stäbchen als $\frac{\text{I}}{\text{VII}}$.

Günter legt ein Stäbchen darin um, so daß die gebrochene Zahl $\frac{1}{3}$ entsteht. Wie macht er das?

43. Bei einem Preisausschreiben sollten den Bildern von drei Bauwerken die Namen von drei angegebenen Städten richtig zugeordnet werden. Es gingen 3 600 Lösungen ein. Die Hälfte der Einsender hatte alle drei Paare richtig, ein Fünftel der Einsender hatte genau 1 Paar richtig gefunden. Bei wieviel Einsendungen waren alle drei Paare falsch, und bei wieviel Einsendungen waren zwei Paare richtig angegeben?

POTSDAM BERLIN LEIPZIG

C Größen

Größen (Masse, Zeit, Länge, Flächen- und Rauminhalt) und ihre Einheiten

1 Einheiten der Masse

● **1** **a)** In welcher Einheit würdest du die Masse
(1) einer Tafel Schokolade, (2) eines Waggons mit Kohlen,
(3) von 3 Säcken Kartoffeln, (4) deiner gefüllten Schultasche angeben?
b) Welche Masse hat
(1) ein Stapel Zeitungen von etwa 30 cm Höhe, (2) ein Brot,
(3) ein Päckchen Backpulver, (4) ein Eimer mit Wasser?
Schätze erst, wäge dann oder erkundige dich!

● **2** **a)** Gib die fehlenden Umrechnungszahlen an!
1 g = ... mg, 1 kg = ... g, 1 dt = ... kg, 1 t = ... dt
b) Warum kann man auch 1 mg = 0,001 g schreiben?
Schreib alle Umrechnungen aus a) entsprechend!

Bei den Einheiten der Masse haben die **Vorsätze** die gleiche Bedeutung wie bei den Einheiten der Länge.

Milli bedeutet den 1 000. Teil. (1 mg = $\frac{1}{1\,000}$ g)

Zenti bedeutet den 100. Teil (kommt bei Masseangaben nicht vor).

Dezi bedeutet den 10. Teil (1 dt = $\frac{1}{10}$ t)

Kilo bedeutet das 1 000fache. (1 kg = 1 000 g)

Die Einheiten der Masse sind nach dem dekadischen Positionssystem aufgebaut. Das wird in folgender Tabelle deutlich. In ihr stehen Masseangaben in ähnlicher Weise, wie wir Zahlen in eine Stellentafel eingetragen haben.

	1 t	1 dt	10 kg	1 kg	100 g	10 g	1 g	100 mg	10 mg	1 mg
a)				4	5	0	0	0	0	0
b)				4	0	0	5			
c)								7	2	5

Die Eintragungen bedeuten, je nachdem, welche Masseeinheiten wir verwenden:
a) 4 500 g = 4,500 kg = 4 500 000 mg **b)** 4 005 g = 4,005 kg
c) 725 mg = 0,725 g
Wenn die Genauigkeit nicht sicher oder auch nicht erforderlich ist, schreibt man z. B. für 4,500 kg oft kürzer 4,5 kg.

Wir kennen schon die Zusammenhänge zwischen den Masseeinheiten:

das Milligramm das Gramm	mg g	1 g = 1 000 mg
das Kilogramm	kg	1 kg = 1 000 g
die Dezitonne die Tonne	dt t	1 dt = 100 kg = 100 000 g 1 t = 10 dt = 1 000 kg = 1 000 000 g

● **3** Ein Wägesatz für eine Apothekerwaage enthält folgende Wägestücke:

Masse	10 g	5 g	2 g	1 g	500 mg	200 mg	100 mg
Anzahl	1	1	2	1	1	2	1

Mit welchen dieser Wägestücke kann man 9,8 g einer Arznei wägen?

Aufgaben

1. **a)** Ordne in eine Tabelle ein! 45,6 kg; 8,075 g; 2,34 t; 503 mg
b) Schreib die Größenangaben unter a) in der nächstgrößeren und in der nächstkleineren Einheit, falls das möglich ist!
Welche der erhaltenen Angaben sind nicht zweckmäßig?

2. Schreib die Größenangaben mit zwei Einheiten, dann in einer kleineren Einheit!
a) 2,300 g; 3,55 kg **b)** 12,750 kg; 8,62 t **c)** 8,250 t; 9,15 kg **d)** 5,20 dt; 11,005 g **e)** 2,6 dt; 9,02 g

3. Gib die Größenangaben in dekadischer Schreibweise an!
a) 5 t 6 dt; 32 t 70 kg; 7 kg 25 g **b)** 12 dt 80 kg; 6 t 60 kg; 6 t 6 kg **c)** 45 g 200 mg; 45 g 20 mg; 7 t 5 dt **d)** 3 dt 45 kg; 6 kg 75 g; 8 t 5 kg

C

4. Rechne in die nächstkleinere Einheit um!

a) 52 kg	**b)** 21 dt	**c)** 0,085 g	**d)** 0,5 g
3,8 g	53 g	4,25 t	3,8 t
90 t	8,3 kg	0,65 kg	0,7 dt

5. Rechne in die nächstgrößere Einheit um!

a) 7 300 g	**b)** 85 mg	**c)** 150 kg	**d)** 4 mg
950 mg	6 380 g	25,6 dt	43 dt
850 kg	3 dt	4 050 mg	425 kg

6. **a)** Rechne in Tonnen um! 8 400 kg, 750 kg, 3 kg, 73 920 kg
b) Rechne in Kilogramm um! 2,5 t; 68 t; 0,008 t

7. Ordne die Angaben nach zunehmender Masse!
a) 15 t, 200 dt, 8 000 kg **b)** 250 kg, 90 000 g, 1,8 dt

8. Setze an die Stelle der Punkte die richtige Einheit!

a) 5,3 t = 53 ..	**b)** 50 dt = 5 000 ..	**c)** 3 570 kg = 3,57 ..
900 kg = 0,9 ..	8,5 kg = 8 500 ..	80 000 mg = 0,08 ..
0,8 dt = 80 ..	30 000 g = 0,3 ..	7,2 dt = 0,72 ..

9. Bei einem Großhändler werden 20 t Einkellerungskartoffeln in Säcke zu je 50 kg Inhalt gefüllt. Wieviel Säcke müssen dazu bereitgestellt werden?

10. 0,78 t Bohnerwachs sollen so abgefüllt werden, daß gleich viele Dosen mit 250 g und mit 400 g gefüllt werden. Wieviel Dosen erhält man?

---

1. Löse folgende Gleichungen!

a) $2{,}5 + a = 18{,}7$	**b)** $43{,}9 - b = 12{,}4$	**c)** $c - 18{,}6 = 54{,}7$
d) $9{,}5 - d = 15{,}5$	**e)** $2{,}5 \cdot e = 5$	**f)** $12{,}4 : f = 3{,}1$

2. Rechne im Kopf!

a) $1{,}2 \cdot 3$	**b)** $4{,}8 : 2$	**c)** $2 \cdot (1{,}5 + 4{,}5)$	**d)** $48 : 2 - 8$
$4 \cdot 4{,}5$	$18{,}6 : 3$	$2 \cdot (0{,}7 + 14{,}3)$	$106 : 2 - 25$

2 Einheiten der Zeit; Lesen von Fahrplänen

Als Einheiten der Zeit *kennen wir bereits* die Sekunde (s) als Grundeinheit, die Minute (min), die Stunde (h), den Tag (d), die Woche, den Monat und das Jahr.

● **4** Ergänze! **a)** $1\ \text{s} = \frac{1}{\dots}$ min **b)** $1\ \text{min} = \frac{1}{\dots}$ h
$1\ \text{h} = \frac{1}{\dots}$ d $1\ \text{d} = \frac{1}{\dots}$ Woche

Die Einheiten der Zeit sind **nicht** nach dem dekadischen System aufgebaut. Deshalb bedeutet 1,1 min nicht 1 min und 1 s, sondern $\frac{11}{10}$ min = 66 s.

Bei Zeitangaben werden anstelle der Darstellung mit Dezimalbrüchen auch andere Schreibweisen benutzt, so z. B.
- bei der Angabe von Uhrzeiten: 7.15 Uhr oder 7^{15} Uhr (gelesen: 7 Uhr 15);
- zur Angabe von Zeiten im Sport: 3 : 26 min (das sind 3 min und 26 s), 2 : 48:09 h (das sind 2 h 48 min und 9 s) aber auch 1 : 12,4 min (das sind 1 min und 12,4 s).

● **5** Vergleiche!
a) 1,5 h und 1 : 05 h **b)** 1,50 h und 1 : 50 h
c) 2,1 min und 2 : 01 min **d)** 2,10 min und 2 : 10 min.

● **6** Klaus wohnt in Seelow und möchte am Vormittag zu seiner Tante nach Wriezen fahren. Den Fahrplan findet er im Kursbuch der Deutschen Reichsbahn (Bild C 1).

Bild C 1

176 Frankfurt (Oder) **– Bad Freienwalde** (Oder) **– Eberswalde** und zurück

km	*Rbd Berlin*	Zug Nr	D 1910	4930		4932	4934	3102	4938	E 992	18996		4942	E 596	4944		4946	
			1. 2. Stralsund – Zittau – Cottbus –	⬦				Frankfurt (0) – Schwerin (Meckl)		1. 2. Dresden – Angermünde			⬦	⬦♂ 2. Frankfurt/O – Angermünde (– Schwedt/O)			⬦	
0,0	**Frankfurt** (0) ✂ 180. 220	ab	0.57	♟2)	...	3.52	...	6.16	10.49	11.23	...	...	14.46	■15.27	16.17	...	19.07	...
3,4	Frankfurt (0)-Klingetal (u) } s. a. 175			...	...	3.57	...	6.22	10.54	|	...	...	14.51	|	16.22	...	19.12	...
6,2	Booßen			...	...	4.03	...	6.29	10.59		...	...	14.57		16.28	...	19.18	...
13,6	Schönfließ Dorf			...	...	4.10	...	6.36	11.06		...	...	15.05		16.35	...	19.25	...
16,4	Carzig			...	...	4.14	...	6.41	11.09		...	...	15.08		16.38	...	19.28	...
18,5	Libbenichen			...	...	4.17	...	6.45	11.13		...	...	15.12		16.42	...	19.32	...
21,3	Dolgelin			...	...	4.22	...	6.54	11.17		...	...	15.16		16.46	...	19.42	...
26,1	Seelow (Mark)			...	...	4.28	...	7.05	11.29	11.46	...	...	15.22	15.52	16.54	...	19.48	...
29,3	**Werbig** 173	an		...	...	4.32	...	7.10	11.33	|	...	...	15.25	|	16.57	...	19.52	...
		ab	Ⓐ	...	...	4.33	...	7.11	11.34	|	...	...	15.27	|	16.58	...	20.02	...
37,8	Letschin			...	...	4.41	...	7.19	11.44		...	...	15.36		17.08	...	20.12	...
42,7	Sietzing			...	...	4.47	...	7.29	11.50		...	...	15.42		17.14	...	20.18	...
46,9	Neutrebbin			...	...	4.53	...	7.36	11.55		...	...	15.48		17.38	...	20.24	...
55,6	**Wriezen** ✂ 171	an	1.48	...	...	5.02	...	7.46	12.04	12.15	...	...	15.58	16.22	17 48	...	20.34	...
		ab	1.49	⊛ 3.52	...	5.15	6.20	7.56	12.06	12.16	...	...	15.59	16.23	17.56	...	20.40	...
62,5	Altranft / *Rbd Greifswald*		|	4.00	...	5.23	6.27	8.07	12.13	|	...	...	16.07	|	18.04	...	20.48	...
66,8	**Bad Freienwalde** (0) 922	an	2.02	4.06	...	5.29	6.32	8.13	12.19	12.28	...	...	16.13	16.35	18.10	...	20.54	...
		ab	2.04	4.07	...	5.37	6.36	8.22	12.40	12.29	14.04	...	16.14	■16.36	18.35	...	21.24	...
72,7	Falkenberg (Mark)		...	4.14	...	5.44	6.41	8.30	12.47	...	14.12	...	16.21	...	18.42	...	21.31	...
76,0	Niederfinow		...	4.19	...	5.49	6.48	8.36	12.52	...	14.17	...	16.26	...	18.47	...	21.36	...
85,9	**Eberswalde** Hbf ✂ 916. 920	an	...	⊛ 4.34	...	6.04	7.09	8.51	13.07	...	14.31	...	16.41	...	19.02	...	21.51	...
	Eberswalde Hbf } 920	ab	...	*5.09*	...	*6.14*	*7.43*	9.03	...	...	*14.46*	...	*16.50*	...	...	...	*22.56*	...
	Bernau (b Berlin) } 920	an	...	*5.29*	...	*6.36*	*8.01*	9.20	...	...	*15.08*	...	*17.09*	...	...	...	*23.16*	...
	Bln-Lichtenberg } 920	an	...	...	...	...	...	9.48	...	...	...	...	...	...	...	...	...	...

a) Ermittle für Zug 4938 und E 992 die Fahrzeit Seelow – Wriezen!
b) Klaus braucht eine Viertelstunde von seiner Wohnung zum Bahnhof. Wann würdest du an seiner Stelle losgehen?
c) Die Tante wohnt etwa 10 Minuten vom Bahnhof entfernt. Wann wird er bei ihr eintreffen?

■ **1** **a)** Wieviel Zeit vergeht von 8.43 Uhr bis 12.10 Uhr?
Lösung: Von 8.43 Uhr bis 9.00 Uhr sind es 17 min. Von 9.00 Uhr bis 12.10 Uhr vergehen 3 h und 10 min. Insgesamt vergehen also 3 h 27 min.
b) Wieviel Tage vergehen vom 12. August bis zum Jahresende?
Lösung: Vom 12. August bis zum 31. August vergehen (den 12. August mitgerechnet) 20 Tage. Die übrigen Monate haben zusammen 122 Tage (September, November 30; Oktober, Dezember 31). Also vergehen insgesamt 142 Tage vom 12. August bis zum Jahresende.

Aufgaben

C

1. Welche Zeiteinheiten würdest du für folgende Angaben benutzen:
   a) die Dauer der Sommerferien,
   b) das Alter deiner Mutter,
   c) die Dauer des Unterrichts an einem Tag,
   d) die Zeit, in der du 100 m läufst,
   e) die Dauer einer Kontrollarbeit?

2. Ordne den folgenden Paaren von Zeiteinheiten die richtige der Umrechnungszahlen 7, 10, 12, 24, 30, 60, 360 zu!
   a) h/min **b)** Jahr/Monat **c)** min/s **d)** Woche/Tag
   e) Jahr/Tag **f)** d/h **g)** Monat/Tag

3. Drücke in der in Klammern angegebenen Einheit aus!
   5 h (min), 6 min (s), 12 h (min), 300 min (h),
   3 h 15 min (min), 2 d 5 h (h), 15 min 10 s (s)

4. Ordne den Zeiten die richtigen Angaben zu!
   Dauer einer Unterrichtsstunde, Fahrzeit für eine Etappe der Friedensfahrt, Dauer eines Fußballspiels (ohne Halbzeitpause), wöchentliche Arbeitszeit
   $\frac{1}{16}$ d, 2700 s, 210 min, $1\frac{2}{3}$ d

5. Lies folgende Zeitangaben!
   13 : 12 min, 1 : 26 : 14 h, 3 : 06 : 4 h, 15 : 07 min

6. **a)** Rechne in Wochen um! 7 d, 35 d, 105 d, 14 d
   b) Rechne in Tage um! 48 h, 720 h, 24 h, 0 h
   c) Rechne in Stunden um! 3 d, 2 Wochen, 5,5 d, 1 Monat

7. Wieviel Tage sind 4 Wochen, 2 Wochen und 3 Tage, 7 Wochen und 4 Tage?

8. Rechne das Jahr zu 360 Tagen und den Monat zu 30 Tagen! Wieviel Tage sind 4 Mon., 8 Mon. und 12 Tage, 1 Jahr und 5 Mon., 1 Jahr und 42 Tage?

9. Wieviel Zeit vergeht von
   a) 8.16 Uhr bis 9.35 Uhr,
   b) 11.21 Uhr bis 15.10 Uhr,
   c) 18.36 Uhr bis 0.12 Uhr des folgenden Tages?

10. Berücksichtige die unterschiedlichen Längen der Monate! Rechne von Beginn des ersten Tages bis zum Ende des letzten! Wieviel Tage vergehen
    a) vom 1.4. bis zum 3.5.,
    b) vom 19.7. bis zum 12.9.,
    c) vom 15.8. bis zum 23.1. des folgenden Jahres?

11. Wieviel Jahre sind vergangen seit
    der Entdeckung Amerikas (1492),
    der Erfindung der Dampfmaschine (1769),
    dem Bau der ersten deutschen Eisenbahn im Jahre 1835
    (Strecke: Nürnberg – Fürth)?

12. Unterrichtsstunden dauern 45 Minuten. An einer Schule sind folgende Pausen vorgesehen: 10 min, 15 min, 10 min, 20 min, 25 min. Der Unterricht beginnt um 8.00 Uhr. Wann endet die 6. Stunde?

13. Der erste Erdtrabant (Sputnik I) wurde am 4. Oktober 1957 gestartet und umkreiste die Erde bis zum 3. Januar 1958. Wieviel Tage befand sich Sputnik I im Weltraum?

14.* An einem Sommertag ging die Sonne um 3.36 Uhr auf und um 20.26 Uhr unter. An einem Wintertag war um 8.09 Uhr Sonnenaufgang und um 15.47 Uhr Sonnenuntergang. Wie lang waren jeweils die Zeiten zwischen Sonnenauf- und Sonnenuntergang?

Die folgenden 4 Aufgaben beziehen sich auf den Fahrplan im Bild C 1 (S. 90).

15. Entnimm dem Fahrplan folgende Entfernungen (in Bahnkilometern)! Runde die Angaben auf volle Kilometer!
a) Frankfurt (Oder) – Wriezen **b)** Werbig – Eberswalde
c) Wriezen – Bad Freienwalde

16. Berechne die Fahrzeit von Frankfurt (O) nach Bad Freienwalde
a) mit dem Zug 4932 **b)** mit dem E 596 **c)** mit dem Zug 4942!

17. Welche Haltezeiten hat der Zug 4932 auf den Bahnhöfen
a) Werbig **b)** Wriezen **c)** Bad Freienwalde?

18.* Jemand möchte von Werbig nach Eberswalde mit dem Zug fahren. Von seiner Wohnung bis zum Bahnhof Werbig braucht er eine Viertelstunde.
a) Welchen Zug wird er benutzen?
b) Wann muß er seine Wohnung verlassen, wenn er 20 Minuten vor der fahrplanmäßigen Abfahrtszeit auf dem Bahnhof sein will?

19. Jens wohnt in Halbendorf, Martin in Ganzhausen. Beide Orte sind 18 Kilometer voneinander entfernt. Beide fahren, gleichzeitig startend, einander mit dem Fahrrad entgegen. Martin legt durchschnittlich 16 km, Jens 20 km pro Stunde zurück. Wie weit sind beide nach einer halben Stunde voneinander entfernt?

20.* Wie lange braucht ein 500 m langer Zug zur Durchfahrt durch einen 500 m langen Tunnel mit einer Geschwindigkeit von 60 km pro Stunde?

---

1. Schreib die folgenden (umgangssprachlichen) Größenangaben mit Hilfe von Dezimalbrüchen: drei D-Mark achtzig, vier Meter zwanzig, vier Meter zwei!

2. Beachte mögliche Rechenvorteile und erkläre dein Vorgehen!

a)	b)	c)	d)
$4{,}8 + 19 + 11$	$43 \cdot 2 \cdot 5$	$23 \cdot 6 : 2$	$47 - (17 + 2{,}9)$
$52 - 18 + 26$	$0{,}4 \cdot 7 \cdot 25$	$45 : 9 \cdot 7$	$50 \cdot 19 \cdot 4$
$8{,}3 + 9 - 1{,}3$	$15 \cdot 4 \cdot 37$	$60 : 5 : 4$	$56 : 4 : 7$
$36 - 4{,}5 - 1{,}5$	$17 \cdot 0{,}8 \cdot 5$	$17 \cdot 12 : 4$	$8 \cdot 27 : 3$

3. Bilde zu der Gleichung $900 - x = 200$ eine Sachaufgabe!

4. Welche natürlichen Zahlen erfüllen folgende Ungleichungen?
a) $27 < x < 33$ **b)** $99 < y < 201$
Veranschauliche diese Zahlen am Zahlenstrahl!

3 Messen von Streckenlängen

Früher benutzte man für die Längenmessung meist Einheiten, die vom menschlichen Körper abgeleitet waren, z. B. Spanne, Elle, Klafter, Fuß und Schritt. Ein auf dem Meter als Grundeinheit beruhendes dekadisches System von Längeneinheiten wurde in Frankreich im Jahre 1795 nach dem Sieg der bürgerlichen Revolution eingeführt.

Sachsen:
1 Elle = 2 Fuß = 24 Zoll (≈ 0,57 m)
Preußen:
1 Elle = $2\frac{1}{8}$ Fuß = 25,5 Zoll (≈ 0,67 m)
Österreich:
1 Klafter = 6 Fuß (≈ 1,9 m)

● **7** Das Meter wurde ursprünglich als vierzigmillionster Teil des Erdumfangs festgelegt. Gib den daraus folgenden Näherungswert für den Erdumfang in Kilometern an!

Beim Messen der Länge einer Strecke stellen wir fest, wievielmal so groß die Länge dieser Strecke im Vergleich zur Länge einer Einheitsstrecke ist.

▶ **1** Messen von **Längen:**
Vergleich mit einer **Einheitsstrecke**

Dabei haben wir folgende Möglichkeiten:

1. Wir tragen vom Endpunkt der Strecke aus die Einheitsstrecke so oft ab, bis wir den anderen Endpunkt erreicht oder überschritten haben.
2. Wir legen an die Strecke einen Maßstab ab. Die Strecke $\overline{AB}$ hat eine Länge von 4 cm.
   Wir schreiben kurz:
   $\overline{AB} = 4$ cm

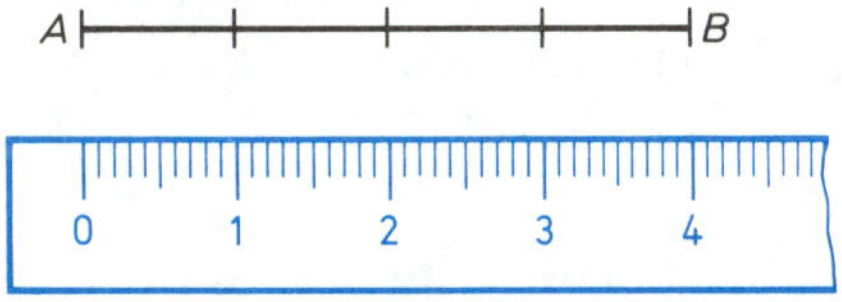

Nicht immer ist die zu messende Strecke genau ein Vielfaches der gewählten Einheitsstrecke. Wollen wir dann die Länge genauer angeben, so müssen wir eine kleinere Einheitsstrecke wählen oder Dezimalbrüche zur Längenangabe verwenden.
Die Strecke $\overline{AB}$ ist länger als 3 cm, aber kürzer als 4 cm.
Wir schreiben: $3\text{ cm} < \overline{AB} < 4\text{ cm}$
Genauere Abschätzung:
$3{,}5\text{ cm} < \overline{AB} < 4{,}0\text{ cm}$ oder
$35\text{ mm} < \overline{AB} < 40\text{ mm}$.

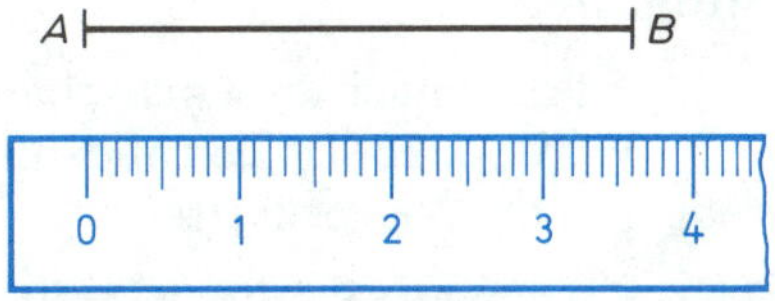

Wie *wir schon wissen,* erhalten wir beim Messen trotz größter Sorgfalt stets Näherungswerte. Es ist daher sinnlos, durch die Angabe von zu viel Stellen eine Meßgenauigkeit vorzutäuschen, die gar nicht erreichbar ist.

● **8** Welche der Angaben entsprechen einer nicht erreichbaren Meßgenauigkeit?
a) Länge einer Diesellok der Reichsbahn: 24,795 m
b) Breite einer Straße: 24 315 mm
c) Höhe des Berliner Fernsehturms: 365,50 m
d) Höhe des Berliner Fernsehturms: 365,5 m

Strecken werden oft mit kleinen Buchstaben bezeichnet. Dann schreiben wir z. B. statt $\overline{AB}$ = 3,7 cm auch a = 3,7 cm und bei einer Abschätzung 3 cm < a < 4 cm

● **9** **a)** Miß die Längen der Strecken im Bild C 2!
b) Zeichne nach Augenmaß Strecken *a, b, c* mit a = 3 cm; b = 10 cm; c = 2,5 cm!

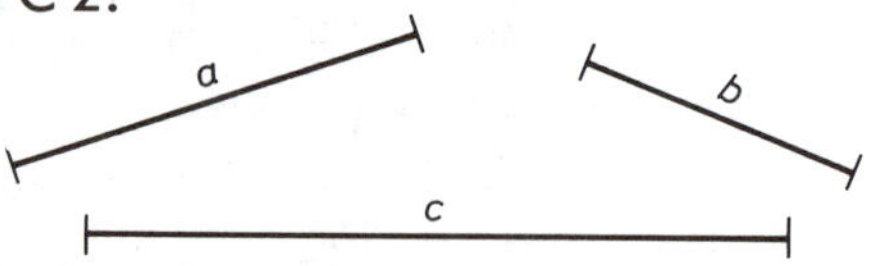

Bild C 2

Kontrolliere durch Messen und gib die Streckenlängen so genau wie möglich in Zentimetern und Millimetern an!

● **10** Gib für folgende Längen eine geeignete Einheit an:
Länge eines Fußballfeldes, Höhe deines Unterrichtsraumes, Entfernung zum nächsten Bahnhof, Länge deines Daumens, Breite einer Heftseite, Höhe des Fichtelberges!
Warum ist es sinnlos, z. B. die Höhe des Fichtelberges in Zentimetern oder die Höhe eines Zimmers in Kilometern angeben zu wollen?

Häufig ist es nötig, Längenangaben in eine größere oder in eine kleinere Einheit umzurechnen.

■ **2** Umrechnen in eine kleinere Einheit
a) 4 m = 40 dm = 400 cm = 4 000 mm
b) 7 m 5 cm = 700 cm + 5 cm = 705 cm
c) 6,03 m = 6 m 3 cm = 603 cm
Umrechnen in eine größere Einheit
a) 6 300 mm = 630,0 cm = 63,00 dm = 6,300 m
b) 502 cm = 500 cm + 2 cm = 5,02 m
c) 5 km 24 m = 5,024 km

Oft schreibt man z. B. statt 6,300 m auch kürzer 6,3 m, vor allem, wenn die Genauigkeit nicht sicher ist.
Wir können bereits Längen addieren und subtrahieren, indem wir entsprechende Strecken aneinander *antragen* oder aufeinander *abtragen.*

Aufgaben

1. Zeichne nach der Lochschablone die Eckpunkte *A* (5), *B* (8), *C* (18), *D* (10) eines Vierecks *ABCD*! Zeichne durch je zwei dieser Punkte eine Gerade! Miß die Längen der Viereckseiten und der Strecken $\overline{AC}$ und $\overline{BD}$!

2. Zeichne die Punkte *P* (3; 0), *Q* (7; 1), *R* (7; 4), *S* (2; 7) und *T* (0; 4) in ein Koordinatensystem (Einheit 1 cm)! Zeichne durch je zwei dieser Punkte eine Gerade! Wieviel solcher Geraden erhältst du? Miß die Seitenlängen des Fünfecks *PQRST*!

C

3. Zeichen Strecken mit folgenden Längen!
$a = 4{,}7$ cm; $b = 8$ cm 2 mm; $c = 1{,}3$ dm; $x = 0{,}07$ m

4. Zeichne Strecken der Länge 3 cm, 1 dm, 8 mm, 4,5 cm, 58 mm, 7 cm nach Augenmaß! Prüfe dann durch Messen mit Millimetergenauigkeit nach!

5. Schätze die Durchmesser folgender Münzen!
5 DM, 2 DM, 1 DM, 50 Pf, 10 Pf, 5 Pf, 1 Pf
Prüfe durch Messen mit Millimetergenauigkeit nach!

6. Miß Länge und Breite deines Mathematikbuches und deines Atlasses mit Zentimetergenauigkeit!

7. Rechne in Meter um!
a) 3 km; 0,08 km; 27 000 mm **b)** 5 km 80 m; 8 000 mm; 0,7 km

8. Rechne in Kilometer um!
a) 18 000 m; 4 080 m; 900 m **b)** 45 m; 3 km 60 m; 1 km 5 m

9. Rechne in Zentimeter um!
a) 8 m; 5,3 m; 94 mm **b)** 9 m 3 cm; 1 m 8 dm; 0,75 m

10. Rechne in Meter um!
a) 2,6 km; 85 dm; 600 mm **b)** 170 cm; 2 km 6 m; 5 m 4 cm

11. Rechne in die nächstkleinere Einheit um!
a) 5,3 cm; 0,8 m; 3,6 km **b)** 2,075 km; 3,25 m; 7,1 cm

12. Rechne in die nächstgrößere Einheit um!
a) 450 mm; 450 m; 83 dm **b)** 68 mm; 1 040 m; 65 cm

13. Rechne in die in Klammern angegebene Einheit um!

a)	**b)**	**c)**	**d)**
20 mm (cm)	31 070 m (km)	70 cm (dm)	75 dm (m)
560 cm (m)	321 cm (m)	74,9 m (cm)	7,8 dm (cm)
12,3 km (m)	8,4 m (cm)	11,2 cm (mm)	2,38 km (m)

14. Setze an die Stelle der Punkte die richtige Einheit!
a) 300 cm = 3 . . ; 2 472 m = 2,472 . . ; 71 m = 0,071 . .
b) 20 mm = 2 . . ; 683 cm = 6,83 . . ; 27 dm = 2 700 . .

---

1. Sind die angegebenen Zahlen Lösungen der Gleichungen? Berichtige gegebenenfalls!
a) $8{,}2 \cdot a = 57{,}4$; $a = 7$ **b)** $b \cdot 21{,}4 = 85{,}6$; $b = 3$
c) $25 : c = 0{,}25$; $c = 10$ **d)** $40 : d = 25$; $d = 1{,}6$

2. Ermittle $\frac{1}{3}$ von 36 m, $\frac{1}{2}$ von 500 cm, $\frac{3}{4}$ von 16 km,
$\frac{7}{10}$ von 120 dm, $\frac{1}{6}$ von 72 mm, $\frac{2}{3}$ von 27 km!

3. Zeichne die Punkte A (3; 1), B (7; 2) und C (4; 5) in ein Koordinatensystem (Einheit 1 cm) und ermittle das Bild des Dreiecks ABC bei der Verschiebung $\overrightarrow{AB}$! Wie lang ist die Strecke $\overline{B'C}$?

4 Strecken und Rechtecke im Gelände

Bild C 3 / Bild C 4

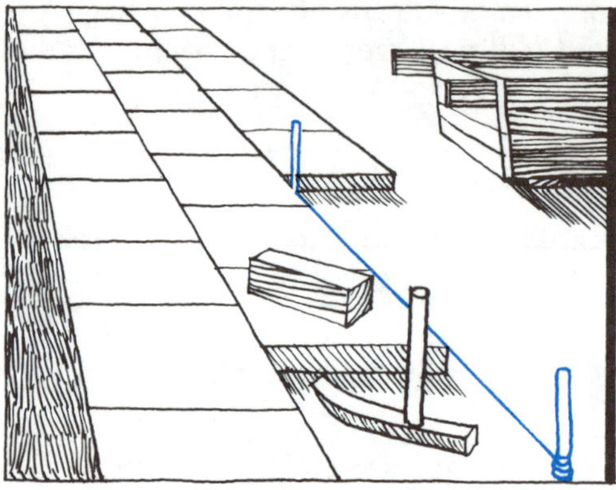

Auf dem Zeichenblatt können wir eine Gerade durch zwei Punkte festlegen. Ähnlich verfährt man, wenn man im Gelände eine Gerade festlegen will. Man markiert zwei Punkte mit Hilfe von **Fluchtstäben** oder durch Pflöcke (Bild C 3). Auf einer durch zwei Fluchtstäbe festgelegten Geraden können wir noch weitere Punkte markieren. Diese Punkte müssen wir mit Hilfe weiterer Fluchtstäbe **einpeilen** oder **einvisieren** (Bild C 4). Eine Strecke stecken wir im Gelände ab, indem wir durch zwei Fluchtstäbe ihre Endpunkte markieren. Eine von Stab zu Stab gespannte Schnur veranschaulicht dann die abgesteckte Strecke. Ihre Länge ist gleich dem Abstand der Fluchtstäbe voneinander.

● **11** Wie zeichnest du ein Rechteck *ABCD* mit $\overline{AB} = 5$ cm und $\overline{BC} = 6$ cm?

Das Markieren eines rechten Winkels im Gelände nennen wir **Abstecken** eines rechten Winkels. Es kann am einfachsten mit Hilfe eines **Winkelkreuzes** erfolgen (Bild C 5).

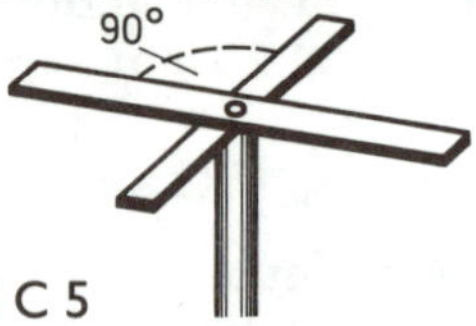

Bild C 5

■ **3** Es soll im Endpunkt *B* einer Strecke $\overline{AB}$ ein rechter Winkel an $\overline{AB}$ angetragen werden. Dazu stecken wir in *B* das Winkelkreuz so ein, wie es das Bild C 6 zeigt und peilen einen weiteren Fluchtstab ein.

Bild C 6

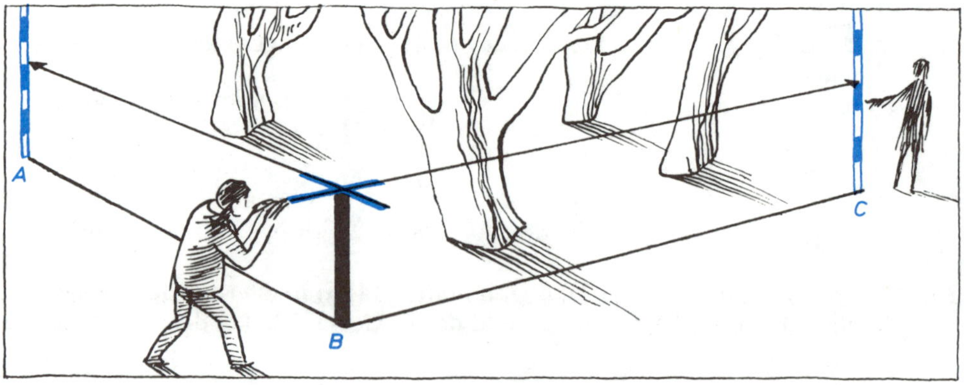

Das Winkelkreuz im Punkt *B* muß also mit einem Zeiger auf den Punkt *A* weisen, mit seinem anderen Zeiger auf den Punkt *C*. Damit ist der rechte Winkel abgesteckt.

■ 4 Im Gelände ist ein Rechteck *ABCD* abzustecken (Bild C 7).
Die Lösung ist im Bild C 7 angedeutet.

Bild C 7

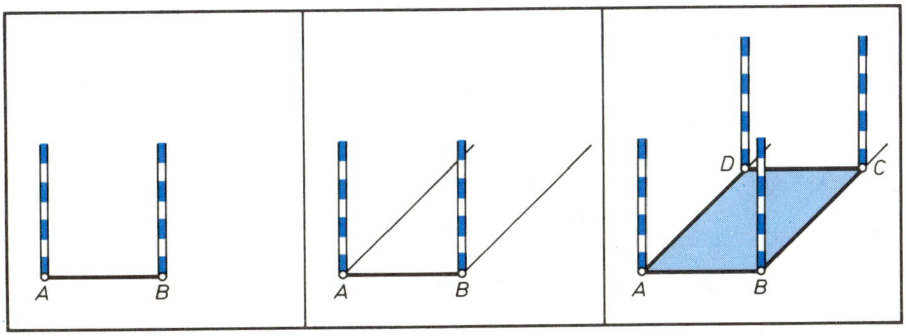

● 12 Beschreibe, wie man beim Abstecken eines Rechtecks *ABCD* im Gelände vorgeht!

Aufgaben

1. Übe das Einpeilen mit Spielfiguren auf der Tischplatte! Prüfe mit dem Lineal nach, ob nach dem Einpeilen alle Figuren in einer Geraden stehen!
2. Beschreibe, wie im Schulgarten Beete abgesteckt werden!
3. Dir stehen nur ein 10-m-Meßband und drei Fluchtstäbe zur Verfügung. Wie würdest du damit auf dem Schulhof eine Länge von 28 m Länge abstecken?

5 Umfang von Rechtecken

● 13 Eine Funkantenne steht auf einem Wiesenstück. Sie soll eine rechteckige Umzäunung mit den Seitenlängen 30 m und 40 m erhalten. Wieviel Meter Maschendraht benötigt man dazu? (Bild C 8)

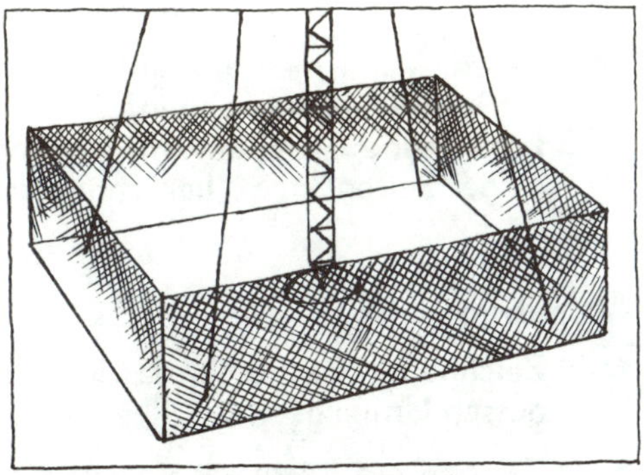

Bild C 8

Wenn wir die Längen aller vier Seiten eines Rechtecks addieren, erhalten wir den **Umfang** dieses Rechtecks. Als Summe von Längen ist der Umfang ebenfalls eine Länge. Wir bezeichnen den Umfang mit ***u***.

▶ 2 Der **Umfang *u* eines Rechtecks** ist die Summe der Längen seiner vier Seiten.

■ 5 Es soll der Umfang eines Rechtecks mit den Seitenlängen $a = 2{,}15$ m und $b = 82$ cm berechnet werden.
Wir rechnen auf eine gemeinsame Einheit (z. B. Zentimeter) um:

Gegeben: $a = 215$ cm $b = 82$ cm
Gesucht: Umfang u (in Zentimetern)
Überschlag: $200 + 100 + 200 + 100 = 600$
$u \approx 600$ cm
Lösung: $u = 215\text{ cm} + 82\text{ cm} + 215\text{ cm} + 82\text{ cm}$
$u = 594$ cm

Nebenrechnung:
$$\begin{array}{r} 215 \\ 82 \\ 215 \\ +\ 82 \\ \hline 594 \end{array}$$

Antwortsatz: Das Rechteck hat einen Umfang von 594 cm.

Beachtet man, daß in einem Rechteck je zwei Seiten die gleiche Länge haben, so kann man eine einfache Gleichung für die Berechnung des **Umfangs *u* eines Rechtecks** angeben:

$$u = 2 \cdot (a + b)$$

■ 6 Es soll der Umfang eines Rechtecks mit den Seitenlängen $a = 5{,}25$ m und $b = 85$ cm in Metern berechnet werden.
Gegeben: $a = 5{,}25$ m $b = 0{,}85$ m
Gesucht: Umfang u (in Metern)
Überschlag: $2 \cdot (5 + 1) = 12$
$u \approx 12$ m
Lösung: $u = 2 \cdot (5{,}25\text{ m} + 0{,}85\text{ m})$
$u = 2 \cdot 6{,}10$ m
$u = 12{,}20$ m

Nebenrechnung:
$$\begin{array}{r} 5{,}25 \\ +\ 0{,}85 \\ \hline 6{,}10 \end{array}$$

Antwortsatz: Der Umfang des Rechtecks beträgt 12,20 m.

● 14 **a)** Wie kann man am einfachsten den Umfang eines Quadrates von 7 cm Seitenlänge berechnen?
b) Gib eine Gleichung an, nach der man den Umfang eines Quadrates mit der Seitenlänge a berechnen kann!

Aufgaben

1. Zeichne ein Rechteck, das 5,7 cm lang und 3,6 cm breit ist, und berechne dessen Umfang!

2. Zeichne ein Rechteck von 45 cm Länge und 1,2 dm Breite und berechne dessen Umfang in Zentimetern!

3. Ein rechteckiges Waldstück ist halb so lang wie breit. Seine längere Seite beträgt 3,8 km. Wieviel Kilometer beträgt der Umfang dieses Waldstücks?

4. Zeichne vier verschiedene Rechtecke, die einen Umfang von 20 cm haben!

5. Zeichne ein Rechteck *ABCD* mit $u = 18$ cm und $\overline{AB} = 4$ cm!
Wieviel solcher Rechtecke gibt es?

6. Ergänze folgende Tabellen!

a)

Rechteckseiten		Umfang
a	b	u
2,7 cm	35 mm	
	30 dm	26,0 m
5,250 km		30 500 m

b)

Rechteckseiten		Umfang
x	y	u
7,0 dm	15 cm	
0,5 m		30 dm
	6,0 cm	200 mm

7. Wie lang ist der Zaun des im Maßstab 1 : 1 000 dargestellten Schulhofes (Bild C 9)?

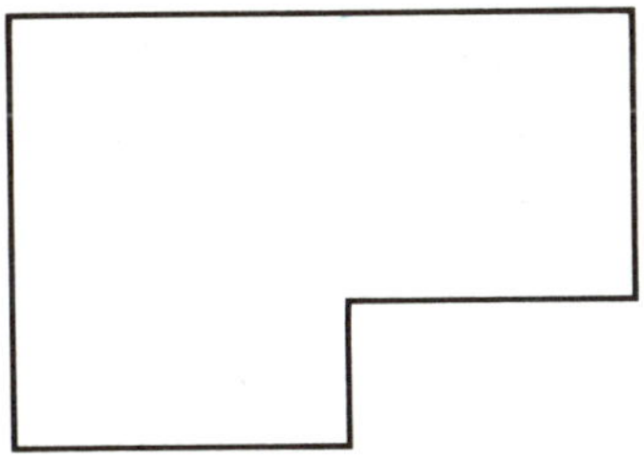
Bild C 9

8. Ein rechteckiges Grundstück mit den Seitenlängen 20 m und 35 m soll umzäunt werden. Mit einer kürzeren Seite grenzt es an eine Straße. Zur Straße erhält das Grundstück einen Holzzaun. Die anderen Seiten werden mit einem Drahtzaun versehen. Wieviel Meter Holz bzw. Drahtzaun sind zu setzen?

---

1. Kürze so weit wie möglich!

a) $\frac{18}{30}$, $\frac{10}{45}$, $\frac{12}{60}$, $\frac{4}{26}$, $\frac{25}{15}$, $\frac{9}{11}$, $\frac{69}{23}$, $\frac{6}{24}$, $\frac{32}{12}$

b) $\frac{20}{35}$, $\frac{11}{55}$, $\frac{36}{72}$, $\frac{65}{13}$, $\frac{28}{8}$, $\frac{24}{40}$, $\frac{75}{100}$, $\frac{32}{20}$, $\frac{27}{18}$, $\frac{48}{84}$

2. Löse die folgenden Gleichungen!

a) $\frac{x}{3} = \frac{10}{15}$; $\frac{10}{14} = \frac{y}{42}$; $\frac{m}{6} = \frac{4}{8}$ **b)** $\frac{12}{9} = \frac{p}{15}$; $\frac{z}{10} = 1{,}5$; $0{,}4 = \frac{z}{5}$

3. Ein mit Briketts beladener Güterwagen hat eine Masse von 25 t. Es fallen beim Rangieren 10 Briketts herunter. Muß der Güterwagen noch einmal auf die Waage gefahren werden?

Zusammenfassung

Größe	Einheiten
Masse	t —10— dt —100— kg —1000— g —1000— mg t —1000— kg

Zeit (nicht dekadisch)	Woche — 7 — d — 24 — h — 60 — min — 60 — s Jahr — 12 — Monat
Länge	km — 1000 — m — 10 — dm — 10 — cm — 10 — mm m — 100 — cm

Flächen- und Rauminhalt

6 Messen des Flächeninhalts von Rechtecken

● **15** **a)** Zeichne auf Kästchenpapier ein Rechteck, das 7 Kästchen lang und 4 Kästchen breit ist! Wieviel Kästchen füllen das Rechteck aus?
b) Zeichne Rechtecke, die von 24 Kästchen ausgefüllt werden!

Wir können die Größen der Flächen zweier Rechtecke vergleichen, indem wir die Anzahl gleich großer Kästchen in ihnen vergleichen. Die Anzahl der Kästchen ist ein Maß für den Flächeninhalt eines Rechtecks.

● **16** Gib an, welches Rechteck im Bild C 10 den größeren Flächeninhalt hat, und begründe deine Feststellung!

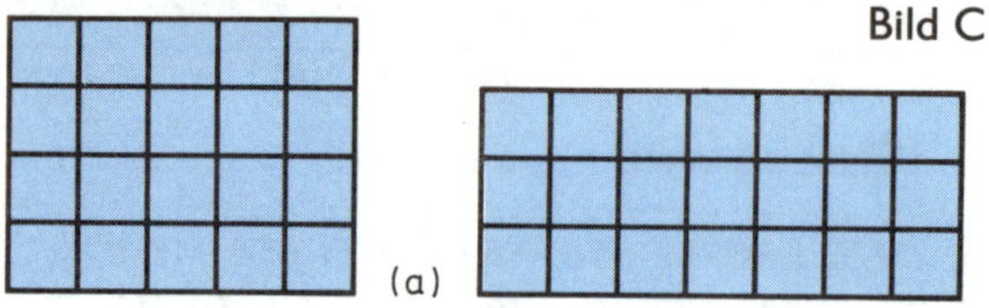

Bild C 10

Ähnlich wie bei der Längenmessung vergleichen wir bei der **Flächeninhaltsmessung** die zu messenden Flächen mit der **Fläche eines Einheitsquadrates.**

▶ **3**

> Messen von **Flächeninhalten:**
> Vergleich mit einem **Einheitsquadrat**

Wir haben bereits Quadrate von 1 mm bzw. von 1 cm Seitenlänge als Einheitsquadrate verwendet. Der Flächeninhalt eines Quadrates von 1 mm Seitenlänge beträgt $1\ mm^2$ Der Flächeninhalt eines Quadrates von 1 cm Seitenlänge beträgt $1\ cm^2$
Den Flächeninhalt A (aus dem Lateinischen: area – Fläche) eines Rechtecks können wir auf verschiedene Weise messen:

1. Wir legen das Rechteck mit ausgeschnittenen Einheitsquadraten aus.
2. Wir überdecken das Rechteck mit durchscheinendem Millimeterpapier.

In beiden Fällen zählen wir dann die benötigten Einheitsquadrate.

■ 7 Das Rechteck im Bild C 11 wird von 15 Einheitsquadraten ausgefüllt. Beträgt die Seitenlänge eines Einheitsquadrates 1 cm, dann hat das Rechteck einen Flächeninhalt von 15 cm².
Wir schreiben: $A = 15\ \text{cm}^2$

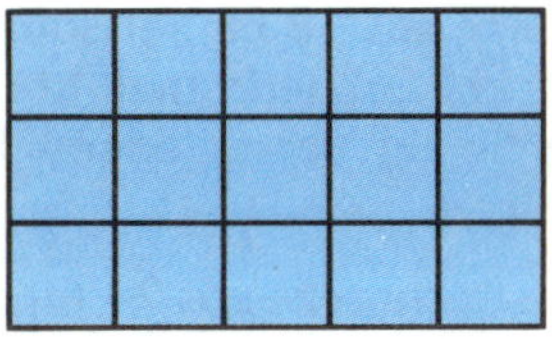

Bild C 11

C

● 17 Erkläre, warum man als Einheitsfläche nicht z. B. Kreise mit einem Durchmesser von 1 cm wählt!

Nicht immer wird wie im Beispiel 7 ein Rechteck von einer Anzahl Einheitsquadrate genau ausgefüllt. Wegen der Dicke der gezeichneten Linien können wir das auch gar nicht genau feststellen. Daher erhalten wir beim Messen des Flächeninhalts von Rechtecken wie beim Messen jeder anderen Größe nur **Näherungswerte** für den tatsächlichen Flächeninhalt. Auch den Flächeninhalt krummlinig begrenzter Figuren können wir nur näherungsweise messen.

■ 8 **a)** Der Flächeninhalt des Rechtecks im Bild C 12 liegt zwischen 15 Einheitsquadraten und 24 Einheitsquadraten.
Haben die Einheitsquadrate eine Seitenlänge von 1 cm, *schreiben wir:*
$15\ \text{cm}^2 < A < 24\ \text{cm}^2$

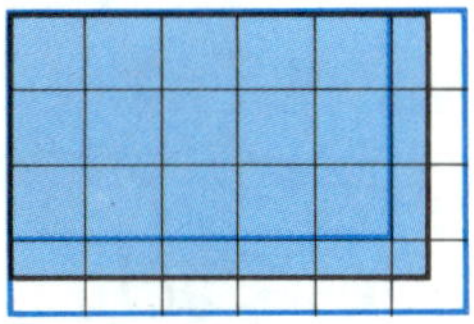

Bild C 12

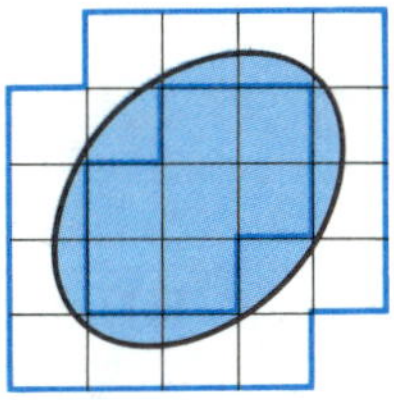

Bild C 13

b) Der Flächeninhalt der Figur im Bild C 13 liegt zwischen 7 Einheitsquadraten und 23 Einheitsquadraten.
Haben die Einheitsquadrate eine Seitenlänge von 1 cm, *schreiben wir:*
$7\ \text{cm}^2 < A < 23\ \text{cm}^2$

Im Beispiel 8 sind nur sehr grobe Abschätzungen vorgenommen werden. Das liegt an der Größe der verwendeten Einheitsquadrate.

● 18 **a)** Zeichne nach der Lochschablone das Rechteck *ABCD* mit *A* (14), *B* (15), *C* (10) und *D* (8)! Ermittle annähernd seinen Flächeninhalt mit Hilfe von Einheitsquadraten und gib eine Abschätzung für den Flächeninhalt an!
b) Gib auch eine Abschätzung für den Flächeninhalt des Vierecks *PQRS* mit *P* (13), *Q* (14), *R* (9) und *S* (4) an!

Aufgaben

1. Für welche Figuren im Bild C 14 läßt sich ein Flächeninhalt angeben?

Bild C 14

2. **a)** Lege aus 18 Einheitsquadraten mit 1 cm Seitenlänge verschiedene Rechtecke! Gib jedesmal ihre Seitenlänge und ihren Umfang an!
b) Wieviel verschiedene Rechtecke kannst du aus 17 Einheitsquadraten legen?

3. Lege Rechtecke aus 24 Einheitsquadraten mit 1 cm Seitenlänge! Wieviel solcher Rechtecke gibt es? Gib für jedes die Seitenlängen und den Umfang an!

4. Lege Rechtecke aus 36 Einheitsquadraten mit 1 cm Seitenlänge! Wieviel solcher Rechtecke gibt es? Gib für jedes die Seitenlängen und den Umfang an!

5. Zeichne nach der Lochschablone das Rechteck *ABCD* mit *A* (8), *B* (14), *C* (15), *D* (10)! Überdecke es mit Millimeterpapier und gib eine möglichst genaue Abschätzung für seinen Flächeninhalt in Quadratzentimetern an!

6. **a)** Durch wieviel Einheitsquadrate mit 1 cm Seitenlänge werden Quadrate mit den folgenden Seitenlängen ausgefüllt?
1 cm, 2 cm, 3 cm, 4 cm, 5 cm, 6 cm
b) Durch wieviel Einheitsquadrate mit 1 cm Seitenlänge wird ein Quadrat mit der Seitenlänge 10 cm (100 cm, 1 000 cm) ausgefüllt?

7 Einheiten des Flächeninhalts

Genauere Abschätzungen für Flächeninhalte als im Beispiel 8 erreichen wir, wenn wir Einheitsquadrate mit 1 mm Seitenlänge wählen. Aber auch mit ihnen erhalten wir nur Näherungswerte für den Flächeninhalt. Für das Messen des Inhalts größerer Flächen, etwa eines Fußballfeldes, sind Einheitsquadrate mit 1 cm Seitenlänge ebenfalls ungeeignet. Hierfür können wir ein Einheitsquadrat mit 1 m Seitenlänge, das **Quadratmeter,** benutzen. Sein Flächeninhalt beträgt $1\ m^2$. Als noch größere Einheit wird z. B. in der Landwirtschaft das **Hektar** benutzt. Für sehr große Flächen, etwa die Größe von Ländern, benutzt man das **Quadratkilometer.**

Übersicht über die Flächeneinheiten

Einheit	Bezeichnung	Veranschaulichung
das Quadratmillimeter das Quadratzentimeter das Quadratdezimeter	mm^2 cm^2 dm^2	Quadrat mit 1 mm Seitenlänge Quadrat mit 1 cm Seitenlänge Quadrat mit 1 dm Seitenlänge
das Quadratmeter	m^2	Quadrat mit 1 m Seitenlänge
das Hektar das Quadratkilometer	ha km^2	Quadrat mit 100 m Seitenlänge Quadrat mit 1 km Seitenlänge

Auch das System der Flächeneinheiten ist dekadisch aufgebaut. **Grundeinheit** ist das **Quadratmeter.**
In der Übersicht fehlt eine Flächeneinheit, die man durch ein Quadrat mit 10 m Seitenlänge veranschaulichen könnte, sie ist ungebräuchlich.

● **19** **a)** Erläutere am Bild C 15 die Beziehung $1\ \text{cm}^2 = 100\ \text{mm}^2$!
Vergleiche dabei
$1\ \text{cm} = 10\ \text{mm}$ mit
$1\ \text{cm}^2 = 10^2\ \text{mm}^2$!
b) Warum kann man auch
$1\ \text{mm} = 0{,}1\ \text{cm}$ schreiben?
Ergänze entsprechend
$1\ \text{mm}^2 = \ldots\ \text{cm}^2$!
c) Gib den Flächeninhalt des Rechtecks *ABCD* im Bild C 15 (Seitenlängen 3 cm und 1,5 cm) in mm^2 und in cm^2 an!

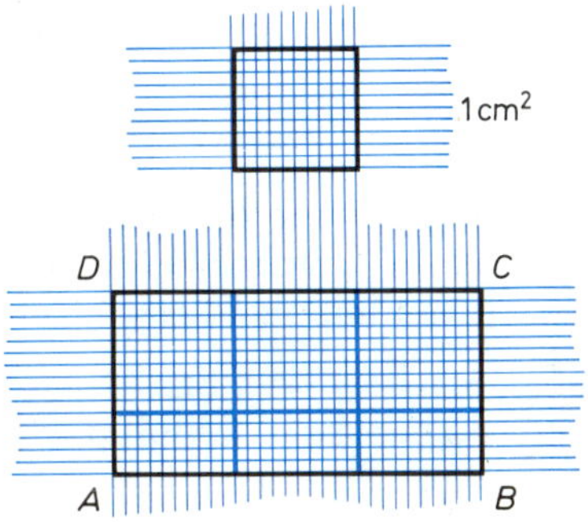

Bild C 15

Umrechnen der Einheiten der Fläche

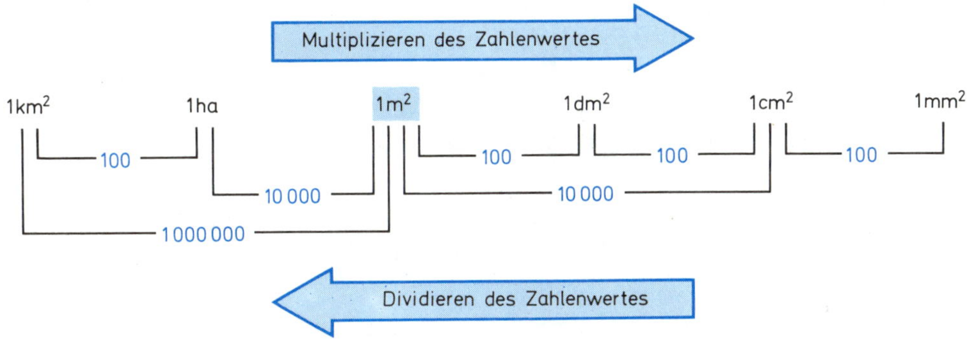

Beachte beim Umrechnen:

▶ **4**

Größerer Zahlenwert ——— kleinere Einheit
Kleinerer Zahlenwert ——— größere Einheit

■ **9** **a)** $5\ \text{cm}^2 = 500\ \text{mm}^2$
$73\ \text{m}^2 = 7\,300\ \text{dm}^2 = 730\,000\ \text{cm}^2$
$3\ \text{km}^2 = 300\ \text{ha} = 3\,000\,000\ \text{m}^2$

b) $9\,000\ \text{ha} = 90\ \text{km}^2$
$350\,000\ \text{cm}^2 = 3\,500\ \text{dm}^2 = 35\ \text{m}^2$
$2\,700\ \text{mm}^2 = 27\ \text{cm}^2$

Manchmal werden auch Flächeninhalte mit zwei Einheiten angegeben.

● **20** **a)** Sabine rechnet: $23\ \text{m}^2\ 50\ \text{cm}^2 = 23{,}5\ \text{m}^2$
Welchen Fehler hat sie gemacht? Berichtige!
b) Gib in Quadratmetern an!
$8\ \text{m}^2\ 70\ \text{dm}^2$, $8\ \text{m}^2\ 7\ \text{dm}^2$, $8\ \text{m}^2\ 70\ \text{cm}^2$, $8\ \text{m}^2\ 7\ \text{cm}^2$

Beim Vergleichen von Flächeninhalten ist es oft zweckmäßig, sie in der gleichen Einheit anzugeben.

■ **10** **a)** Es sind 300 ha mit 150 m^2 zu vergleichen.
Hier können wir sofort erkennen: 300 ha > 150 m^2

b) Es sind 1,5 ha mit 3 000 m^2 zu vergleichen.
Hier rechnen wir besser auf eine gemeinsame Einheit um:
1,5 ha = 15 000 m^2 oder 3 000 m^2 = 0,3 ha
15 000 m^2 > 3 000 m^2 1,5 ha > 0,3 ha
Also: 1,5 ha > 3 000 m^2

Aufgaben

1. Gib für die Inhalte der Flächen eine passende Einheit an! Fußbodenfläche eines Unterrichtsraumes, von einer Wandfliese bedeckte Fläche, Fläche eines Fußballfeldes, Fläche eines Kartoffelfeldes, Fläche einer Briefmarke

2. Schätze die Inhalte folgender Flächen!
Fläche einer Wandtafel, Fläche einer Seite deines Mathematikbuches, Fläche eines Parkplatzes für einen PKW, Bildschirmfläche eines Fernsehers, Fläche des Turnhallenfußbodens

3. Rechne in Quadratmillimeter um!
a) 5 cm^2; 3,52 cm^2; 2,08 cm^2; 0,2 cm^2
b) 25 cm^2; 4,7 cm^2; 0,9 cm^2; 7,53 cm^2

4. Rechne in Quadratzentimeter um!
a) 80 dm^2; 0,25 dm^2; 15,9 dm^2; 6,75 dm^2
b) 600 mm^2; 18 mm^2; 6 380 mm^2; 25 cm^2 72 mm^2

5. Rechne in Quadratdezimeter um!
a) 7,35 m^2; 0,17 m^2 **b)** 15,65 m^2; 0,08 m^2 **c)** 700 cm^2; 9 cm^2 **d)** 2 308 cm^2; 38 cm^2

6. Rechne in Quadratmeter um!
a) 400 dm^2; 206 dm^2; 48 dm^2 **b)** 5 130 dm^2; 9 dm^2

7. Rechne in Hektar um!
a) 9 km^2; 67 km^2; 37 km^2; 7,5 km^2 **b)** 80 km^2; 120 000 m^2, 5 km^2; 500 m^2

8. Rechne in die nächstkleinere Einheit um!
a) 24 cm^2; 9 km^2; 3,06 cm^2; 2,5 dm^2 **b)** 112 m^2; 532 dm^2; 0,9 cm^2; 6,07 ha

9. Rechne in die nächstgrößere Einheit um!
a) 200 dm^2; 1 034 mm^2; 340 cm^2 **b)** 500 m^2; 550 cm^2; 7 100 ha **c)** 5 800 cm^2; 8 ha; 44 000 m^2 **d)** 710 m^2; 4 mm^2; 502 dm^2

10. Gib in der nächstkleineren Einheit an!
a) $\frac{1}{5}$ von 1 cm^2; $\frac{1}{100}$ von 1 ha **b)** $\frac{1}{10}$ von 1 km^2; $\frac{1}{5}$ von 2 dm^2 **c)** $\frac{1}{2}$ von 6,20 m^2; $\frac{2}{5}$ von 4 cm^2 **d)** $\frac{1}{4}$ von 2 m^2; $\frac{3}{10}$ von 6 ha

11. Zu Berlin gehört eine Gesamtfläche von 883 km^2. Gib die Fläche in Hektar an!

12. Für die Vergoldung von Figuren erhielt ein Restaurator 2 m^2 Blattgold. Wieviel Quadratzentimeter Blattgold hatte er befestigt, als von der Lieferung nur noch 15 cm^2 übrig waren?

13. Deutschland nimmt eine Fläche von rund 356 700 km² ein und gehört damit zu den 5 größten Staaten in Europa, wenn man den Flächeninhalt als Vergleichsgröße betrachtet. Der europäische Teil Rußlands nimmt rund 4 300 000 km² ein, Spanien rund 503 500 km², Frankreich rund 551 700 km² und Schweden rund 450 000 km².

a) Wir groß ist die Fläche, die diese fünf Länder innerhalb Europas zusammen umfassen?

b) Wie groß ist die Fläche, die auf die anderen Länder Europas entfällt, wenn Europa mit den Inseln, die ihm zugerechnet werden, insgesamt rund 10 553 000 km² umfaßt?

14. Ergänze die Tabellen!

a)

dm²	cm²	mm²
635		
	705	
		8 000

b)

km²	ha	m²
	85	
2,5		
		700 000

Bei den folgenden Aufgaben ist unter den angegebenen fünf Zahlen immer das richtige Ergebnis zu finden. Die falschen Angaben kannst du ohne ausführliches Nachrechnen erkennen. Erläutere, wie du vorgehst!

1. **a)** 734 · 258 — 389 172; 89 732; 217 389; 189 372; 287 391
b) 3,6 · 827 — 9 277,2; 2 977,2; 29 772; 297,72; 2 977,6
c) 466 · 0,25 — 416,3; 1 165,3; 11,65; 116,35; 116,5

2. **a)** 4 464 : 48 — 92; 83; 903; 93; 103
b) 7 790 : 38 — 310; 25; 205; 207; 250
c) 117 : 26 — 4,5; 10,5; 3,9; 4; 6,5

8 Berechnen des Flächeninhalts von Rechtecken

Die Ermittlung des Flächeninhalts eines Rechtecks durch Auslegen mit Einheitsquadraten ist umständlich und meist gar nicht möglich, zum Beispiel bei einem Fußballfeld.

● **21** Wieviel Fliesen wurden zum Auslegen der Waschnische im Bild C 16 benötigt?

Bild C 16

● **22** Durch wieviel Einheitsquadrate mit 1 cm Seitenlänge wird ein Rechteck mit den Seitenlängen 5 cm und 3 cm ausgefüllt?

■ **11** Es soll der Flächeninhalt *A* eines Rechtecks mit den Seitenlängen 6 cm und 8 cm in Quadratzentimeter berechnet werden. Das Rechteck wird von $6 \cdot 8 = 48$ Einheitsquadraten mit der Seitenlänge von 1 cm ausgefüllt.
Sein Flächeninhalt beträgt daher 48 cm².

Der **Zahlenwert des Flächeninhalts** eines Rechtecks ergibt sich durch Multiplikation der **Zahlenwerte der Seitenlängen.**

Wir wissen, daß wir 10^2 statt $10 \cdot 10$ und allgemein a^2 für $a \cdot a$ schreiben können. Wir setzen entsprechend $1\,\text{cm} \cdot 1\,\text{cm} = 1\,\text{cm}^2$ und verfahren auch bei mm², dm², m² und km² so.
Dann dürfen wir bei der Berechung von Flächeninhalten mit den Einheiten wie mit Zahlen arbeiten und die Gesetze der Multiplikation anwenden.

$$6\,\text{cm} \cdot 8\,\text{cm} = 6 \cdot 8\ \text{cm} \cdot \text{cm} = 48\,\text{cm}^2$$

▶ **5**

Der **Flächeninhalt *A* eines Rechtecks** ist gleich dem Produkt seiner Seitenlängen.

■ **12** Es soll der Flächeninhalt eines Rechtecks mit den Seitenlängen $a = 18\,\text{mm}$ und $b = 25\,\text{mm}$ berechnet werden.

Gegeben: $a = 18\,\text{mm}$
$b = 25\,\text{mm}$
Gesucht: $A = a \cdot b$
Lösung: $A = 18\,\text{mm} \cdot 25\,\text{mm}$
$A = 450\,\text{mm}^2$

Überschlag: $20 \cdot 25 = 500$
$A \approx 500\,\text{mm}^2$
Nebenrechnung: $25 \cdot 18$
25
200
450

Antwortsatz: Das Rechteck hat einen Flächeninhalt von 450 mm².

Bezeichnen wir die Seitenlängen eines Rechtecks mit *a* und *b*, so können wir eine Gleichung für die Berechnung des **Flächeninhalts *A* dieses Rechtecks** angeben:

$A = a \cdot b$

Nach dieser Gleichung können wir auch dann den Flächeninhalt von Rechtecken berechnen, wenn die Seitenlängen in Dezimalschreibweise angegeben sind.

■ **13** Es soll der Flächeninhalt eines Rechtecks mit den Seitenlängen $a = 6{,}4\,\text{dm}$ und $b = 4{,}5\,\text{dm}$ berechnet werden.

Gegeben: $a = 6{,}4\,\text{dm}$
$b = 4{,}5\,\text{dm}$
Gesucht: A
Lösung: $A = a \cdot b$
$A = 6{,}4\,\text{dm} \cdot 4{,}5\,\text{dm}$
$A = 28{,}8\,\text{dm}^2$

Überschlag: $6 \cdot 5 = 30$
$A \approx 30\,\text{dm}^2$
Nebenrechnung: $6{,}4 \cdot 4{,}5$
256
320
28,80

Wenn die Seitenlängen **gemessene Größen** sind, ist es nicht sinnvoll, das Ergebnis auf zwei Dezimalstellen genau anzugeben. Bei einem Meßfehler von 1 mm könnten die Seiten des Rechtecks aus Beispiel 13 z. B. auch folgende Längen haben:

(1) $a = 6{,}39\,\text{dm}$; $b = 4{,}49\,\text{dm}$ (2) $a = 6{,}41\,\text{dm}$; $b = 4{,}51\,\text{dm}$

Rechnen wir für diese beiden Fälle den Flächeninhalt auf zwei Dezimalstellen gerundet aus, so erhalten wir:

(1) $A = 28{,}69\,\text{dm}^2$; (2) $A = 28{,}91\,\text{dm}^2$.

Wegen der Meßungenauigkeit ist schon die erste Dezimalstelle *nicht zuverlässig*. Wir runden daher auf Quadratdezimeter: $A \approx 29\,\text{dm}^2$.

Antwortsatz: Der Flächeninhalt beträgt rund $29\,\text{dm}^2$.

Beachte: Bei der Berechnung des Flächeninhalts eines Rechtecks müssen die Seitenlängen stets in der gleichen Einheit angegeben sein.

Aufgaben

1. **a)** Zeichne ein Rechteck mit den Seitenlängen 8 cm und 4 cm! Berechne Umfang und Flächeninhalt!
b) Zeichne ein Quadrat mit 6 cm Seitenlänge! Berechne Umfang und Flächeninhalt! Vergleiche mit Aufgabe a)!

2. Berechne Umfang und Flächeninhalt der Rechtecke mit folgenden Seitenlängen! Gib die Ergebnisse an, ohne zu runden!
a) $a = 8\,\text{cm}$, $b = 14\,\text{cm}$ **b)** $p = 17\,\text{cm}$, $q = 24\,\text{cm}$
c) 3 dm und 12 cm **d)** 20 mm und 4 cm

3. Berechne Umfang und Flächeninhalt der Rechtecke mit folgenden Seitenlängen! Runde das Ergebnis für den Umfang auf Meter und das für den Flächeninhalt auf Quadratmeter!
a) $x = 5{,}3\,\text{m}$; $y = 7{,}2\,\text{m}$ **b)** $p = 0{,}6\,\text{m}$; $q = 5{,}7\,\text{m}$

4.* Nimm an, die Meßfehler bei den folgenden Seitenlängen betragen eine Einheit in der letzten Dezimalstelle! Zwischen welchen Werten kann der Flächeninhalt der Rechtecke jeweils liegen? Runde auf sinnvolle Genauigkeit!
a) $a = 17{,}3\,\text{cm}$; $b = 12{,}7\,\text{cm}$ **b)** $p = 7{,}2\,\text{dm}$; $q = 5{,}6\,\text{dm}$
c) $x = 6{,}85\,\text{m}$; $y = 4{,}38\,\text{m}$ **d)** $e = 79{,}3\,\text{m}$; $f = 56{,}7\,\text{m}$

5. Berechne den Flächeninhalt! des Rechtecks in ha!

Länge	Breite	Flächeninhalt
760 m	540 m	
2 km	40 m	
1 km	1 km	
1 200 m	800 m	

6. Ergänze die Tabelle!

Rechteckseiten		Flächeninhalt
p	q	
3,2 dm	27 cm	
	1 cm	$250\,\text{cm}^2$
6,5 cm		$1{,}3\,\text{dm}^2$

7. Nenne Beispiele dafür, wie lang und breit eine rechteckige Fläche sein kann, deren Inhalt **a)** $100\,\text{m}^2$, **b)** $240\,\text{cm}^2$, **c)** 1 ha beträgt!

8. Berechne für die folgenden Rechtecke den Flächeninhalt! Runde die Ergebnisse in **a)** und **c)** auf Quadratzentimeter, in **b)** auf Quadratmeter!

	a)	**b)**	**c)**
Länge	8,4 cm	6,81 m	5,7 cm
Breite	3,9 cm	4,23 m	3,1 cm
Flächeninhalt (nicht gerundet)			
Flächeninhalt (gerundet)			

9. Zeichne ein Rechteck mit den Seitenlängen 8 cm und 18 cm! Teile dieses Rechteck in 12 gleiche Teilrechtecke!
Wie groß sind die Seitenlängen und der Flächeninhalt eines jeden Teilrechtecks?

10.* Eine rechteckige Glasscheibe ist 24 cm lang und 22 cm breit. Daraus werden rechteckige Scheiben von 8 cm Länge und 6 cm Breite geschnitten.
Wieviel Scheiben kann man dabei höchstens erhalten?
Stelle die Lösung im Maßstab 1 : 2 dar!

11. Das Dach eines unter Denkmalschutz stehenden Hauses soll mit Kupferblech gedeckt werden. Die Dachfläche besteht aus zwei aneinander stoßenden Rechtecken, die beide 12,60 m lang und 5,80 m breit sind.
Wieviel Material ist zu beschaffen?

12. Bild C 17 zeigt den Plan einer Baustelle im Maßstab 1 : 1 000.
Ermittle Seitenlängen, Umfang und Flächeninhalt der Baustelle!

Bild C 17

13. Zeichne nach der Lochschablone ein Rechteck *ABCD* und schätze seinen Flächeninhalt!
Miß dann und berechne den Flächeninhalt! Vergleiche!
a) *A* (7), *B* (13), *C* (15), *D* (10) **b)** *A* (8), *B* (14), *C* (15), *D* (10)

14. Die Flächen im Bild C 18 sind aus Rechtecken zusammengesetzt. Miß die Seitenlängen mit Millimetergenauigkeit und berechne den Flächeninhalt! Runde auf Quadratzentimeter!

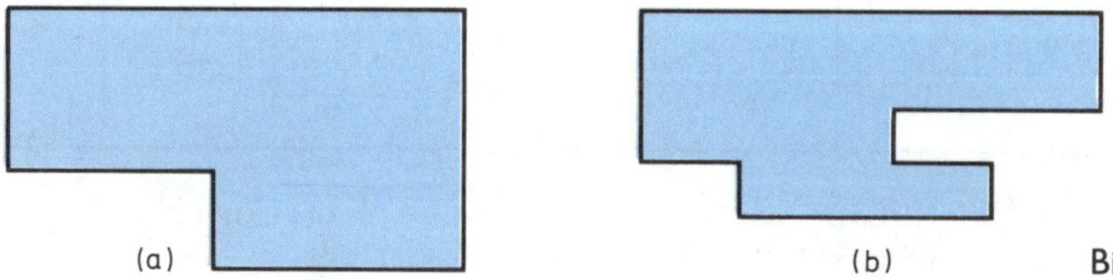

Bild C 18

15.* Im Empfangsraum eines Gästehauses soll der Fußboden mit einem Steinmosaik verziert werden. Der Raum ist 12,30 m breit und 10,40 m lang. Das Mosaik soll in der Mitte des Raumes so liegen, daß an jeder Seite ein Streifen von 1,20 m keine Mosaikverzierung erhält.
Wieviel Quadratmeter Mosaikfläche sind zu gestalten?

C

---

1. Einige der folgenden Gleichungen sind falsch, weil Klammern vergessen wurden. Rechne nach und ergänze die fehlenden Klammern!

a) $8 \cdot 7 + 2 = 72$ $\quad 15 + 3 \cdot 0{,}5 = 9$

b) $95 - 6 \cdot 4 = 71$ $\quad 19 - 36 : 9 = 15$

c) $28 : 2 + 5 = 4$ $\quad 12 + 76 : 4 = 31$

2. Runde auf eine Dezimalstelle!
21,13; 4,08; 0,032; 91,45; 99,96; $\frac{375}{100}$

3. Aus welchen Zahlen mit einer Dezimalstelle können die folgenden Zahlen durch Runden entstanden sein: 73, 100, 99?
Beispiel: 24 aus 23,5; 23,6; ...; 24,4

9 Oberflächeninhalt von Quadern

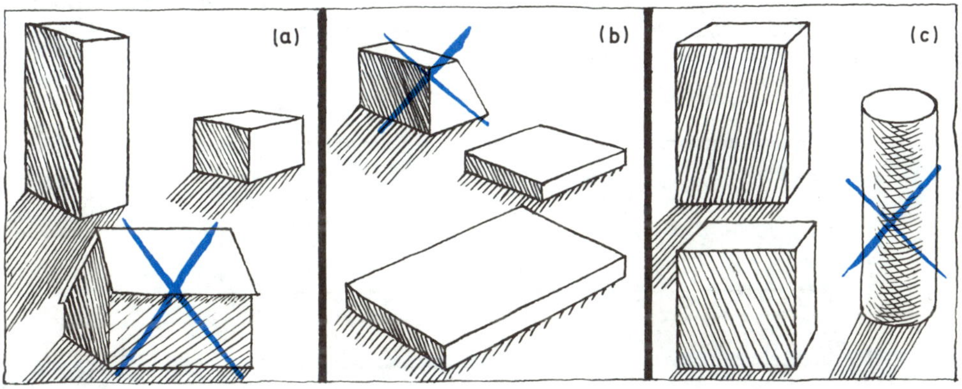

Bild C 19

Wir haben bereits die Quader als geometrische Körper *kennengelernt.*

● **23** **a)** Woran erkennst du die Quader im Bild C 19?
Woran erkennst du, daß die durchgestrichenen Körper keine Quader sind?
b) Gib Gegenstände an, die annähernd die Form eines Quaders haben!
c) Wieviel Ecken, Kanten und Flächen hat ein Quader?
d) Erkläre, warum ein Würfel auch ein Quader ist!

Die Fläche, auf der ein **Quader** steht, nennt man mitunter auch seine **Grundfläche,** die ihr gegenüberliegende Fläche seine **Deckfläche.** Je nach Lage des Quaders kann jede Fläche Grundfläche bzw. Deckfläche sein. Wir sprechen daher besser nur von den **Begrenzungsflächen** oder kürzer von den **Flächen eines Quaders.** Alle Flächen eines Quaders bilden zusammen die **Oberfläche** dieses Quaders.

● **24** **a)** Vergleiche einander gegenüberliegende Flächen eines Quaders miteinander!

b) Breite die Wände eines Pappquaders (Pappkarton o. ä.) auf einem Zeichenblatt aus und zeichne sie auf diesem Blatt nach (Bild C 20)!

Bild C 20

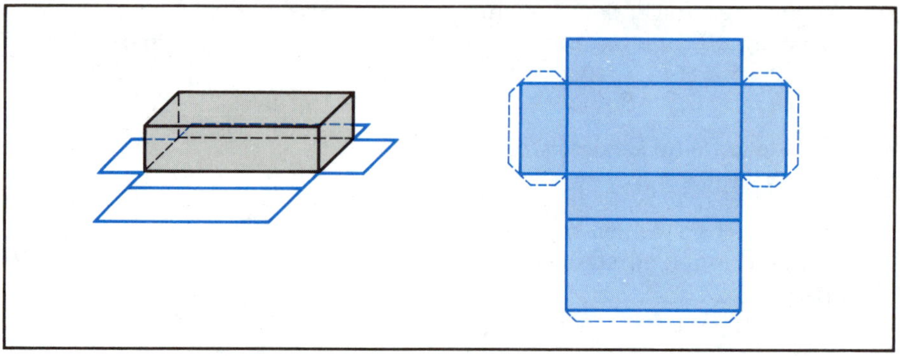

Wenn die Flächen eines Quaders so nebeneinander gezeichnet sind, daß wir diese Figur wieder zu einem Quader zusammenfalten können, so nennen wir die Figur ein **Netz** dieses Quaders.

● **25** Übertrage die Figur aus Bild C 21 maßgerecht auf ein Zeichenblatt, schneide sie aus und versuche, sie zu einem Quader zusammenzufalten!

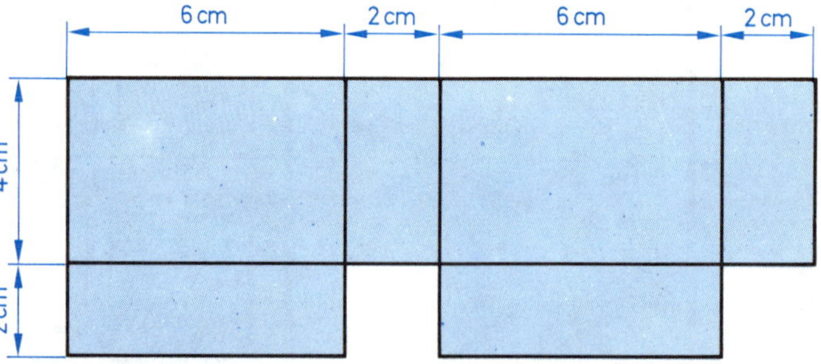

Bild C 21

● **26** Zeichne ein Netz eines Quaders mit den Kantenlängen 3 cm, 5 cm und 7 cm mit Klebefalzen, falte es und klebe es zu einem Quader zusammen!

▶ **6**

> Der Flächeninhalt eines Quadernetzes ist gleich dem **Oberflächeninhalt** dieses Quaders.

Da einander gegenüberliegende Flächen gleich groß sind, braucht man zunächst nur drei Rechtecksinhalte zu berechnen. Die Multiplikation mit 2 kann man nach dem Addieren ausführen.

Auch für den **Oberflächeninhalt eines Quaders** können wir eine Gleichung angeben:

$$A = 2 \cdot a \cdot b + 2 \cdot a \cdot c + 2 \cdot b \cdot c$$

$$\boxed{A = 2 \cdot (a \cdot b + a \cdot c + b \cdot c)}$$

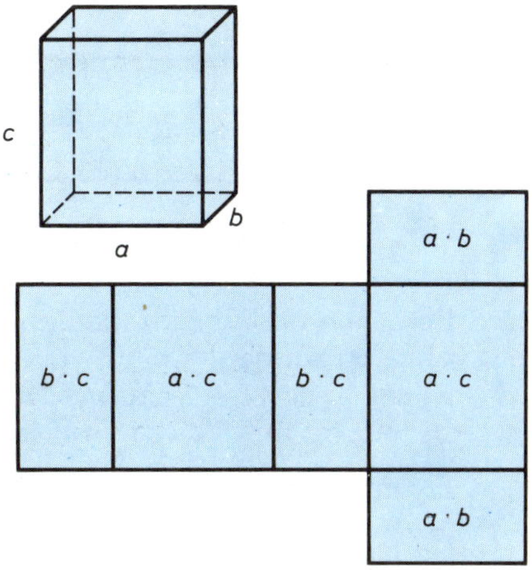

Für einen Würfel mit der Kantenlänge a vereinfacht sich die Gleichung:

$$A = 2 \cdot (a \cdot a + a \cdot a + a \cdot a)$$
$$A = 2 \cdot (a^2 + a^2 + a^2)$$
$$A = 2 \cdot 3 \cdot a^2$$

$$\boxed{A = 6 \cdot a^2}$$

■ **14** Der Oberflächeninhalt eines Quaders mit den Kantenlängen 30 cm, 9 cm und 80 cm soll berechnet werden.

Gegeben: $a = 30\text{ cm}$; $b = 9\text{ cm}$; $c = 80\text{ cm}$

Gesucht: Oberflächeninhalt A

Lösung: $A = 2 \cdot (a \cdot b + a \cdot c + b \cdot c)$

$A = 2 \cdot (30\text{ cm} \cdot 9\text{ cm} + 30\text{ cm} \cdot 80\text{ cm} + 9\text{ cm} \cdot 80\text{ cm})$

Nebenrechnung:

$30 \cdot 9 = 270$
$30 \cdot 80 = 2\,400$
$9 \cdot 80 = 720$

$$\begin{array}{r} 270 \\ 2\,400 \\ +\ \ 720 \\ \hline 3\,390 \end{array}$$

$2 \cdot 3\,390 = 6\,780$

$\underline{\underline{A = 6\,780\text{ cm}^2}}$

Wenn es sich bei den Kantenlängen des Quaders im Beispiel 14 um gemessene Größen handelt, täuscht das Ergebnis 6 780 cm² eine nicht vorhandene Genauigkeit vor. Man muß daher zumindest auf Quadratdezimeter runden (vgl. S. 107, oben).

● **27** Gib den Oberflächeninhalt des Quaders im Beispiel 14 gerundet in Quadratdezimetern an!

Aufgaben

1. Welche Figuren im Bild C 22 (a) bis (e) sind keine Quadernetze? Begründe!

(a)

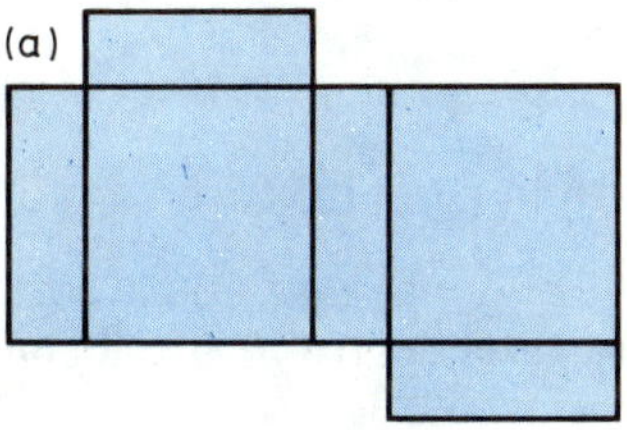

(b)

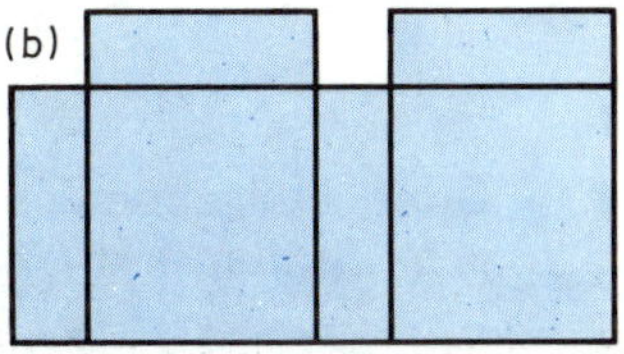

Bilder C 22 a, b

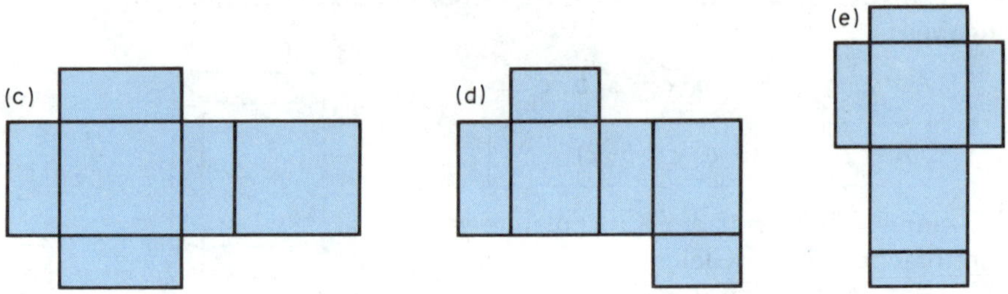

Bilder C 22 c, d, e

2. Berechne die Oberflächeninhalte der Quader mit folgenden Kantenlängen, ohne zu runden!

a) $a = 12\,\text{cm}$; $b = 5\,\text{cm}$; $c = 10\,\text{cm}$
b) $l = 2\,\text{m}$; $m = 120\,\text{cm}$; $n = 17\,\text{dm}$
c) $x = 1{,}5\,\text{dm}$; $y = 2{,}7\,\text{dm}$; $z = 5{,}1\,\text{dm}$
d) $a = 14\,\text{mm}$; $b = 2{,}8\,\text{cm}$; $c = 0{,}3\,\text{dm}$

3. Ergänze die folgende Tabelle!

Kantenlängen der Quader			Oberflächeninhalt
x	y	z	A
4 cm	8 cm	16 cm	
6 cm		4 cm	$68\,\text{cm}^2$
	3 dm	5 dm	$54\,\text{dm}^2$

4. **a)** Berechne den Oberflächeninhalt eines Würfels, bei dem 13 cm Kantenlänge gemessen wurden, ohne zu runden!
b) Nimm an, der Würfel hätte in Wahrheit eine Kantenlänge von 12,9 cm, und berechne mit dieser Kantenlänge seinen Oberflächeninhalt! Runde nun dein Ergebnis aus a) sinnvoll!

5. Manfreds Vater hat sich ein Eisengerüst für ein offenes Aquarium gebaut und will es mit Glasscheiben versehen. Das Gefäß soll 55 cm lang, 38 cm breit und 35 cm hoch sein. Gib die Abmessungen der einzelnen Glasscheiben an, die einzukitten sind!

6.* Ein quaderförmiges Wochenendhaus soll abgeputzt werden. Es ist 6,80 m lang und 3,20 m breit. Seine Höhe beträgt 2,90 m. Das Haus hat zwei Fenster von 0,85 m Breite und 1,50 m Höhe sowie eine Tür, die 1,30 m breit und 2,10 m hoch ist. Wieviel Quadratmeter sind abzuputzen? Runde sinnvoll und denke daran, daß das Material mit Sicherheit reichen muß!

---

1. Gib für folgende Zahlen je fünf Zerlegungen in zwei Faktoren an, die natürliche Zahlen sind: 36, 64, 240, 300!

2. Gib für folgende Zahlen alle Zerlegungen in zwei Faktoren an, die natürliche Zahlen sind: 19, 41, 205, 127!

10 Messen des Rauminhalts von Quadern

C

Räume, in denen sich viele Personen aufhalten, dürfen nicht zu klein sein, damit die Atemluft ausreicht. *Wir sagen:* Der **Rauminhalt** muß genügend groß sein. Der Rauminhalt von Transportbehältern ist maßgebend für die Menge der Güter, die man in ihnen verpacken kann.
Den Rauminhalt eines Körpers nennen wir auch sein **Volumen** (V). Das Volumen eines Quaders messen wir auf ähnliche Weise wie den Flächeninhalt eines Rechtecks. Wir versuchen, den Quader mit **Einheitswürfeln** auszufüllen. Dadurch stellen wir fest, wievielmal so groß das Volumen eines Quaders im Vergleich zum Volumen eines Einheitswürfels ist.
Als Einheitswürfel können wir z. B. Würfel mit einer Kantenlänge von 1 cm benutzen.

▶ **7** Das Volumen eines Würfels von 1 cm Kantenlänge beträgt **1 cm^3** (*lies:* ein Kubikzentimeter).

● **28** Welche Eigenschaften müssen die Kantenlängen eines Quaders haben, damit du ihn mit Einheitswürfeln der Kantenlänge 1 cm genau ausfüllen kannst?

● **29** **a)** Baue aus 36 Einheitswürfeln der Kantenlänge 1 cm einen Quader mit den Kantenlängen 2 cm, 3 cm, 6 cm auf!
b) Wieviel Quader unterschiedlicher Form kannst du aus den 36 Einheitswürfeln aufbauen?

Der Quader im Bild C 23 wird von 30 Einheitswürfeln ausgefüllt. Er hat ein Volumen von 30 cm^3, wenn die Kantenlänge eines Einheitswürfels 1 cm beträgt.
Wir schreiben: $V = 30\,cm^3$

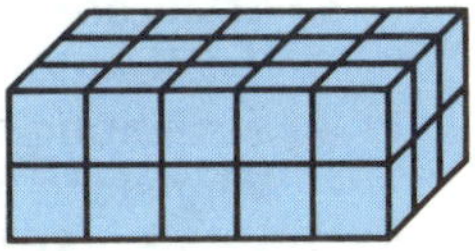

Bild C 23

Aufgaben

1. Wieviel Einheitswürfel mit 1 cm Kantenlänge braucht man, um einen Quader, der 5 cm lang, 3 cm breit und 2 cm hoch ist, zusammenzusetzen?

2. Wieviel Würfel mit der Kantenlänge 1 cm braucht man, um einen Würfel, dessen Kanten 4 cm lang sind, zusammenzusetzen?

3. Wieviel verschiedene Möglichkeiten gibt es, einen Quader aus 24 (35; 17) Einheitswürfeln mit 1 cm Kantenlänge zusammenzusetzen? Gib jedesmal die Kantenlängen des Quaders an!

4. Durch wieviel Einheitswürfel der Kantenlänge 1 cm wird ein Würfel mit der Kantenlänge 10 cm (100 cm) ausgefüllt? Gib sein Volumen in cm^3 an!

5. Gib für fünf verschiedene Würfel an, wieviel Einheitswürfel der Kantenlänge 1 cm man zum Auslegen benötigt!
Beginne mit dem kleinstmöglichen und vergrößere die Kantenlänge jeweils um 1 cm!

11 Einheiten des Volumens

● **30** Wieviel Einheitswürfel der Kantenlänge 1 cm passen höchstens in einen Quader mit den Kantenlängen 1,5 cm, 2,5 cm und 4,0 cm?

Mit Einheitswürfeln der Kantenlänge 1 cm kann man oft nur sehr ungenau das Volumen von Quadern messen. Auch zum Messen des Volumens eines Eisenbahn-Containers wären diese Einheitswürfel sehr unzweckmäßig. Daher benutzt man kleinere und größere Volumeneinheiten als das Kubikzentimeter.

Übersicht über die Volumeneinheiten

Einheit	Bezeichnung	Veranschaulichung
Kubikmillimeter	mm^3	Würfel mit 1 mm Kantenlänge
Kubikzentimeter	cm^3	Würfel mit 1 cm Kantenlänge
Kubikdezimeter	dm^3	Würfel mit 1 dm Kantenlänge
Kubikmeter	m^3	Würfel mit 1 m Kantenlänge

Das System der Volumeneinheiten ist ebenfalls dekadisch aufgebaut. **Grundeinheit** ist das **Kubikmeter.**

● **31** **a)** Erläutere an einem Würfel der Kantenlänge 1 dm die Beziehung $1\,dm^3 = 1\,000\,cm^3$! Vergleiche dabei: $1\,dm = 10\,cm$ mit $1\,dm^3 = 10^3\,cm^3$!
b) Ergänze: $1\,cm^3 = 0,\ldots dm^3$!

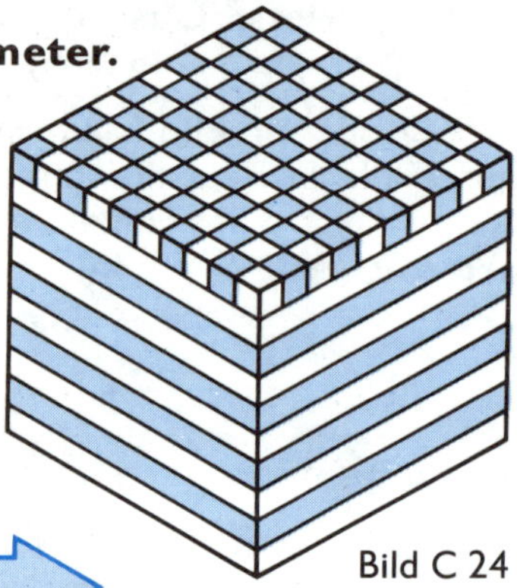

Bild C 24

Umrechnen der Einheiten des Volumens

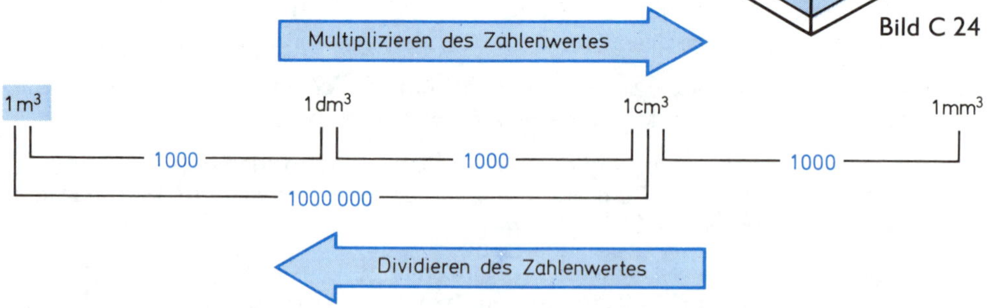

■ **15** **a)** $4\,cm^3 = 4\,000\,mm^3$
b) $35\,000\,dm^3 = 35\,m^3$
c) $50\,m^3 = 50\,000\,dm^3$
d) $270\,000\,cm^3 = 270\,dm^3$
e) $3{,}5\,dm^3 = 3\,500\,cm^3$
f) $8\,500\,mm^3 = 8{,}5\,cm^3$

● **32** **a)** Schätze, wieviel Schultaschen in einem Würfel von 1 m Kantenlänge Platz finden! Überprüfe deine Schätzung gemeinsam mit deinen Mitschülern!
b) Wieviel Kubikmeter hat ein Kubikkilometer?
Warum ist wohl eine solche Volumeneinheit in der Übersicht von S. 114 nicht mit aufgeführt?

Auch Volumenangaben können mit zwei Einheiten geschrieben werden.

■ **16**

Angabe des Volumens		
mit einer Einheit	in Dezimalschreibweise	mit zwei Einheiten
$2\,715\,cm^3$ $6\,062\,dm^3$ $8\,400\,mm^3$	$2{,}715\,dm^3$ $6{,}062\,m^3$ $8{,}400\,cm^3$	$2\,dm^3\;715\,cm^3$ $6\,m^3\;62\,dm^3$ $8\,cm^3\;400\,mm^3$

● **33** **a)** Schreib wie im Beispiel 16 anders:
$7\,m^3\;800\,dm^3$; $4{,}005\,m^3$; $18\,dm^3\;6\,cm^3$; $0{,}29\,cm^3$!
b) Jens schreibt $12{,}06\,cm^3 = 12\,cm^3\;6\,mm^3$.
Erläutere seinen Fehler und berichtige!
c) Schreib auch $3\,dm^3\;400\,mm^3$ anders!
Worauf muß man hier besonders achten?

Die Schreibweise mit zwei Einheiten ist wenig gebräuchlich. Beim Vergleichen und Ordnen von Volumen ist es zweckmäßig, alle Angaben in die gleiche Einheit umzurechnen.

■ **17** Folgende Angaben sind nach wachsendem Volumen zu ordnen:
$0{,}085\,m^3$; $72\,300\,cm^3$; $95{,}8\,dm^3$; $9\,600\,cm^3$.
Lösung:
Umrechnen von drei Angaben in dm^3 ergibt:
$0{,}085\,m^3 = 85\,dm^3$; $72\,300\,cm^3 = 72{,}3\,dm^3$; $9\,600\,cm^3 = 9{,}6\,dm^3$
Wegen $9{,}6 < 72{,}3 < 85 < 95{,}8$ lautet die Reihenfolge:
$9\,600\,cm^3$; $72\,300\,cm^3$; $0{,}085\,m^3$; $95{,}8\,dm^3$.

● **34** Beschreibe den Lösungweg von Beispiel 17, wenn man in cm^3 (m^3) umrechnet! Welches Umrechnen erscheint dir zweckmäßiger? Begründe!

Aufgaben

1. In welcher Einheit würdest du
a) den Rauminhalt eines Schwimmbeckens,
b) den Rauminhalt eines Müllcontainers,
c) den Rauminhalt eines Benzinkanisters,
d) den Rauminhalt eines Eiswürfels aus einem Haushaltskühlschrank,
e) den Rauminhalt einer Luftgewehrkugel angeben?

2. Rechne in Kubikmillimeter um!
$4\,cm^3$; $12\,cm^3$; $5{,}725\,cm^3$; $18{,}36\,cm^3$; $0{,}602\,cm^3$; $7{,}5\,cm^3$

3. Rechne in Kubikzentimeter um!
a) $9\,dm^3$; $17\,200\,mm^3$; $3\,dm^3$; $1\,860\,mm^3$
b) $4{,}635\,dm^3$; $5\,380\,mm^3$; $5{,}085\,dm^3$; $935\,mm^3$
c) $0{,}87\,dm^3$; $150\,mm^3$; $2{,}03\,dm^3$; $64\,mm^3$
d) $8{,}5\,dm^3$; $85\,mm^3$; $10{,}6\,dm^3$; $9\,mm^3$

4. Rechne in Kubikdezimeter um!
a) $7\,m^3$; $7\,300\,cm^3$; $4\,m^3$; $8\,120\,cm^3$
b) $7{,}777\,m^3$; $350\,cm^3$; $6{,}218\,m^3$; $690\,cm^3$
c) $4{,}56\,m^3$; $95\,cm^3$; $0{,}75\,m^3$; $60\,cm^3$
d) $0{,}9\,m^3$; $5\,cm^3$; $3{,}7\,m^3$; $8\,cm^3$

5. Rechne in Kubikmeter um!
a) $5\,300\,dm^3$, $960\,dm^3$, $80\,dm^3$
b) $8\,005\,dm^3$, $300\,dm^3$, $7\,dm^3$
c) $400\,dm^3$, $40\,dm^3$, $4\,dm^3$

6. Rechne in die nächstkleinere Einheit um!
a) $21\,m^3$, $6{,}05\,dm^3$
b) $700\,dm^3$, $8{,}75\,dm^3$

7. Rechne in die nächstgrößere Einheit um!
a) $5\,400\,cm^3$, $36\,dm^3$
b) $8\,030\,cm^3$, $150\,mm^3$

8. Rechne in die in Klammern angegebene Einheit um!
a) $84\,000\,000\,mm^3$ (cm^3); $8\,400\,000\,mm^3$ (dm^3); $7\,m^3$ (cm^3); $60{,}3\,cm^3$ (mm^3); $2{,}08\,dm^3$ (cm^3); $12{,}25\,m^3$ (dm^3)
b) $4\,600\,dm^3$ (m^3); $4\,600\,dm^3$ (cm^3); $9\,dm^3$ (mm^3); $51{,}5\,cm^3$ (mm^3)

9. Vergleiche die folgenden Volumen!
a) $20\,cm^3$ und $7\,300\,mm^3$ **b)** $3{,}8\,m^3$ und $8\,300\,dm^3$ **c)** $201\,dm^3$ und $210\,cm^3$
d) $6{,}5\,dm^3$ und $690\,cm^3$ **e)** $1{,}1\,dm^3$ und $1\,100\,cm^3$ **f)** $0{,}37\,m^3$ und $37\,dm^3$

10. Ordne nach wachsendem Volumen!
a) $41\,m^3$; $520\,dm^3$; $807\,000\,cm^3$; $83\,000\,dm^3$
b) $5{,}35\,m^3$; $6\,000\,000\,cm^3$; $700\,dm^3$; $8\,350\,cm^3$; $5\,600\,dm^3$; $0{,}68\,m^3$

11. Wieviel Kubikmeter Beton sind notwendig, um 150 Betonklötze zu je $15\,dm^3$ zu gießen?

12. Der Greifer eines Krans faßt durchschnittlich $750\,dm^3$ Schutt. Wie oft muß der Greifer zupacken, um $21\,m^3$ Schutt wegzuräumen?

12 Berechnen des Volumens von Quadern

● **35** Bild C 25 zeigt einen beschädigten aus Einheitswürfeln aufgebauten Quader.
Aus wieviel Einheitswürfeln bestand dieser Quader, als er noch unbeschädigt war?

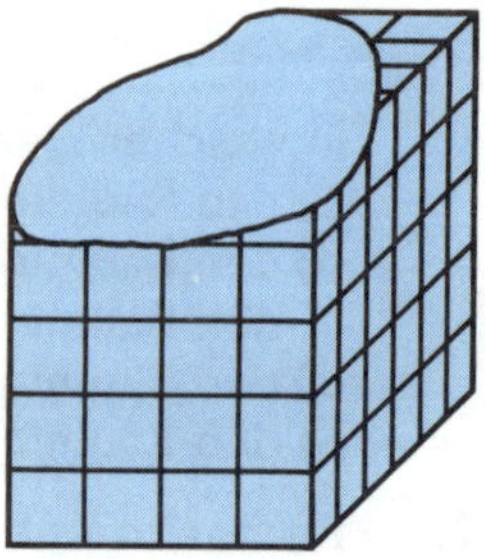
Bild C 25

Die Anzahl der Einheitswürfel, aus denen ein Quader aufgebaut ist, können wir schneller als durch Auszählen aller

Einheitswürfel bestimmen. Wir denken uns den Quader in Schichten aufgeteilt.

C

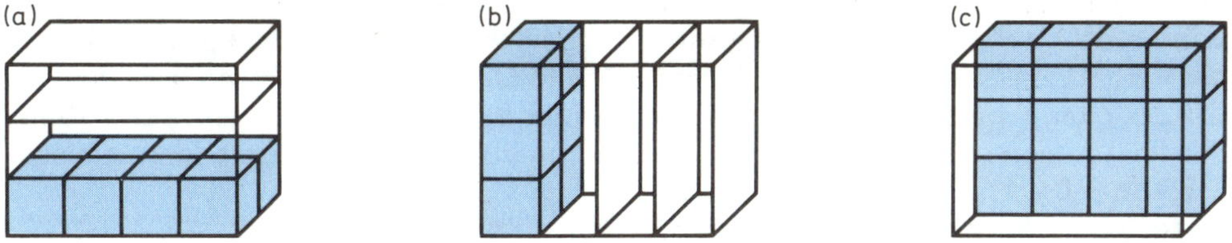

Bild C 26

(a) 3 Schichten mit je $4 \cdot 2$ Einheitswürfeln.
Das ergibt insgesamt $3 \cdot 4 \cdot 2 = 24$ Einheitswürfel.
(b) 4 Schichten mit $2 \cdot 3$ Einheitswürfeln.
Das ergibt insgesamt $4 \cdot 2 \cdot 3 = 24$ Einheitswürfel.
(c) 2 Schichten mit je $4 \cdot 3$ Einheitswürfeln.
Das ergibt insgesamt $2 \cdot 4 \cdot 3 = 24$ Einheitswürfel.

Das Produkt aus den Anzahlen der Einheitswürfel längs der drei verschiedenen Quaderkanten ist gleich ihrer Gesamtzahl. Dabei ist die Reihenfolge der Faktoren unwichtig.
Wir erhalten den **Zahlenwert des Volumens** eines Quaders, indem wir die **Zahlenwerte seiner Kantenlängen** multiplizieren. Setzen wir ähnlich wie bei den Flächeneinheiten $1\,\text{cm} \cdot 1\,\text{cm} \cdot 1\,\text{cm} = 1\,\text{cm}^3$ (entsprechend bei den anderen Volumeneinheiten), so können wir auch sagen:

▶ 8 **Das Volumen V eines Quaders** ergibt sich als Produkt seiner Kantenlängen a, b und c. $V = a \cdot b \cdot c$

● **36** **a)** Wie groß ist das Volumen eines Würfels mit der Kantenlänge 4 cm?
b) Gib eine Gleichung an, nach der du das Volumen eines Würfels mit der Kantenlänge a berechnen kannst!

Nicht immer läßt sich ein Quader genau mit Einheitswürfeln ausfüllen. Die Anzahl der Einheitswürfel längs einer Quaderkante ist dann nur angenähert gleich dem Zahlenwert der Kantenlänge. Wir können jedoch das Quadervolumen auch nach der Gleichung $V = a \cdot b \cdot c$ berechnen, wenn a, b, c keine natürlichen Zahlen als Zahlenwerte haben.
Alle drei Kantenlängen müssen in der gleichen Einheit angegeben sein.

■ **18** Es soll das Volumen eines Quaders mit den Kantenlängen $a = 5{,}2\,\text{dm}$; $b = 3{,}7\,\text{dm}$; $c = 4{,}0\,\text{dm}$ berechnet werden.

Gegeben: $a = 5{,}2\,\text{dm}$
$b = 3{,}7\,\text{dm}$
$c = 4{,}0\,\text{dm}$

Gesucht: V

Lösung: $V = a \cdot b \cdot c$
$V = 5{,}2\,\text{dm} \cdot 3{,}7\,\text{dm} \cdot 4{,}0\,\text{dm}$
$\underline{\underline{V = 76{,}96\,\text{dm}^3}}$

Überschlag: $5 \cdot 4 \cdot 4 = 80$
$V \approx 80\,\text{dm}^3$

Nebenrechnung: $4 \cdot 5{,}2 = 20{,}8$
$20{,}8 \cdot 3{,}7$
624
1456
76,96

Wollten wir im Beispiel 18 das Volumen auf Kubikzentimeter genau angeben, so müßten wir $V = 76{,}960\ \mathrm{dm}^3$ schreiben. Sind die Kantenlängen, mit denen wir gerechnet haben, aber **durch Messen** ermittelt worden, so ist solche Angabe fragwürdig. Wir nehmen an, für jede Kantenlänge sei der Meßfehler nicht größer als der beim Runden von zwei Dezimalstellen auf eine Dezimalstelle entstehende Fehler, d. h.: 5,2 kann durch Runden entstanden sein aus 5,15 bis 5,24; 3,7 kann durch Runden entstanden sein aus 3,65 bis 3,74; 4,0 kann durch Runden entstanden sein aus 3,95 bis 4,04. Das Volumen V kann also
zwischen $5{,}15 \cdot 3{,}65 \cdot 3{,}95\ \mathrm{dm}^3$ und $5{,}24 \cdot 3{,}74 \cdot 4{,}04\ \mathrm{dm}^3$ liegen.
Abschätzung des Volumens: $74{,}250\ \mathrm{dm}^3 < V < 79{,}174\ \mathrm{dm}^3$.
Die Volumenangabe im Beispiel 18 täuscht dann eine nicht vorhandene Genauigkeit vor und ist daher sinnlos. Wir können das Volumen nur auf dm^3 genau angeben:
$V \approx 77\ \mathrm{dm}^3$

Antwortsatz: Das Volumen beträgt rund $77\ \mathrm{dm}^3$.

Beim Messen der Kantenlängen auf Zentimeter genau erhält man also nicht etwa das Quadervolumen auf Kubikzentimeter genau!

Aufgaben

1. Zeichne ein Netz eines Quaders mit den Kantenlängen 2,0 cm; 3,0 cm; 5,0 cm! Berechne Oberflächen- und Rauminhalt dieses Quaders!

2. Zeichne ein Netz eines Quaders mit den Kantenlängen 2,0 cm; 1,0 cm; 4,0 cm! Berechne Oberflächen- und Rauminhalt dieses Quaders!

3. Berechne Oberflächeninhalt und Volumen der Würfel mit folgenden Kantenlängen, ohne zu runden! 1 cm, 2 cm, 3 cm, 4 cm, 5 cm, 6 cm, 7 cm

4. Berechne Oberflächeninhalt und Volumen der Quader mit folgenden Kantenlängen, ohne zu runden!
a) 5 m, 7 m, 9 m
b) 3 cm, 6 cm, 12 cm
c) 3 dm, 15 cm, 7 cm
d) 4 m, 17 dm, 6 dm

5.* Die Messung der Kantenlängen eines Quaders ergab folgende gerundete Ergebnisse: $a = 4{,}2\ \mathrm{dm}$; $b = 9{,}5\ \mathrm{dm}$; $c = 5{,}0\ \mathrm{dm}$.
Gib jeweils die kleinste und die größte Zahl mit zwei Dezimalstellen an, aus der diese Angaben durch Runden entstanden sein können! Schätze mit einer Ungleichung das Volumen des Quaders ab!

6. Berechne das Volumen des Quaders im Bild C 27 auf cm^3 genau!

7. Berechne das Volumen des Quaders im Bild C 28 auf cm^3 genau!

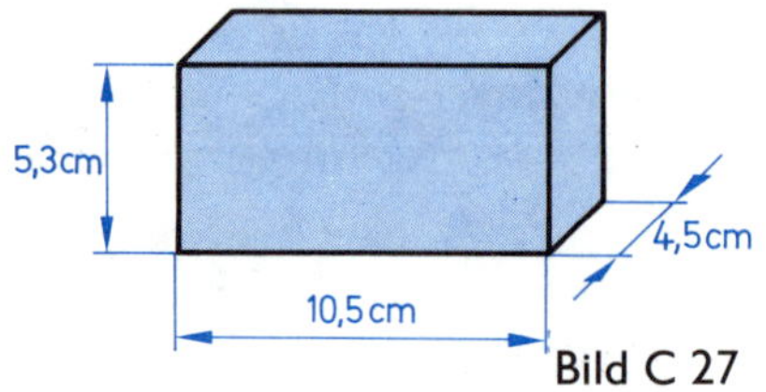

Bild C 27

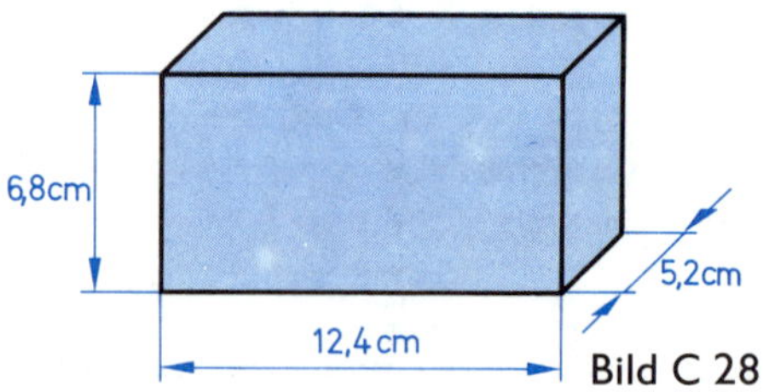

Bild C 28

8. Miß die Kantenlänge folgender Quader mit der angegebenen Genauigkeit und schätze ihren Rauminhalt! Berechne ihn dann und runde bei a) und b) auf m^3, bei c) auf cm^3, bei d) auf dm^3!
a) Unterrichtsraum (Dezimeter) **c)** Streichholzschachtel (Millimeter)
b) Wohnzimmer (Dezimeter) **d)** Waschpulverpackung (Zentimeter)

9. Eine quaderförmige Gehwegplatte hat die Kantenlängen 80 cm, 30 cm, 5 cm. Zeichne drei verschiedene Begrenzungsflächen der Platte im Maßstab 1 : 10 und berechne das Volumen!

10.* Ein Holzwürfel mit **a)** 14 cm, **b)** 18 cm Kantenlänge wird in 8 gleich große Würfel zersägt. Berechne Oberflächen- und Rauminhalt eines dieser Würfel! Berechne den gesamten Oberflächeninhalt dieser 8 Würfel und vergleiche ihn mit dem Oberflächeninhalt des ursprünglichen Würfels!

11. Ein Würfel hat ein Volumen von **a)** $27\,cm^3$, **b)** $125\,dm^3$, **c)** $8\,m^3$.
Wie groß ist seine Kantenlänge?

12.* Zwei einander gegenüberliegende Flächen eines Quaders mit dem Volumen $V = 150\,cm^3$ haben jeweils einen Inhalt von $25\,cm^2$.
Wie groß ist ihr Abstand?

13. Ein Saal ist 16,40 m lang, 8,30 m breit und 4,65 m hoch.
a) Berechne den Rauminhalt! Runde auf Kubikmeter genau!
b) Berechne den zur Verfügung stehenden Luftraum, wenn $18\,m^3$ Luftverdrängung durch Möbel und Personen berücksichtigt werden müssen!

---

1. Einige der folgenden Gleichungen sind falsch, weil zuviel Klammern gesetzt wurden. Rechne nach und beseitige falsch gesetzte Klammern!
a) $4 \cdot (12 - 7) = 41$ **b)** $(62 - 8) \cdot 3 = 38$ **c)** $(52 + 18) \cdot 0{,}4 = 28$
$92 : (3 + 20) = 4$ $(95 + 15) : 3 = 100$ $56 : (28 - 21) = 8$

2. Rechne möglichst vorteilhaft! Erläutere deinen Rechenweg!
a) $7 \cdot 23 + 3 \cdot 23$ **b)** $82 \cdot 6 - 82 \cdot 5$ **c)** $32 \cdot 9 + 9 \cdot 48$
$0{,}2 \cdot 18 + 0{,}8 \cdot 18$ $0{,}7 \cdot 57 - 57 \cdot 0{,}4$ $46 + 46 \cdot 9$

3. Bilde zu der Gleichung $2 \cdot (a + 7) = 64$ eine Textaufgabe über Rechtecke!

13 Weitere Einheiten des Volumens

Zur Angabe des Fassungsvermögens von Gefäßen benutzt man häufig noch andere Volumeneinheiten, als wir sie schon kennen. Die wichtigste dieser Einheiten ist das **Liter** (l). Es gilt:

$1\,l = 1\,dm^3$.

Weitere Einheiten sind das **Hektoliter** (hl) und das **Milliliter** (ml).

Übersicht

Einheit	**Bezeichnung**	**Vergleich** mit den bereits bekannten Volumeneinheiten
das Milliliter	ml	$1\ ml = 1\ cm^3$
das Liter	l	$1\ l = 1\,000\ cm^3 = 1\ dm^3$
das Hektoliter	hl	$1\ hl = 0{,}1\ m^3$

Mitunter wird auch noch die Einheit cl (Zentiliter) benutzt. *Wir wissen,* daß *zenti* den 100. Teil bedeutet.

● **37** Gib die fehlenden Umrechnungszahlen an!
1 l = ... cl; 1 cl = ... ml; 1 cl = ... l; 1 ml = ... cl

Umrechnen der Einheiten

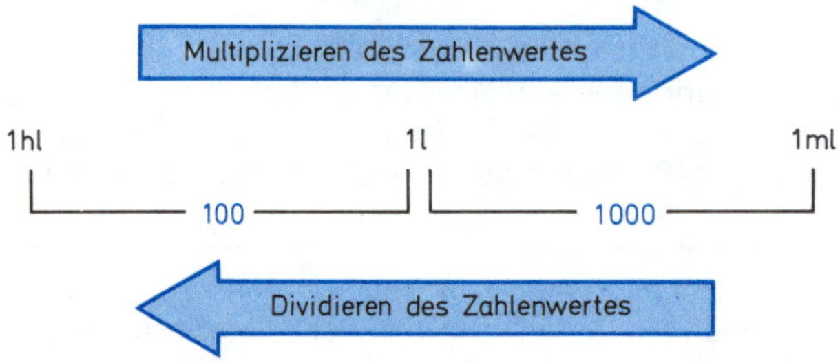

Um das Fassungsvermögen eines Gefäßes zu messen, vergleicht man es mit dem Volumen von Meßgefäßen (Bild C 29). Dazu kann man Wasser von einem Gefäß in das andere füllen.

Bild C 29

● **38** Bestimme mit einem Meßzylinder das Volumen (Fassungsvermögen) einer Kaffeetasse, eines Fingerhutes, einer Brauseflasche!

Aufgaben

1. Rechne in die in Klammern angegebene Einheit um!
1 l (cm^3); 5 ml (cm^3); 0,7 l (cm^3); 1 m^3 (hl); 60 hl (m^3); 500 ml (l); 500 cm^3 (l); 30 dm^3 (l); 3 000 l (hl)

2. In einer Sektkellerei lagern drei Fässer mit je 800 hl Sekt. Wieviel Flaschen können mit diesem Sekt gefüllt werden, wenn eine Flasche 0,8 l Sekt enthält?

3. Ein Patient soll während eines längeren Zeitraums eine Medizin nehmen, die in Fläschchen zu je 20 ml abgefüllt ist. Eins dieser Fläschchen reicht für genau 8 Tage aus. Wieviel Tage würde diese Medizin reichen, wenn sie in einem Fläschchen von 100 ml ausgegeben würde?

Zusammenfassung

Größenart	**Einheiten**
Flächeninhalt	km^2 —100— ha —10 000— [m^2] —100— dm^2 —100— cm^2 —100— mm^2
Volumen	[m^3] —1000— dm^3 —1000— cm^3 —1000— mm^3 dm^3 ↕ l; cm^3 ↕ ml hl —100— l —1000— ml
Rechteck	Seitenlängen: a und b

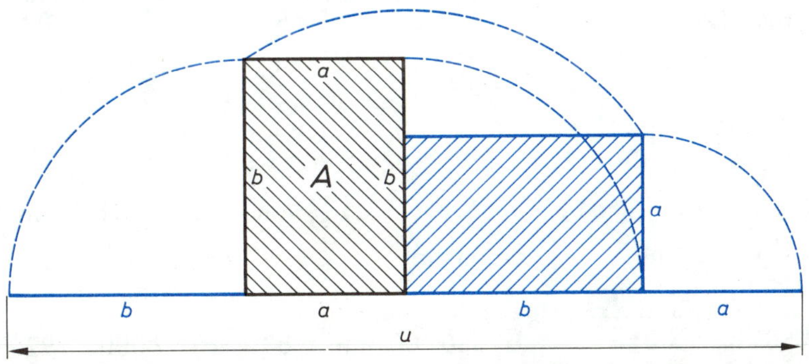

Umfang: $u = 2 \cdot (a + b)$
Quadrat ($b = a$) : $u = 4 \cdot a$

Flächeninhalt: $A = a \cdot b$
Quadrat ($b = a$): $A = a^2$

Quader Kantenlängen: a, b und c

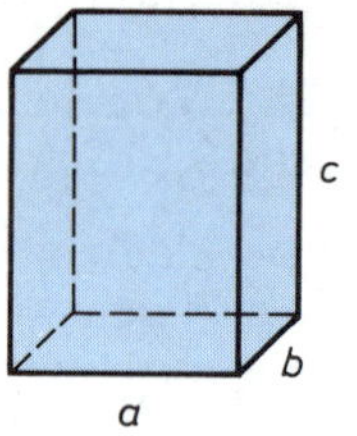

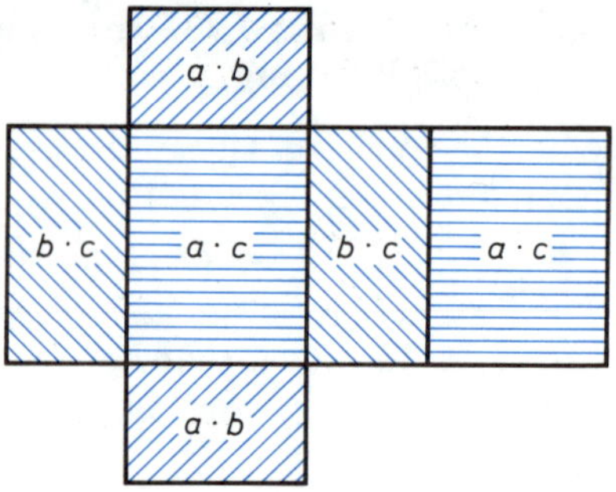

Oberflächeninhalt: $A = 2 \cdot (a \cdot b + a \cdot c + b \cdot c)$ **Volumen:** $V = a \cdot b \cdot c$

Würfel ($b = a$, $c = a$): $A = 6 \cdot a^2$ Würfel: ($b = a$, $c = a$): $V = a^3$

Komplexe Übungen zum Arbeiten mit Zahlen und Größen und zur Geometrie

Verschiedenes zum Rechnen

1. **a)** $15 \cdot 30 \cdot 4$; $25 \cdot 70 \cdot 8$ **b)** $80 \cdot 60 : 12$; $40 \cdot 90 : 6$ **c)** $100 : 25 \cdot 6$; $4 \cdot 300 \cdot 25$ **d)** $600 \cdot (5 \cdot 12)$; $0{,}5 \cdot 19 \cdot 200$

2. Berechne und vergleiche die Ergebnisse!

a) $(80 + 50) \cdot 6$ und $80 + 50 \cdot 6$; $7 \cdot (90 - 30)$ und $7 \cdot 90 - 30$ **b)** $(50 - 20) \cdot 5$ und $50 - 20 \cdot 5$; $(200 - 500) : 5$ und $200 - 500 : 5$

3. Runde die Ergebnisse auf zwei Stellen nach dem Komma!

a) $5{,}25 \cdot 7{,}03$; $0{,}8 \cdot 7{,}4 \cdot 6{,}1$ **b)** $3{,}14 \cdot 3{,}14$; $2{,}5 \cdot 0{,}4 \cdot 7{,}28$ **c)** $63{,}14 \cdot 4{,}03$; $2{,}45 \cdot 0{,}8 \cdot 10$ **d)** $0{,}345 \cdot 1{,}23$; $81{,}02 \cdot 27{,}54$

4. **a)** $3{,}2 + 1{,}8 \cdot 5 - 2{,}2$; $(3{,}2 + 1{,}8) \cdot 5 - 2{,}2$; $3{,}2 + 1{,}8 \cdot (5 - 2{,}2)$; $(3{,}2 + 1{,}8) \cdot (5 - 2{,}2)$

b) $0{,}65 + 0{,}25 \cdot 0{,}4 - 0{,}3$; $0{,}65 + 0{,}25 \cdot (0{,}4 - 0{,}3)$; $(0{,}65 + 0{,}25) \cdot 0{,}4 - 0{,}3$; $(0{,}65 + 0{,}25) \cdot (0{,}4 - 0{,}3)$

c) $1{,}1 - 1{,}2 \cdot 0{,}6 + 0{,}8$; $(1{,}1 - 1{,}2) \cdot 0{,}6 + 0{,}8$; $1{,}1 - 1{,}2 \cdot (0{,}6 + 0{,}8)$; $(1{,}1 - 1{,}2) \cdot (0{,}6 + 0{,}8)$

5. **a)** $\frac{5}{10}$ von 1 cm²; $\frac{17}{17}$ von 57 mm² **b)** $\frac{9}{6}$ von 80 m²; $\frac{11}{11}$ von 93 dm³ **c)** $\frac{12}{60}$ von 5 cm³; $\frac{3}{9}$ von 12 cm³ **d)** $\frac{17}{34}$ von 1 km²; $\frac{4}{7}$ von 14 l

6. Setze für „&" die richtige Einheit ein!

a) 501 ha = 5,01 &; 18,05 cm² = 1 805 &; 3,06 dm² = 306 &; 7 dm³ = 7 000 &

b) 830 000 mm² = 83 &; 2,50 km² = 250 &; 673 000 m² = 67,3 &; 90 cm³ = 90 000 &

c) 92 000 l = 920 &; 92 000 l = 92 &; 25 m³ = 25 000 000 &; 400 cm³ = 0,4 &

Allerlei von Rechtecken und Quadern

7. Von einem Quader ist außer seinem Volumen bekannt, daß die Zahlenwerte der in Zentimetern gemessenen Kantenlängen natürliche Zahlen sind. Gib mögliche Kantenlängen *a, b, c* an! Wieviel Quader unterschiedlicher Form gibt es jeweils?

a) $V = 21\ \text{cm}^3$ **b)** $V = 42\ \text{cm}^3$ **c)** $V = 19\ \text{cm}^3$

8. Ergänze die Tabellen!

a) Quader, Kantenlängen *a, b, c*

a	3 cm	7 mm	15 cm	
b	4 cm	5 mm		
c	5 cm		2 dm	
A				$6\ \text{m}^2$
V		140 ml	3 l	$1\ \text{m}^3$

b) Würfel, Kantenlänge *a*

a	4 cm			
A		$150\ \text{cm}^2$	$216\ \text{cm}^2$	
V				$8\ \text{dm}^3$

9. Berechne das Volumen des im Bild C 30 dargestellten Körpers!

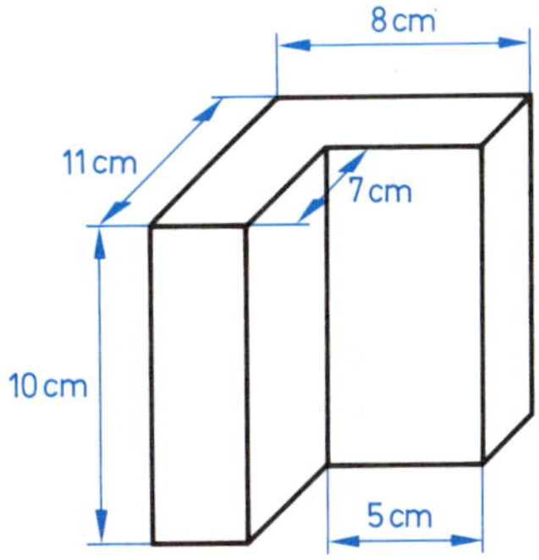

Bild C 30

10. **a)** Zeichne ein Rechteck *ABCD* mit $\overline{AB} = 6{,}0\ \text{cm}$ und $\overline{BC} = 18{,}0\ \text{cm}$! Ermittle den Schnittwinkel der Geraden *AC* und *BD*! Berechne den Flächeninhalt des Rechtecks!

b) Zeichne zwei Rechtecke, deren Seitenlängen $\frac{1}{2}$ bzw. $\frac{1}{3}$ der Seitenlängen des Rechtecks aus a) betragen! Vergleiche ihre Flächeninhalte mit dem des Rechtecks aus a) und gib die Bruchteile an!

11.* Für den Flächeninhalt *A* eines Rechtecks gilt $30\ \text{cm}^2 < A < 36\ \text{cm}^2$. Gib fünf mögliche Längen für die Seiten eines solchen Rechtecks an!

12.* Der Umfang eines Rechtecks beträgt 500 m. Die schmale Seite beträgt $\frac{1}{4}$ der längeren Seite. Wie lang sind die beiden Rechteckseiten?

13.* Welche der folgenden Aussagen ist wahr, welche ist falsch? Begründe!

a) Verdoppelt man die Seitenlängen eines Rechtecks, so verdoppelt sich sein Flächeninhalt.

b) Verdoppelt man die Länge der einen Rechteckseite und halbiert die Länge der anderen, so bleibt der Flächeninhalt erhalten.

c) Verdoppelt man die Länge einer Rechteckseite und behält die andere bei, so verdoppelt sich der Flächeninhalt.

d) Rechtecke mit gleichem Umfang haben stets gleichen Flächeninhalt.

e) Verdoppelt man eine Kantenlänge eines Quaders, so verdoppelt sich sein Volumen.

f) Quader mit gleichem Volumen haben stets gleichen Oberflächeninhalt.

14.* Welche der folgenden Aussagen ist wahr, welche falsch? Begründe!
a) Jeder Würfel ist ein Quader.
b) Jeder Quader ist ein Würfel.
c) Es gibt Quader, bei denen alle Seitenflächen die gleichen Abmessungen haben.
d) Es gibt Quader mit vier gleich langen Kanten.
e) An jedem Quader kann man vier gleich lange Kanten finden.
f) Es gibt Quader mit fünf gleich langen Kanten.
g) An jedem Quader kann man fünf gleich lange Kanten finden.

Gleichungen und Ungleichungen

15. Löse die folgenden Gleichungen!

a) $40 \cdot x + 2\,000 = 6\,000$
$20 \cdot x + 2\,300 = 4\,100$
$10 \cdot x + 1\,500 = 1\,000$
$x : 20 + 400 = 500$
$x : 0 + 300 = 800$

b) $25 \cdot x - 8\,000 = 2\,000$
$70 \cdot x - 100 = 500$
$x : 10 - 200 = 100$
$x : 12 - 80 = 20$
$(x - 8) \cdot 15 = 1\,500$

c) $(12 + x) \cdot 7 = 140$
$(x - 100) \cdot 5 = 0$
$(x + 500) : 7 = 10$
$(x - 20) : 5 = 80$
$(40 - x) : 8 = 5$

16. Erfüllen die Zahlen 5, 8, 0, 4 die folgenden Gleichungen?
a) $20 \cdot x + 9 = 159$ **b)** $40 : x - 2 = 3$ **c)** $x \cdot (x - 5) = 0$ **d)** $x^2 = 4 \cdot x$

17. Ermittle alle geordneten Paare $(x; y)$ natürlicher Zahlen, die die Gleichungen erfüllen, und veranschauliche sie in einem Koordinatensystem!
a) $x + y = 6$ **b)** $x \cdot y = 18$

18. Ermittle alle natürlichen Zahlen, die die folgenden Ungleichungen erfüllen, und veranschauliche sie auf dem Zahlenstrahl!
a) $x < 9{,}1 \cdot 2{,}28$ **b)** $x < 2{,}4 \cdot 9{,}65$
c) $x < 6{,}6 \cdot 7{,}44 - 40$

19. Löse folgende Gleichungen!
a) $u - 4{,}98 = 3{,}002$ **b)** $8{,}7 + v = 10{,}07$ **c)** $x + 0{,}77 = 0{,}7777$
d) $0{,}9 - y = 1{,}1$ **e)** $4 \cdot t = 2{,}8$ **f)** $6 \cdot s - 3{,}1 = 2{,}9$

20. Denke dir zu der Gleichung $3 \cdot x + 10 = 100$ eine Textaufgabe aus und löse diese!

Haushalt, Wohnung, Haus und Garten

21.* Familie Schmidt will zwei Zimmer ihrer insgesamt 68 m² großen Wohnung renovieren. Beide Zimmer haben einen rechteckigen Grundriß, sind 4,50 m lang und 2,60 m hoch. Das eine Zimmer ist 3,90 m breit, das andere 4,30 m.
a) Die Decken sollen mit Farbe gestrichen werden. Eine Büchse reicht für den einmaligen Anstrich von 6 m². Wieviel Büchsen sind erforderlich, wenn zweimaliges Streichen notwendig ist?
b) Tapete ist 53 cm breit, und eine Rolle enthält 10,0 m. Wieviel Rollen Tapete müssen für jedes der beiden Zimmer mindestens gekauft werden, wenn man in jedem Zimmer 2,5 m Breite für Türen und Fenster abrechnet?

22. Sabines Aquarium ist 60 cm lang, 30 cm breit und 35 cm hoch. Der Wasserspiegel ist 7 cm vom oberen Rand entfernt.

a) Wieviel Liter Wasser enthält das Aquarium?

b)* Sabine möchte die Jungfische aus ihrem Anzuchtbecken (Maße 20 cm, 12 cm, 16 cm; Wasserstand 15 cm) in das Aquarium geben. Um wieviel Zentimeter steigt der Wasserspiegel, wenn sie das Wasser mit hineingießt?

23. Für das Heizen eines Wohnhauses steht ein Vorrat von 0,5 t Kohle zur Verfügung; 8 t Kohle werden geliefert. An den folgenden fünf Tagen werden der Reihe nach verheizt: 250 kg, 380 kg, 320 kg, 400 kg, 350 kg Kohle. Wieviel Kohle lagert nun noch im Heizkeller? Wie groß war der durchschnittliche Verbrauch an diesen fünf Tagen? Stelle die verbrauchten Tagesmengen in einem Streckendiagramm dar!

24. Eine rechteckige Rasenfläche soll 8,5 m lang und 5,5 m breit werden. Eine Tüte Rasensamen reicht für 12 m^2. Wie viele Tüten werden benötigt?

25.* Ein Behälter für Regenwasser ist 1,2 m hoch und hat ein Fassungsvermögen von 0,2 m^3. Wie viele Gießkannen mit 8 l Fassungsvermögen kann man aus ihm schöpfen, wenn er voll ist, aber $\frac{1}{5}$ seines Inhalts zurückbleiben soll?

Auf Schiene und Straße – Personen- und Gütertransport

26. Eine Diesellok fährt an drei Tagen jeweils von Berlin-Hauptbahnhof nach Jüterbog und zurück. Am vierten Tag fährt die Lok über Jüterbog hinaus bis Wittenberg und bleibt dort im Bahnbetriebswerk. Wieviel Kilometer hat die Lok in diesen vier Tagen zurückgelegt? Entfernung Hauptbahnhof – Jüterbog: 79,0 km. Entfernung Jüterbog – Wittenberg: 31,9 km.

27. Mittwochs fährt ein Zug von Halle nach Erfurt in 1 h 20 min. Donnerstags braucht er nur 80 min. Wie kommt das?

28.* Um 16.00 Uhr fährt ein 500 m langer Güterzug in einen 1,5 km langen Tunnel ein. Es dauert 4 min, bis er den Tunnel gänzlich passiert hat. Eine Blockstelle ist vom Tunnelausgang 5,5 km entfernt. Wann erreicht der Zug die Blockstelle, falls er mit gleichbleibender Geschwindigkeit weiterfährt?

29. Von Alenau bis Bielbach fährt man mit dem Autobus 9,3 km. Nach 3,4 km hält der Bus am Gasthaus „Waldesruh“, nach weiteren 2,8 km in Eichenstein. In Eichenstein kann man umsteigen und nach dem 4,5 km entfernten Halbendorf fahren. Wie weit fährt man von Halbendorf nach Bielbach über Eichenstein?

30.* Ein LKW liefert 5 Kartons mit Packungen eines Waschmittels. Diese Kartons sind 40 cm lang, 27 cm breit und 24 cm hoch. Die Waschmittelpakete haben die Maße 13,5 cm, 9,9 cm, 4,8 cm und enthalten je 280 g Waschmittel.

a) Wieviel Pakete Waschmittel werden geliefert?

b) Wieviel Pappe wird für eine solche Waschmittelpackung verbraucht, wenn die beiden kleinsten Flächen und eine der nächstgrößeren doppelt gerechnet werden müssen?

Bilder von Figuren und ihre Eigenschaften

31. Zeichne ein Rechteck *ABCD* mit $\overline{AB} = 6$ cm und $\overline{BC} = 4$ cm! Zeichne außerdem den Mittelpunkt der Seite $\overline{AB}$ ein und nenne ihn *E*!

a) Konstruiere das Bild des Rechtecks *ABCD* bei der Verschiebung $\overrightarrow{DA}$!

b) Konstruiere das Bild des Rechtecks *ABCD* bei der Spiegelung an der Geraden *AB*!

c) Konstruiere das Bild des Rechtecks *ABCD* bei der Drehung mit dem Drehzentrum *E* und dem Drehwinkel 180°!

Vergleiche die Ergebnisse bei a), b) und c)!
Welchen Flächeninhalt haben das Rechteck *ABCD* und seine Bildrechtecke?

32. Zeichne einen Kreis mit dem Mittelpunkt *M* und dem Radius $r = 5$ cm! Kennzeichne einen Punkt *P* auf dem Kreis!

a) Welches Bild hat der Kreis bei der Drehung um *M* mit dem Drehwinkel 90°? Zeichne den Bildpunkt *P'* von *P* bei dieser Drehung ein!

b) Konstruiere das Bild des Kreises bei der Drehung mit *P* als Drehzentrum und 90° als Drehwinkel!
Erläutere, warum die entstandene Gesamtfigur axialsymmetrisch ist, und zeichne ihre Symmetrieachsen ein!

33. Zeichne ein gleichseitiges Dreieck wie im Bild C 31!

a) Konstruiere die Bilder des Dreiecks bei Drehungen mit dem Drehzentrum *A* und den Drehwinkeln 60° und 120° in ein und derselben Zeichnung!

b) Konstruiere das Bild der bei a) entstandenen Gesamtfigur bei Spiegelung an der Geraden *AB*! Was erhältst du?

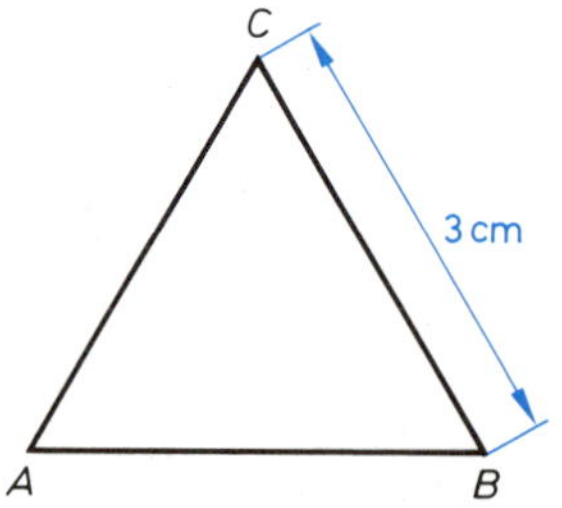

Bild C 31

Falten, Schneiden, Basteln

34.* Ein rechteckiges Papierblatt mit den Seitenlängen 96 cm und 64 cm wird in der Mitte der längeren Seite gefaltet. Das entstandene Rechteck wird wieder entsprechend gefaltet usw.

a) Wie groß ist der Flächeninhalt des Rechtecks, das nach viermaligem Falten entstanden ist? Welchen Bruchteil der Fläche des ungefalteten Blattes bedeckt es?

b) Nach viermaligem Falten ist der entstandene Papierstapel 3 mm hoch. Wie hoch wäre er nach achtmaligem Falten?

35. Wieviel rechteckige Brettchen mit den Seitenlängen 3 cm und 5 cm kann man aus einem 28 cm langen und 16 cm breiten Brett höchstens aussägen? Wieviel Quadratzentimeter beträgt dann der Abfall?

36. Schüler sollen Rechtecke ausschneiden, die 8,0 cm lang und 5,0 cm breit sind. Einige arbeiten ungenau. Bei Axel werden die Rechtecke 2 mm zu lang. Bei Beate fallen die Rechtecke 3 mm zu lang und 1 mm zu breit aus. Die von Carsten ausgeschnittenen Rechtecke sind 4 mm zu lang und 4 mm zu schmal. Berechne die Abweichungen der Flächeninhalte vom geforderten Wert!

37. Aus Draht soll das Kantenmodell eines Quaders mit den Kantenlängen $a = 15$ cm, $b = 9$ cm, $c = 6$ cm hergestellt werden.
a) Wieviel Draht wird benötigt, wenn man keinen Abfall berücksichtigt?
b) Reichen für die Anfertigung des Modells $1\frac{3}{4}$ m Draht, wenn man $\frac{1}{10}$ der Drahtlänge für Lötstellen usw. veranschlagen muß?

Wasser ist kostbar

38. Ein Kubikzentimeter Öl macht einen Kubikmeter Wasser ungenießbar. Ein Tanklastzug faßt 42 000 l Motorenöl in 7 Tanks gleicher Größe. Bei einem Unfall gelangt $\frac{1}{5}$ des Inhalts eines dieser Tanks in das Grundwasser. Wieviel Wasser wird dadurch unbrauchbar?

39. Der Braunkohlenabbau macht Abpumpen von Grundwasser erforderlich. Im Jahre 1988 wurden in jeder Minute 1 200 m^3 gehobenes Grundwasser der Spree zugeführt. Wieviel Millionen Kubikmeter sind das im Jahr?

40. Aus einem Wasserhahn mit defekter Dichtung fällt in jeder Sekunde ein Tropfen (0,05 cm^3) Wasser. Nach welcher Zeit wäre damit eine Badewanne (160 l) gefüllt?

Noch mehr von Verschiebungen, Spiegelungen und Drehungen

41. Das Viereck im Bild C 32 ist ein Quadrat. Gib jeweils an, ob es eine Verschiebung, eine Spiegelung oder eine Drehung mit den verlangten Eigenschaften gibt!
a) *D* ist das Bild von *A*, und *C* ist das Bild von *D*.
b) *B* ist das Bild von *C*, und *B* ist das Bild von *D*.
c) *D* ist das Bild von *M*, und *B* ist das Bild von *A*.
d) *A* ist das Bild von *C*, und *B* ist das Bild von *D*.

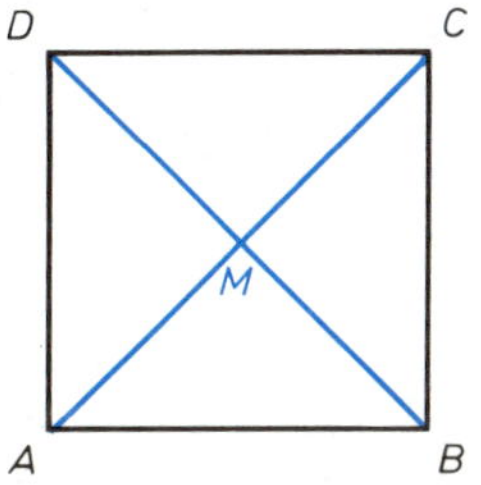

Bild C 32

42. Zeichne mit der Lochschablone die Punkte *A* (10), *B* (15), *C* (16), *D* (11) und *Z* (24); zeichne das Viereck *ABCD*!
a) Konstruiere das Bild *A′B′C′D′* des Vierecks *ABCD* bei der Drehung um *Z* mit dem Drehwinkel 50°!
b) Konstruiere das Bild *A″B″C″D″* des Vierecks *A′B′C′D′* bei der Drehung mit *Z* als Drehzentrum und 60° als Drehwinkel!
c) Gibt es eine Verschiebung, Drehung oder Spiegelung, bei der *A″B″C″D″* das Bild von *ABCD* ist?

43. Zeichne in ein Koordinatensystem die Punkte *A* (1; 1), *B* (4,5; 1), *C* (1,5; 3), *D* (1,5; 3,5) und *E* (5,5; 3,5)!
Zeichne das Dreieck *ABC* und die Gerade *DE*!
a) Ermittle das Bild *A′B′C′* des Dreiecks *ABC* bei der Verschiebung $\overrightarrow{DE}$!
b) Ermittle das Bild *A″B″C″* des Dreiecks *A′B′C′* bei der Spiegelung an *DE*!
c) Gibt es eine Verschiebung, Drehung oder Spiegelung, bei der Dreieck *A″B″C″* das Bild von Dreieck *ABC* ist? Begründe!

Vom Hoch- und Tiefbau

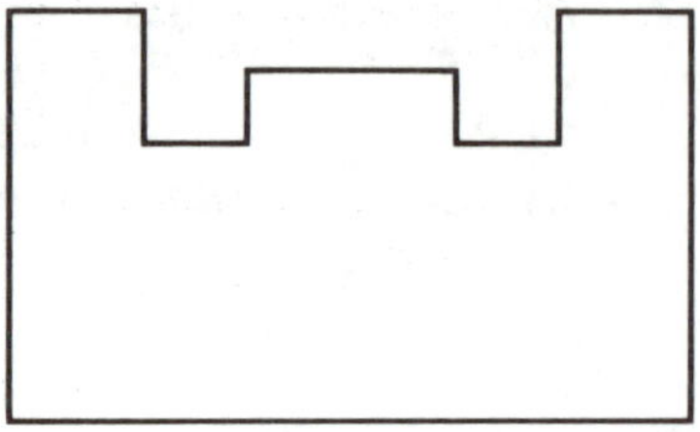

Bild C 33

44.* Bild C 33 zeigt die Fläche eines Gebäudedaches im Maßstab 1 : 1 000. Es soll mit Dachpappe gedeckt werden, die überall doppelt liegen muß. Außerdem muß man mit $\frac{1}{10}$ Mehrverbrauch für Verschnitt und Überlappung rechnen. Wieviel Quadratmeter Dachpappe müssen bereitgestellt werden?

45. Es sollen drei gleich lange Kabel verlegt werden. Es werden 200 m Kabel geliefert. Nach der Verlegung ist noch ein Kabelrest von 15,5 m übrig. Wie lang sind die verlegten Kabel?

46. Wieviel 6 m hohe Straßenleuchten müssen auf einer Seite einer 500 m langen Straße gesetzt werden, wenn ihr Abstand 50 m betragen soll und wenn an jedem Ende der Straße eine Leuchte stehen soll?

47.* **a)** Ein Bordstein hat Quaderform mit den Maßen 45 cm, 15 cm, 90 cm; 1 cm^3 Beton wiegt 2,2 g.
Wieviel wiegt der Bordstein? Wie viele derartige Steine kann man auf einem LKW von 2,5 t Ladefähigkeit transportieren?
b) Könntest du einen Granitstein anheben, der quaderförmig behauen ist und dessen Kanten 35 cm, 25 cm und 20 cm lang sind? (1 cm^3 dieses Steines hat eine Masse von 3,1 g.)

48. Eine Baugrube ist 12 m lang, 9 m breit und 2 m tief. Die ausgehobene Erde wird mit Kippern abgefahren, je Fuhre 2,5 m^3.
Wieviel Fuhren sind erforderlich?

49. Nach einem Gewitterregen steht eine Baugrube unter Wasser. Zum Leerpumpen werden zwei Pumpen eingesetzt. Die erste Pumpe schafft in jeder Minute 40 l und arbeitet 2 h, die zweite fördert in jeder Minute 50 l und arbeitet 30 min. Dann ist die Grube leer.
Wieviel Kubikmeter Wasser waren in der Baugrube?

Raten, Knobeln, Zahlenspielereien

50. 1 000 kann man so mit fünf Neunen schreiben: $999\frac{9}{9}$
Schreib 100 mit sechs Neunen!

51. **a)** Vergleiche die Ergebnisse von $5 \cdot 4 \cdot 3$ und $4^3 - 4$!
b) Verfahre ebenso mit $11 \cdot 10 \cdot 9$ und $10^3 - 10$!
c) Versuche das gleiche mit den Zahlen von 11 bis 13, von 19 bis 21, von 49 bis 51! Wähle selbst noch andere!

52. Sylvia sagt: „OTTO ist ein ‚Spiegelwort'. Es gibt aber auch ‚Verschiebewörter'." Kannst du dir denken, was für Wörter sie meint?

D Geometrie

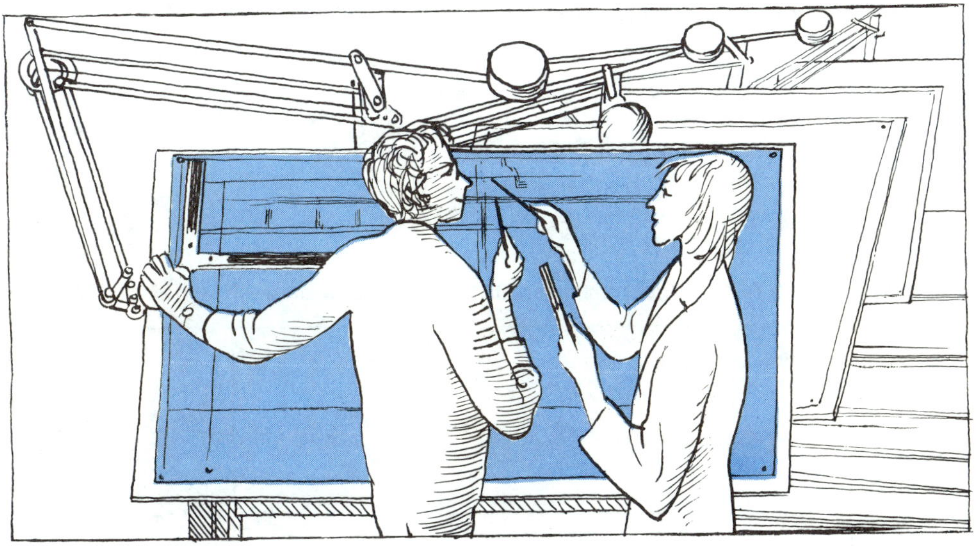

Winkel und Winkelmessung

1 Winkel

Wir wissen: Jede Gerade (Bild D 1) zerlegt die Zeichenebene in zwei Halbebenen.

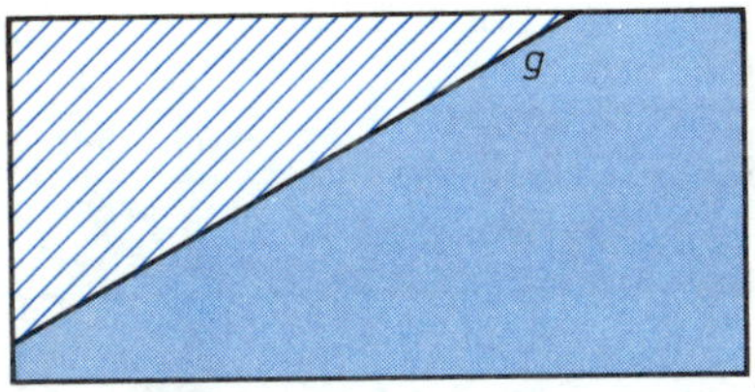

Halbebenen Bild D 1

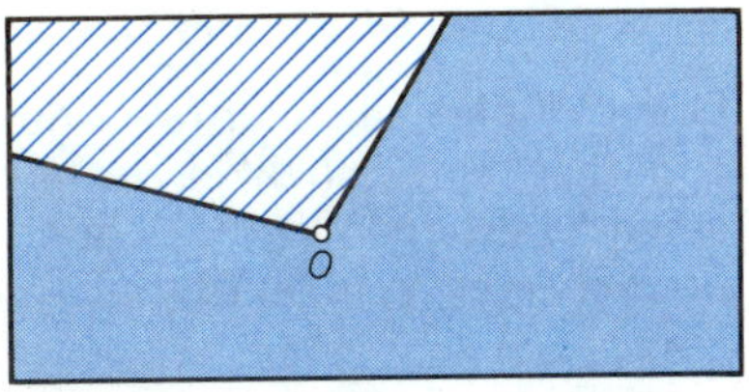

Winkel Bild D 2

Ebenso zerlegen irgend zwei Strahlen mit gemeinsamem Anfangspunkt (Bild D 2) unsere Zeichenebene in zwei Teile. Jeden dieser Teile, einschließlich der Punkte der beiden begrenzenden Strahlen, nennt man **Winkel.**

Die beiden Strahlen, die einen Winkel begrenzen, heißen **Schenkel** des Winkels. Der gemeinsame Anfangspunkt der Schenkel eines Winkels heißt **Scheitelpunkt** dieses Winkels.

Bild D 3 zeigt einen blau hervorgehobenen Winkel einer Ebene, der von den Strahlen *k* und *l* mit dem gemeinsamen Anfangspunkt *O* begrenzt wird. Einen solchen Winkel können wir mit jedem unserer Augen in einer Ebene übersehen, wenn wir die Augenstellung nicht verändern.

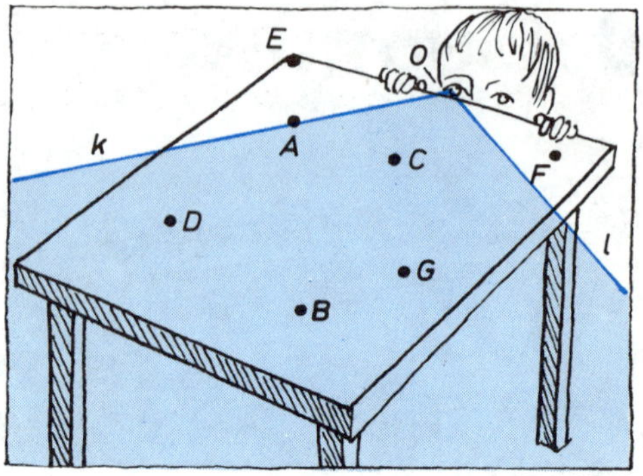

Bild D 3

● **1** Welche der bezeichneten Punkte im Bild D 3 sieht der Beobachter mit seinem rechten Auge? Welche Punkte sieht er nicht?

● **2** Nenne Schenkel und Scheitelpunkt der im Bild D 4 blau schraffierten Winkel!

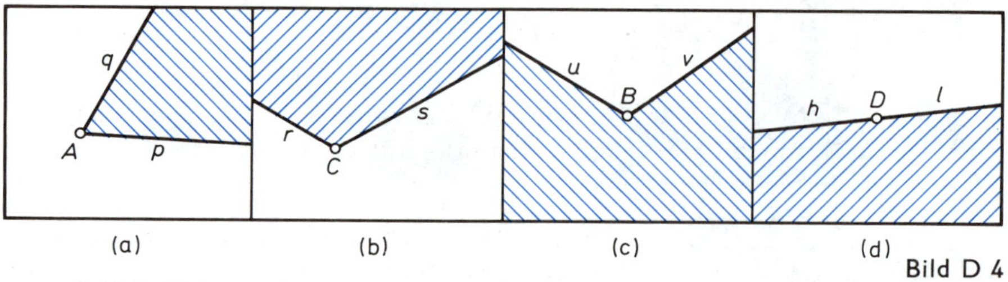

Bild D 4

Zu dem im Bild D 5 blau gezeichneten Winkel gehören z. B. die Punkte *A*, *B*, *C* und *E*. Die Punkte *D* und *F* gehören z. B. nicht zu diesem Winkel. Der Punkt *O* ist der Scheitelpunkt des Winkels.

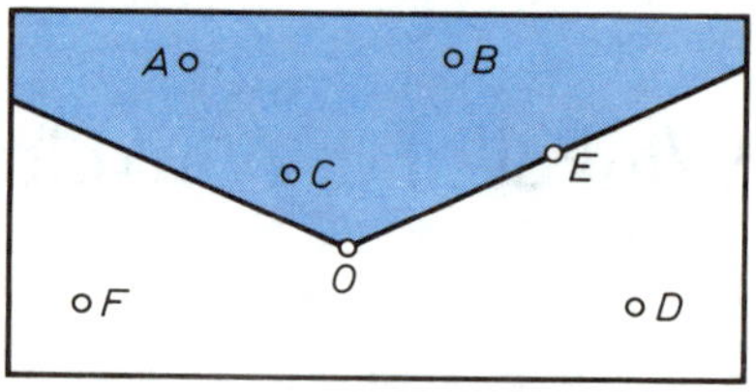

Bild D 5

● **3** Nenne Punkte, die zum blau hervorgehobenen Winkel im Bild D 6 gehören! Nenne Punkte, die nicht zu diesem Winkel gehören!

Bild D 6

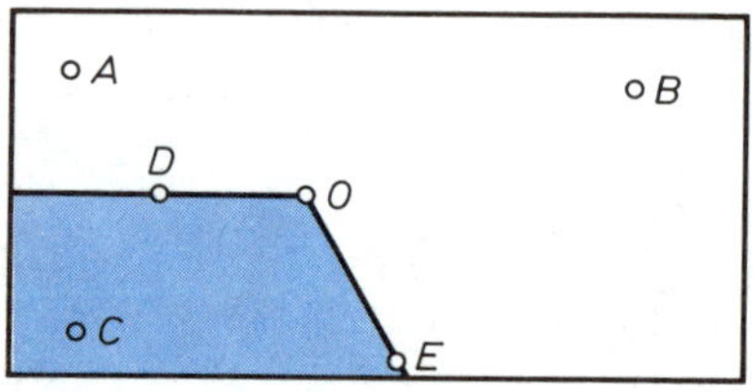

● **4** Für wieviel Winkel sind die Strahlen *OD* und *OE* im Bild D 6 die Schenkel?

Einen Winkel zeichnen wir, indem wir zunächst seine Schenkel zeichnen. Durch einen Kreisbogen kennzeichnen wir den betrachteten Winkel (Bild D 7).

Bild D 7

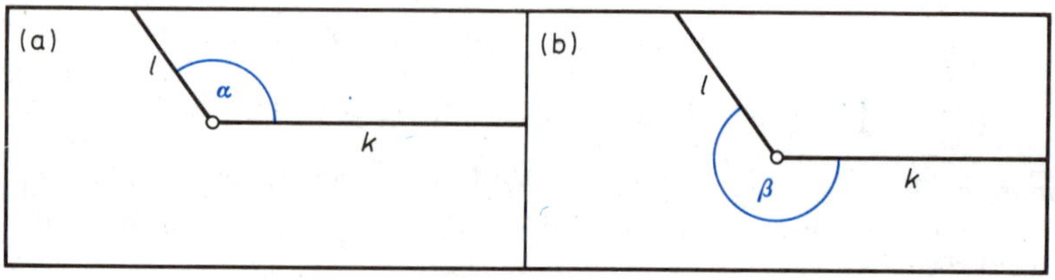

Winkel bezeichnen wir mit kleinen griechischen Buchstaben.

Bild D 8 zeigt die ersten fünf Buchstaben des griechischen Alphabets.

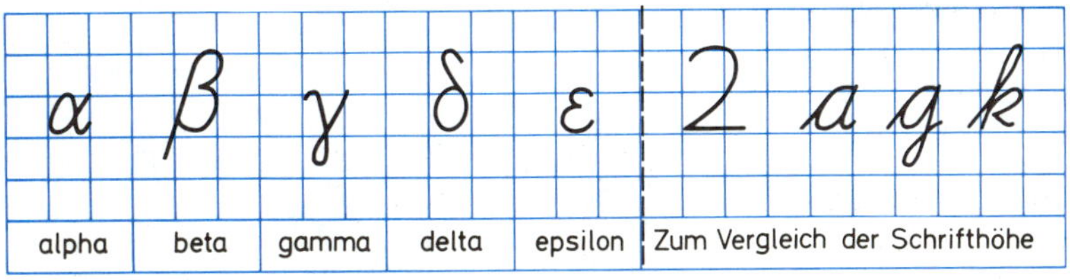

Bild D 8

Aufgaben

1. Schreib zur Übung je eine Reihe der Buchstaben α, β, γ, δ und ε (und an den Reihenanfang jeweils zum Vergleich eine Ziffer)!

2. Zeichne einen Winkel α mit den Schenkeln *a* und *b* und dem Scheitel *S*!
Zeichne Punkte *A, B* und *C*, die zu α gehören!
Zeichne Punkte *D, E* und *F*, die nicht zu α gehören!

3. Zeichne drei Strahlen mit gemeinsamem Anfangspunkt! Kennzeichne alle Winkel durch einen Kreisbogen, die zwei dieser Strahlen als Schenkel haben! Wähle dabei unterschiedliche Radien!

4. Beantworte für die Bilder D 9 (a), (b) und (c) die folgenden Fragen!
a) Welche der bezeichneten Punkte gehören zu α und zu β ?
b) Welche der bezeichneten Punkte gehören zu α, aber *nicht* zu β ?
c) Welche der bezeichneten Punkte gehören *weder* zu α *noch* zu β ?

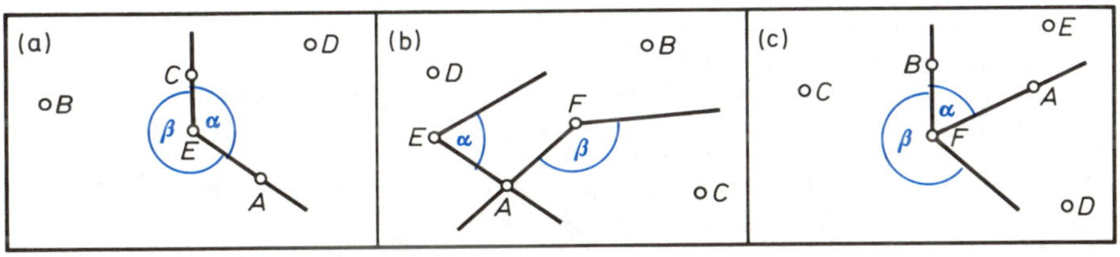

Bild D 9

5. Zeichne zwei Winkel α und β so, daß jeder Punkt von α auch zu β gehört!

6. **a)** Zeichne einen Winkel, der eine Gerade enthält!
Zeichne eine derartige Gerade!
b) Zeichne einen Winkel, der keine Gerade enthält!
c) Zeichne einen Winkel, der keinen Strahl enthält!

7.* Zeichne zwei Winkel α und β und drei Punkte *A, B* und *C* so, daß gleichzeitig gilt:
A liegt auf einem Schenkel von α und einem Schenkel von β ;
B liegt auf dem anderen Schenkel von α und auf dem anderen Schenkel von β ;
C liegt zwischen *A* und *B* und gehört weder zu α noch zu β !

2 Vergleichen und Antragen von Winkeln

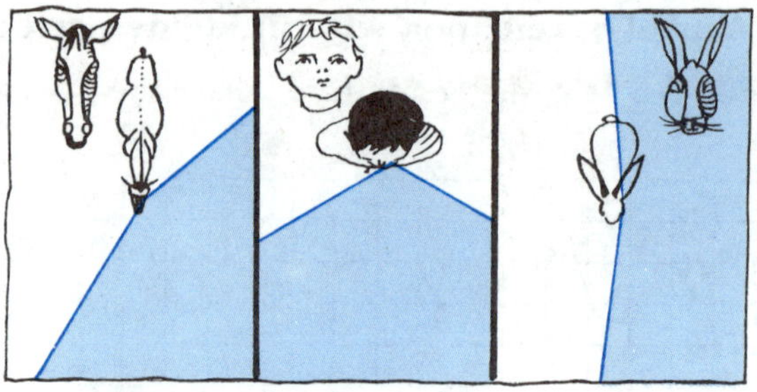

Bild D 10

Pferd, Mensch und Hase übersehen mit ihrem Auge verschieden große Winkel (Bild D 10).

Nicht immer sehen wir sofort, welcher von zwei Winkeln größer ist als der andere oder ob beide Winkel gleich groß sind, so etwa bei α und β in Bild D 11. Wir können sie dann beispielsweise durch Ausschneiden vergleichen. Das längs der Schenkel eines Winkels (hier α) ausgeschnittene Papier legen wir auf den anderen Winkel geeignet auf. So erkennen wir, daß α kleiner als β ist.

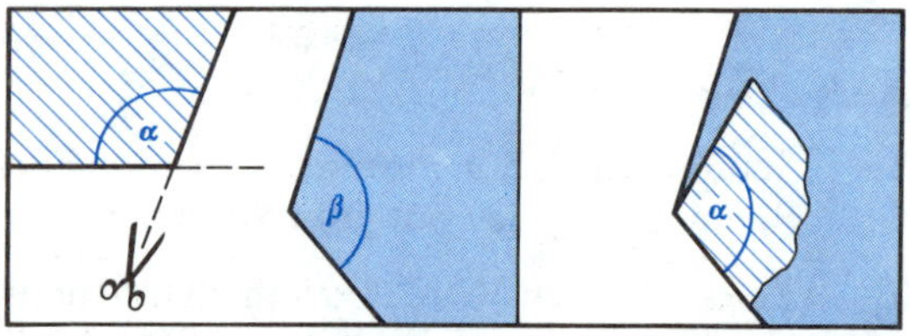

Bild D 11

Wir schreiben: $\alpha < \beta$ oder $\beta > \alpha$

Wir können diesen Vergleich auch mit durchsichtigem Papier vornehmen, wie es Bild D 12 zeigt.

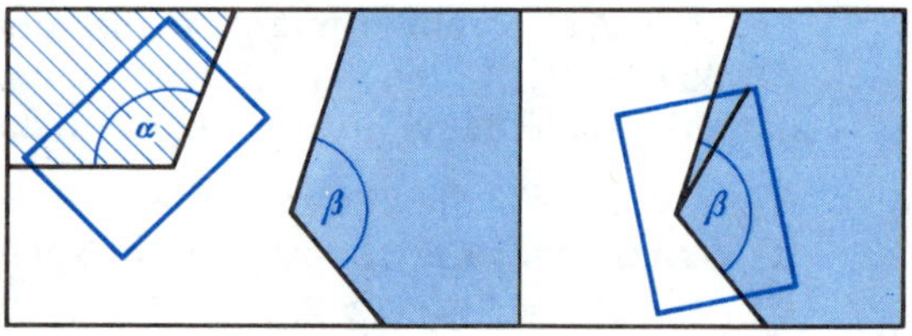

Bild D 12

● **5** **a)** Woran merkt man, daß man den größeren Winkel ausgeschnitten oder auf das durchsichtige Papier gezeichnet hat?

b) Holger behauptet: α ist kleiner als β, denn die Schenkel von α sind kürzer als die von β. Was sagst du dazu?

Günstiger können wir Winkel mit Hilfe eines Zirkels vergleichen. Dazu lernen wir erst, wie wir einen Winkel an einen Strahl antragen.

Bild D 13

■ **1**

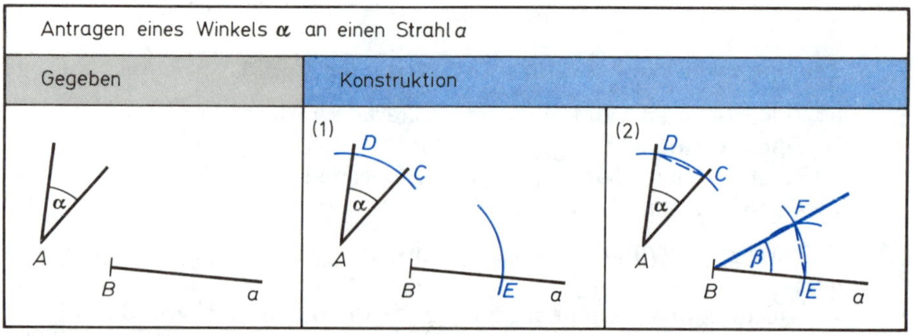

Konstruktionsbeschreibung (zum Bild D13):

(1) Wir zeichnen Kreise mit gleichem Radius um *A* und *B* und erhalten die Punkte *C*, *D* und *E*.

(2) Mit $\overline{CD}$ als Radius zeichnen wir um *E* einen Kreis, erhalten *F* und damit den Winkel β.

(Wie Bild D13 zeigt, müssen wir dabei die Kreise nicht vollständig zeichnen.)
Der erhaltene Winkel β ist genau so groß wie α.
Wir schreiben: $\alpha = \beta$
Wir sagen: Durch Antragen des Winkels α an den Strahl *a* erhalten wir β. (Der Scheitel des erhaltenen Winkels soll dabei immer der Anfangspunkt des Strahls sein. Die Seite von *a*, nach der angetragen wird, kann noch festgelegt werden.)

Durch Antragen eines Winkels an einen Strahl können wir stets zwei Winkel erhalten (Bild D14).

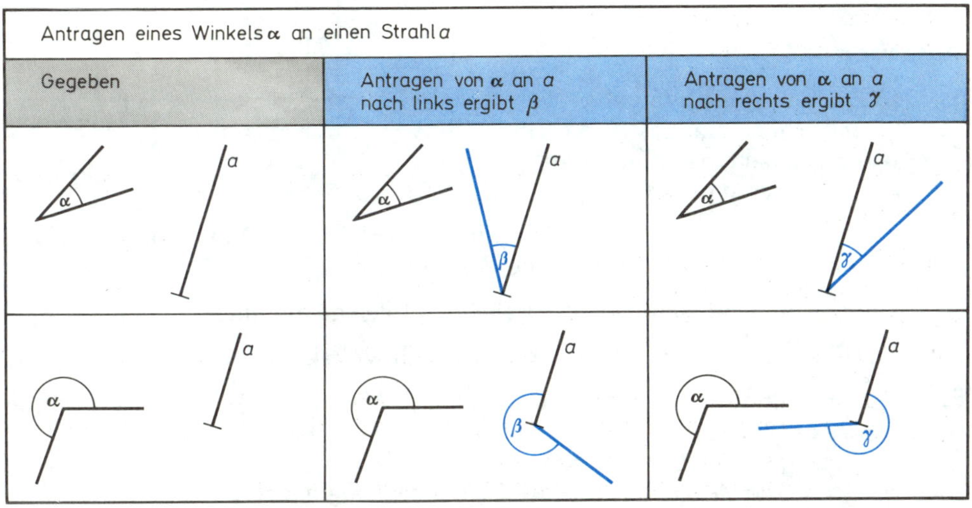

Bild D 14

Jetzt können wir Winkel mit Hilfe eines Zirkels vergleichen.

■ 2

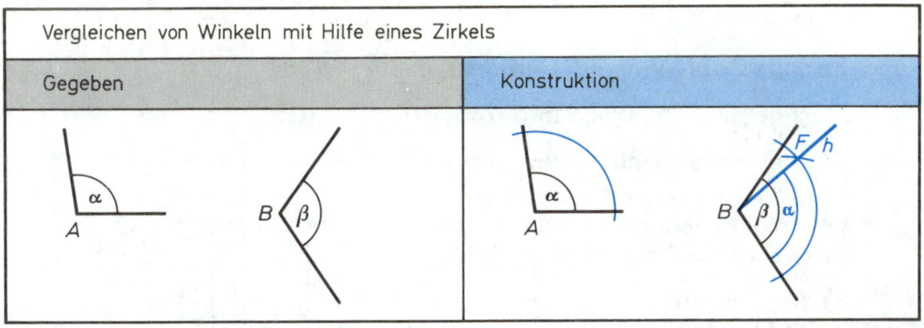

Bild D 15

Konstruktionsbeschreibung (zum Bild D15):

Wir tragen α geeignet an einen Schenkel von β an und erhalten den Strahl *h*.
Wir erkennen, daß α kleiner als β ist.

6 Zeichne mit der Lochschablone Bild D16! (Deine Zeichnung wird größer.) Vergleiche α und β!

Die Winkel α, β und γ des im Bild D17 gezeichneten Dreiecks nennt man **Innenwinkel** dieses Dreiecks.

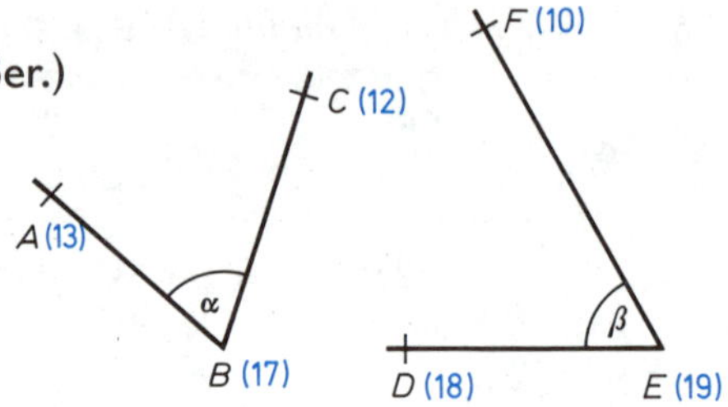

Bild D 16

7 a) Vergleiche die Innenwinkel α, β und γ des Dreiecks (Bild D17)! Notiere deine Ergebnisse mit Hilfe des Zeichens <!

b) Welcher Innenwinkel ist der kleinste?

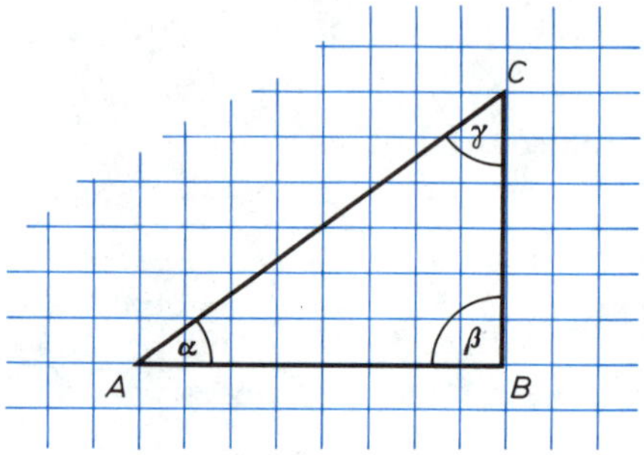

Bild D 17

Aufgaben

1. a) Zeichne einen Winkel α und einen Strahl *a*!
b) Trage α an *a* nach rechts an!
c) Trage α an *a* nach links an!

2. Zeichne zwei gleich große Winkel α und β so, daß beide Winkel einen gemeinsamen Scheitel haben, aber keinen gemeinsamen Schenkel!

3. Zeichne ein gleichschenkliges Dreieck! Vergleiche die Innenwinkel!

4. Zeichne ein Rechteck! Vergleiche die Innenwinkel!

5. Zeichne mit der Lochschablone ein Dreieck *ABC* mit *A* (4), *B* (9), *C* (2) und ein Dreieck *PQR* mit *P* (8), *Q* (14), *R* (15)!
a) Ordne die Winkel im Dreieck *ABC* der Größe nach!
b) Ordne die Winkel im Dreieck *PQR* der Größe nach!
c) Vergleiche die Winkel bei *B* im Dreieck *ABC* mit dem Winkel bei *Q* im Dreieck *PQR*!
d) Vergleiche den Winkel bei *C* im Dreieck *ABC* mit dem Winkel bei *P* im Dreieck *PQR*!

6. Zeichne zwei Winkel α und β so, daß $\alpha < \beta$ ist!

7. Zeichne zwei Winkel γ und δ so, daß $\gamma = \delta$ ist!

8. Zeichne zwei Winkel γ und δ so, daß $\gamma < \delta$ ist, beide einen gemeinsamen Schenkel haben und der eine Winkel ein Teil des anderen ist!

Bild D 18

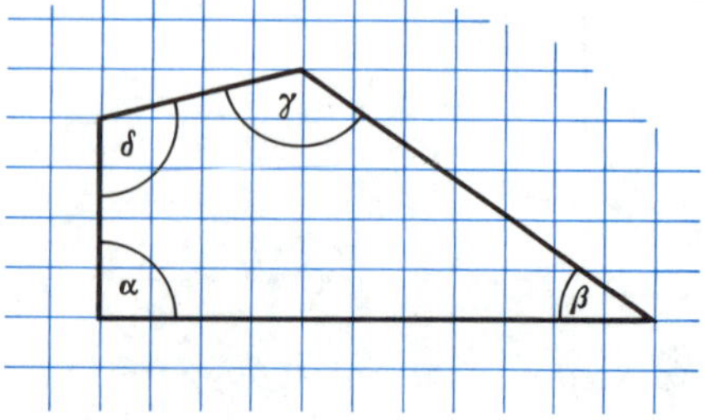

9. a) Was für eine Figur ist im Bild D18 gezeichnet worden?
b) Ordne die Innenwinkel! Beginne dabei mit dem kleinsten Winkel!

3 Einteilung der Winkel

● **8** Bild D 19 zeigt einen Teil eines Handballspielfeldes.
a) Vergleiche die Winkel α, β, γ!
b) Welche der Positionen *A*, *B* und *M* (7-m-Marke) ist für einen Wurf auf das Tor am günstigsten?

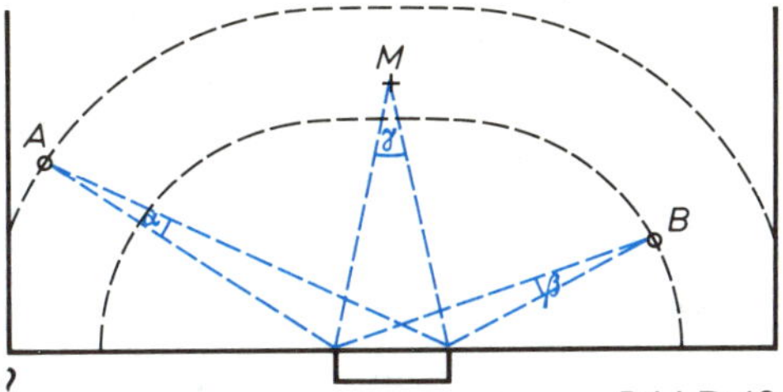

Bild D 19

Die Wurfwinkel α, β und γ sind *spitz*. Von anderen Winkeln sagen wir, daß sie *gestreckte Winkel, rechte Winkel, stumpfe* oder *überstumpfe Winkel* sind.

▶ **1** Jeder Winkel, dessen beide Schenkel eine Gerade bilden, heißt **gestreckter Winkel.**

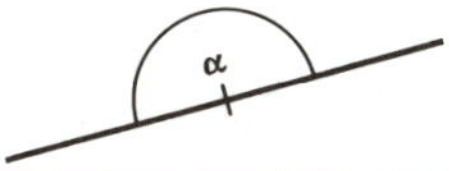

● **9** **a)** Zeichne zwei Winkel α und β wie im Bild D 20!
Der Strahl *c* steht hier senkrecht zu den Strahlen *a* und *b*.
b) Vergleiche α und β!

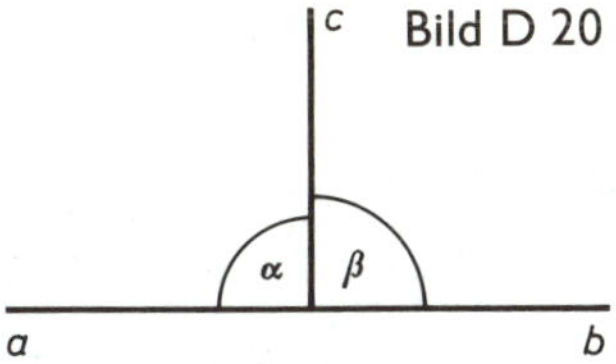

Bild D 20

▶ **2** Jeder Winkel, dessen Schenkel senkrecht aufeinander stehen und der kleiner als ein gestreckter Winkel ist, ist ein **rechter Winkel.**
Rechte Winkel kennzeichnen wir häufig wie im Bild.

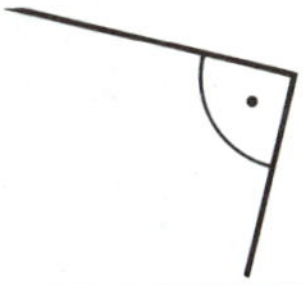

● **10** Welcher Winkel, α oder β, im Bild D 21 ist ein rechter Winkel? Begründe!

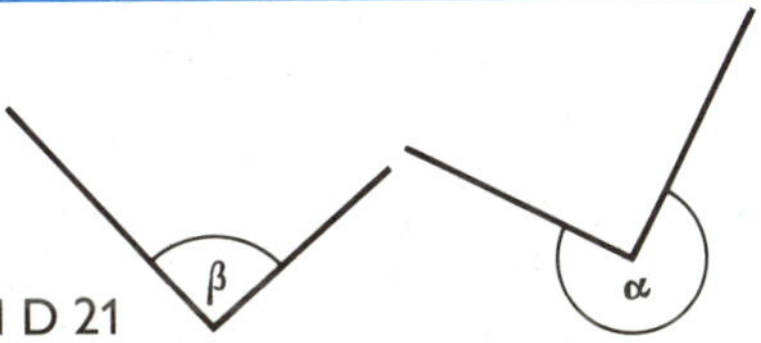

Bild D 21

Einteilung der Winkel

spitze Winkel	rechte Winkel	stumpfe Winkel	gestreckte Winkel	überstumpfe Winkel

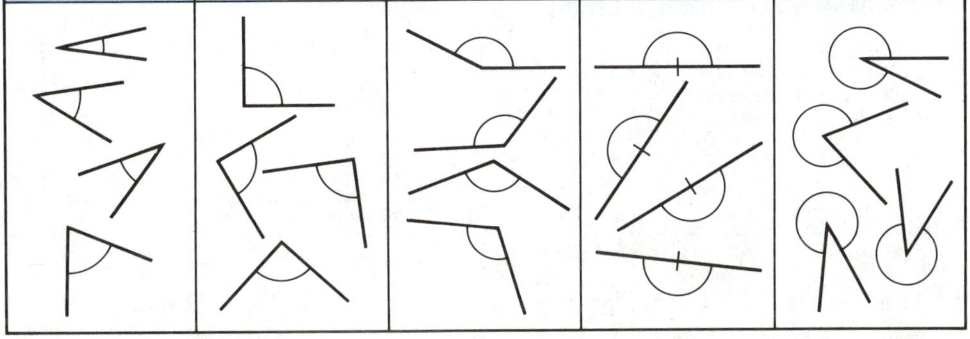

● **11** Ergänze!

a) Spitze Winkel sind ... als ... Winkel.
b) Stumpfe Winkel sind ... als gestreckte Winkel und ... als ... Winkel.
c) Überstumpfe Winkel sind ... als ... Winkel.

Aufgaben

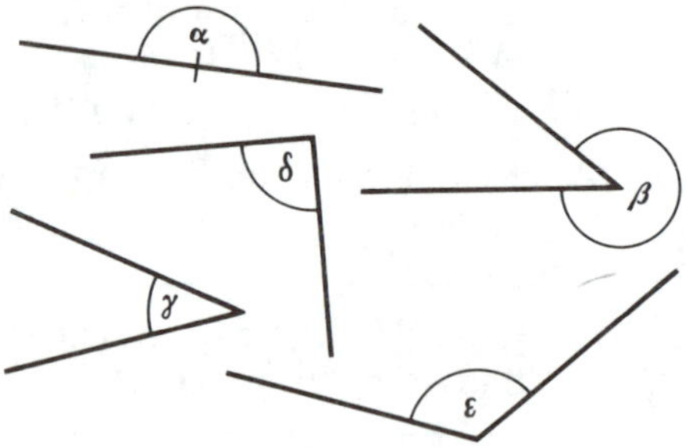

Bild D 22

1. Gib an, welcher Winkel von Bild D 22 ein spitzer, ein rechter, ein stumpfer, ein gestreckter bzw. ein überstumpfer Winkel ist!

2. Ordne die Winkel von Bild D 22 und beginne dabei mit dem kleinsten Winkel!

3. **a)** Zeichne einen rechten Winkel α !
b) Zeichne einen gestreckten Winkel β !

4. Welche der Innenwinkel sind spitze, rechte, stumpfe bzw. überstumpfe Winkel?

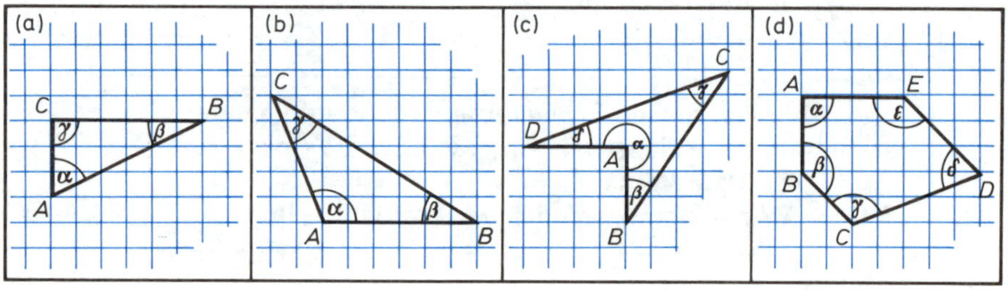

Bild D 23

5. Zeichne zwei Rechtecke mit den in den Bildern D 24 und D 25 angegebenen Seitenlängen!
Vergleiche α mit β und γ mit δ
a) im Quadrat *ABCD*,
b) im Rechteck *EFGH*!

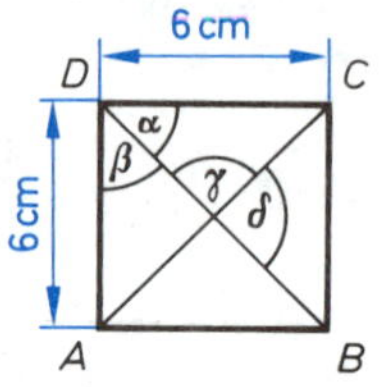

Bild D 24

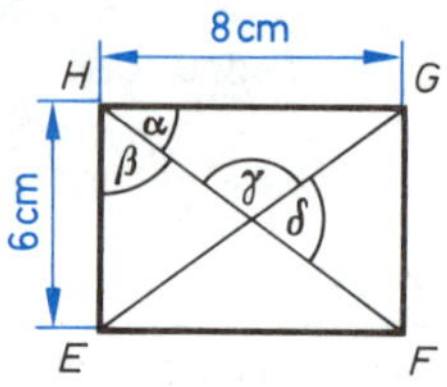

Bild D 25

6.* Im Bild D 26 ergibt sich β durch Antragen von α an den Strahl *DC* nach links.
Für welche Rechtecke ist der Winkel γ ein rechter Winkel?
Prüfe deine Vermutung durch eine Konstruktion!

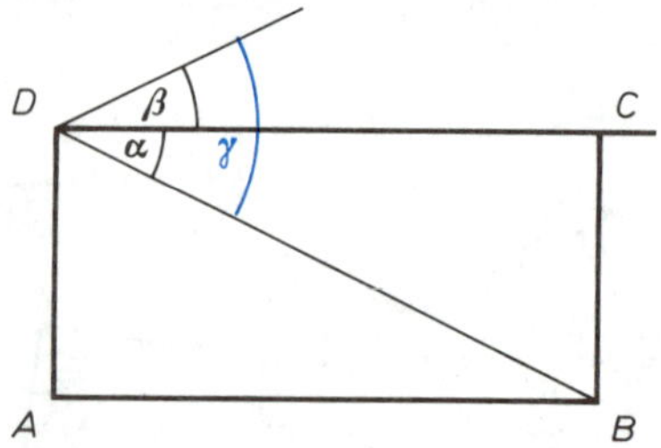

Bild D 26

---

1. Zeichne mit der Lochschablone die Punkte *A* (14), *B* (17), *C* (24) und *D* (15)!
Vergleiche **a)** $\overline{AB}$ und $\overline{CD}$; **b)** $\overline{BC}$ und $\overline{AD}$; **c)** $\overline{AC}$ und $\overline{BD}$; **d)** $\overline{AD}$ und $\overline{CD}$!

2. Zeichne um einen Punkt M den Kreis mit dem Radius 5 cm!

a) Zeichne einen Punkt P, der von M 3 cm entfernt ist (also $\overline{MP} = 3$ cm)!
Zeichne einen Punkt Q mit $\overline{MQ} = 5$ cm!
Zeichne einen Punkt R mit $\overline{MR} = 7$ cm!
Wie liegen die Punkte P, Q, R zum Kreis?

b) Zeichne eine Gerade s, die mit dem Kreis (genau) zwei Punkte gemeinsam hat!
Zeichne eine Gerade t, die mit dem Kreis mehr als zwei Punkte gemeinsam hat!

D

4 Messen von Winkelgrößen

Wir können Winkel auch wie Strecken miteinander vergleichen, indem wir ihre Größen messen und diese miteinander vergleichen. Hierzu wählen wir beliebig einen Winkel als **Einheitswinkel.**

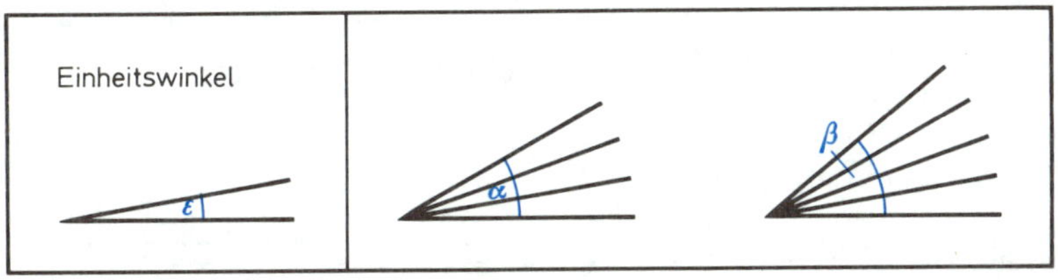

Bild D 27

Im Bild D 27 sollen die Winkel α und β miteinander verglichen werden. Als Einheitswinkel ist ε gewählt worden. Nun ermitteln wir, etwa durch mehrmaliges Antragen von ε, wie oft ε höchstens in diese Winkel hineinpaßt. Das Antragen ist bei α und β schon angedeutet.

● **12** Wie oft paßt ε in die Winkel α bzw. β hinein (Bild D 27)?

● **13** Bild D 28 zeigt Zifferblätter von Uhren.

a) Wie oft paßt α jeweils in die Winkel γ_1 bis γ_6 hinein?

b) Wie oft paßt β jeweils in die Winkel γ_1 bis γ_6 hinein?

Für unsere Zeichenarbeit wählen wir einen sehr kleinen **Einheitswinkel. Er paßt genau 90mal in jeden rechten Winkel hinein.** Die **Größe** eines solchen Einheitswinkels wird mit **1°** (*lies:* ein Grad) angegeben. Ein rechter Winkel hat dann die Größe 90°.

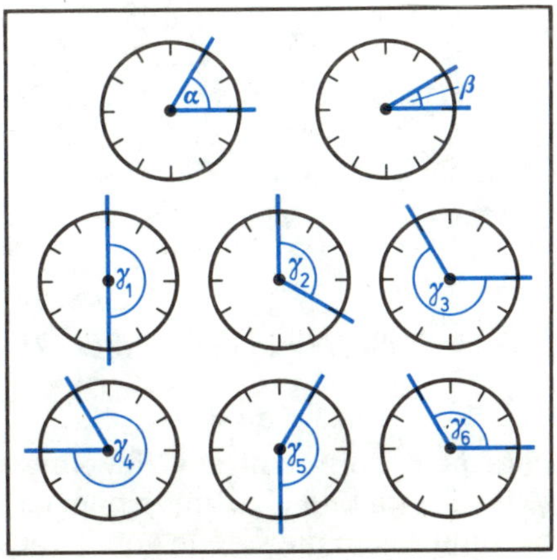

Bild D 28

● **14** **a)** Welche Größe hat jeder gestreckte Winkel?
b) Welche Größe hat jeder überstumpfe Winkel, dessen Schenkel senkrecht zueinander sind?
c) Im Bild D 29 ist $\alpha = 70°$.
Wie groß ist dann β, und wie groß ist γ?

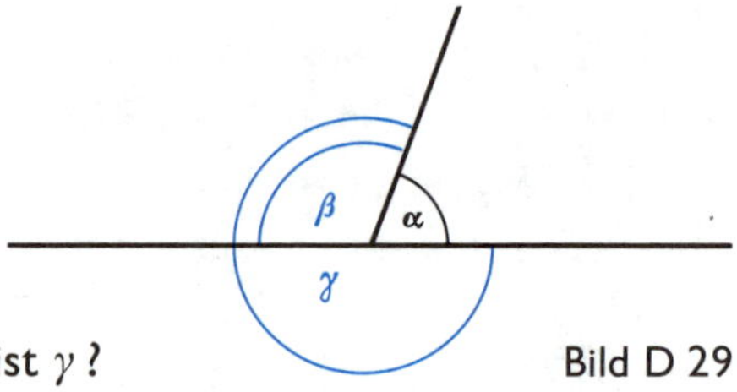

Bild D 29

Zum Messen von Winkelgrößen verwenden wir einen **Winkelmesser.** Bei manchen Winkelmessern, die wir beim Zeichnen verwenden, ist ein Halbkreis oder ein Kreis in 180 beziehungsweise 360 gleiche Teile geteilt. Bei anderen Winkelmessern für die Zeichenarbeit finden wir nur halb so viele Teilstriche. Dann muß man von einem Teilstrich bis zum nächsten um 2° weiterzählen, und zu den Winkeln mit ungeradzahligen Maßangaben gehört kein Teilstrich.
Bei Geräten, die zu Vermessungsarbeiten benutzt werden, sind Kreise in noch mehr gleiche Teile geteilt.

■ **3** Messen der Größe eines Winkels α mit einem Winkelmesser

1. Wir legen den Markierungspunkt des Winkelmessers auf den Scheitel S des Winkels α. Ein Schenkel von α muß dabei durch den Nullpunkt des Winkelmessers gehen. (*Wir sagen auch:* Wir legen den Winkelmesser an einem Schenkel von α an.)
2. Wir lesen auf der Einteilung beim zweiten Schenkel die Winkelgröße ab: $\alpha = 50°$ (Bild D 30).

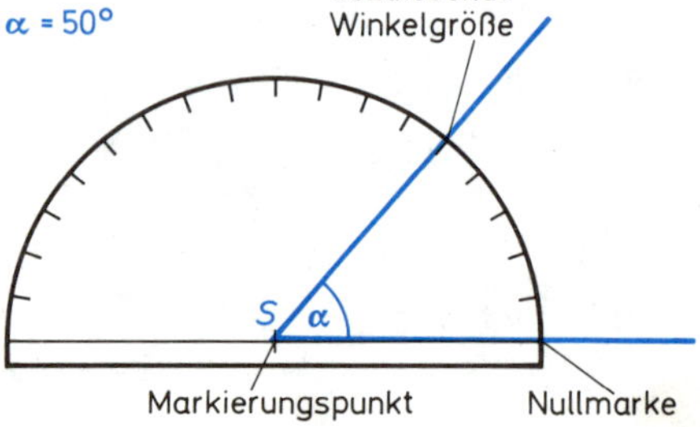

Bild D 30

● **15** Gib die Größen der spitzen oder stumpfen Winkel (Bild D 31) mit den folgenden Schenkeln an!

a) *a, c* **b)** *a, e*
c) *a, g* **d)** *a, d*
e) *a, b* **f)** *a, f*
g) *a, h* **h)** *a, i*
i) *c, e* **j)** *j, g*

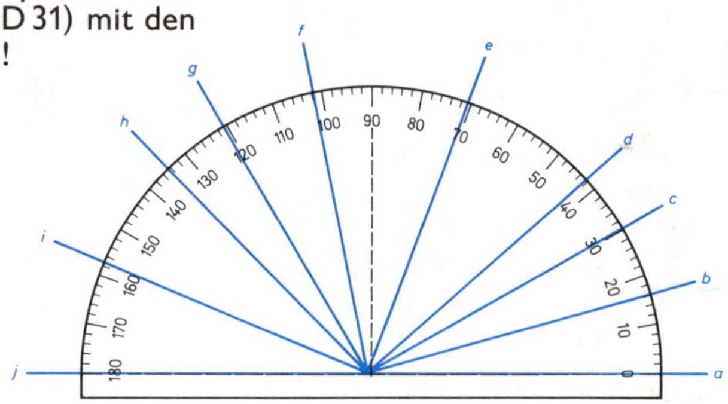

Bild D 31

● **16** Miß die Winkel im Bild D 32!

Mit einem kreisförmigen Winkelmesser arbeitet man entsprechend. Wenn man den Winkel δ im Bild D 32 mit einem halbkreisförmigen Winkelmesser messen will, so bestimmt man die Größe von ε und bildet die Differenz $360° - \varepsilon$.

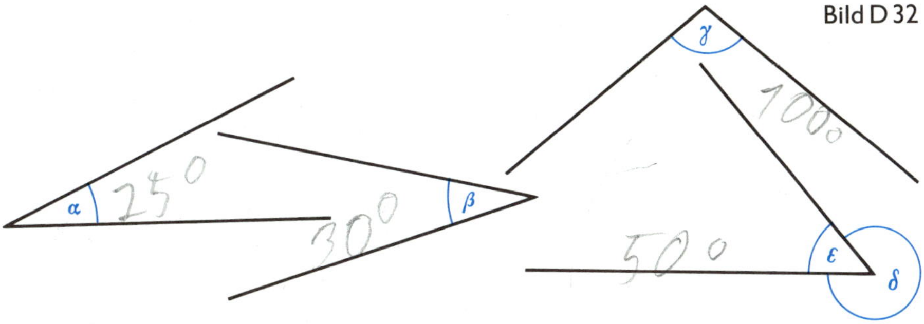

Bild D 32

D

■ **4**

Zeichnen eines Winkels vorgegebener Größe mit einem Winkelmesser			
Gegeben	Konstruktion		
$\alpha = 54°$	(1) 	(2) 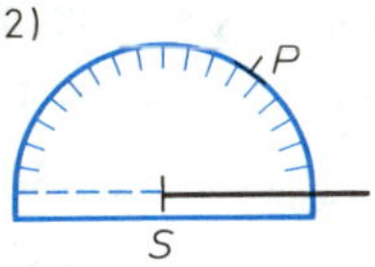	(3) 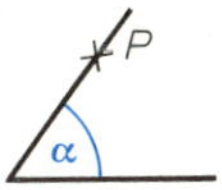

Bild D 33

Konstruktionsbeschreibung (zum Bild D 33):

(1) Wir zeichnen einen Strahl.
(2) Wir legen den Winkelmesser an diesen Strahl an.
Dabei muß:
a) der Markierungspunkt des Winkelmessers auf dem Anfangspunkt S des Strahls liegen,
b) der Strahl durch den Nullpunkt des Winkelmessers gehen. Bei 54° der Einteilung markieren wir einen Punkt.
(3) Wir zeichnen den zweiten Strahl, kennzeichnen den Winkel und tragen die Bezeichnung ein.

α hat die verlangte Größe von 54°.

■ **5** **a)** Es gilt $\alpha = 30°$ und $\beta = 40°$ (Bild D 34 (a)).
Wie groß ist γ?
Lösung: $\gamma = 30° + 40°$
$\underline{\underline{\gamma = 70°}}$

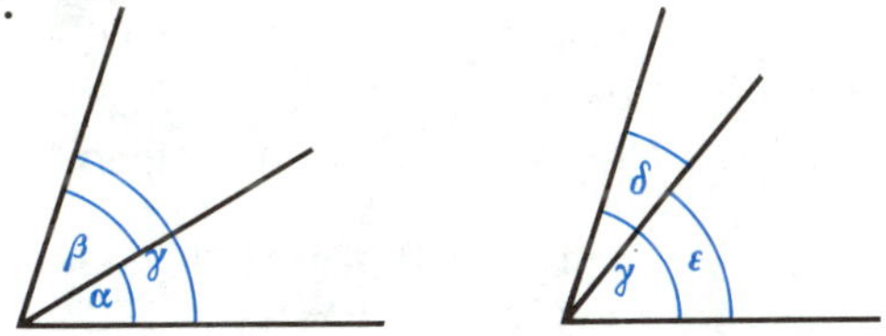

(a) (b) Bild D 34

b) Es gilt $\gamma = 70°$ und $\delta = 20°$ (Bild D 34 (b)).
Wie groß ist ε?
Lösung: $\varepsilon = 70° - 20°$
$\underline{\underline{\varepsilon = 50°}}$

Soll ein überstumpfer Winkel ε mit einem halbkreisförmigen Winkelmesser gezeichnet werden, so ist es zweckmäßig, erst einen Winkel der Größe $360° - \varepsilon$ (Bild D 35 (a)) oder $\varepsilon - 180°$ (Bild D 35 (b)) zu zeichnen.

17 Beschreibe, wie du einen Winkel ε mit $\varepsilon = 230°$ zeichnest (Bild D 35)!

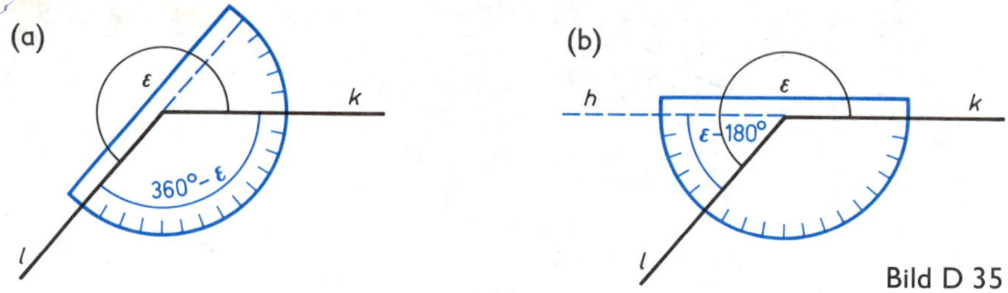

Bild D 35

Im Bild D 36 schneiden die Geraden g und h einander. Zwei der dabei entstehenden Winkel sind gekennzeichnet worden.

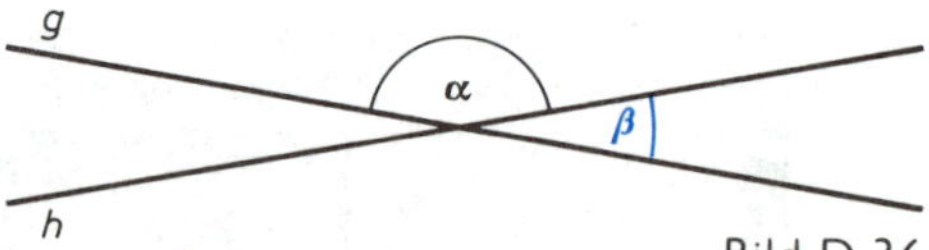

Bild D 36

Die **Größe des kleineren Winkels** wird als der **Schnittwinkel** der Geraden g und h bezeichnet.

18 Miß die Winkel α und β im Bild D 36! Wie groß ist $\alpha + \beta$?

19 Unsere Zeichendreiecke haben zwei verschiedene Formen.

a) Ermittle für jede dieser Formen die Größen der im Bild D 37 gekennzeichneten Winkel!

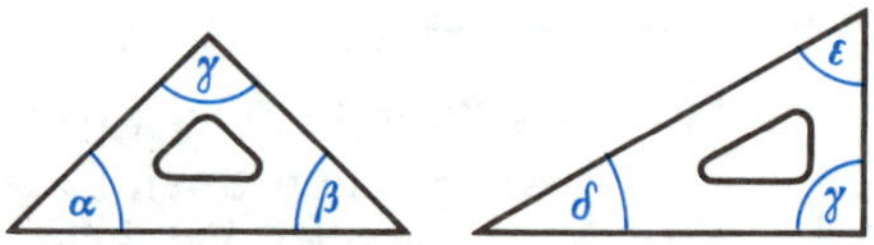

Bild D 37

b) Zeichne nur unter Verwendung deiner Zeichendreiecke Winkel mit $\alpha = 30°$, $\beta = 60°$, $\gamma = 45°$, $\delta = 90°$ und $\varepsilon = 135°$!

Aufgaben

1. α, β, γ und δ sollen wie im Bild D 38 liegen.
Ermittle jeweils die Größe der restlichen Winkel, wenn folgendes gilt:
a) $\alpha = 50°$ **b)** $\beta = 100°$
c) $\gamma = 310°$ **d)** $\delta = 85°$

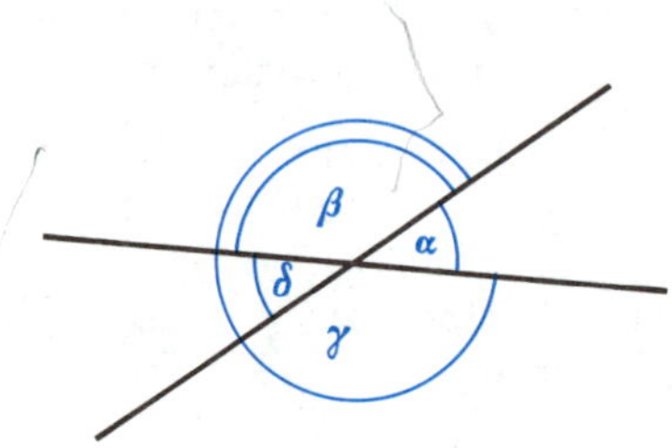

Bild D 38

2. Wie groß ist der Schnittwinkel der Geraden a und b im Bild D 39?

3. Welche der Winkelgrößen 40°, 80°, 120°, 160°, 200°, 240°, 280° und 320° gehören zu
a) einem spitzen Winkel,
b) einem rechten Winkel,
c) einem stumpfen Winkel,
d) einem überstumpfen Winkel?

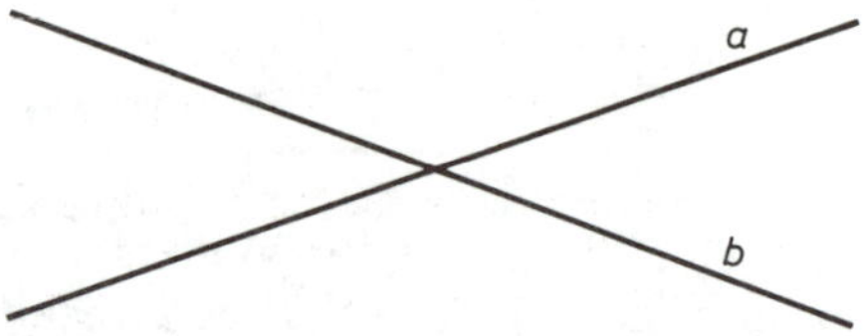

Bild D 39

D

4. Zeichne in ein Koordinatensystem die Punkte $A\,(0;\ 0)$, $B\,(6;\ 0)$, $C\,(1;\ 7)$, $D\,(6;\ 8)$ und $E\,(9;\ 10)$!

a) A ist der Scheitel von α, ein Schenkel von α geht durch B und der andere Schenkel durch C.
Zeichne und bezeichne α! Miß den Winkel!

b) Zeichne den rechten Winkel β mit dem Scheitel B, dessen Schenkel durch A beziehungsweise D gehen!
Bezeichne den Winkel!

c) Zeichne den stumpfen Winkel γ mit dem Scheitel C, dessen Schenkel durch A beziehungsweise D gehen!
Bezeichne und miß den Winkel!

d) Zeichne den überstumpfen Winkel δ mit dem Scheitel D, dessen Schenkel durch B beziehungsweise E gehen!
Bezeichne und miß den Winkel!

5. Wie groß sind die Winkel α und β, die die beiden Zeiger einer Uhr bilden? (α soll der kleinere der beiden Winkel sein.)

a) um 3.00 Uhr **b)** um 1.00 Uhr
c) um 3.30 Uhr **d)** um 2.00 Uhr
e) um 21.00 Uhr **f)** um 23.30 Uhr

6. Wie groß ist der Winkel, den der kleine Zeiger einer Uhr in **a)** 2 h, **b)** 7 h, **c)** 10 h, **d)** 30 min überstreicht?

7. Wie groß ist der Winkel, den der große Zeiger einer Uhr in **a)** 15 min, **b)** 2 min, **c)** 30 min, **d)** 12 min überstreicht?

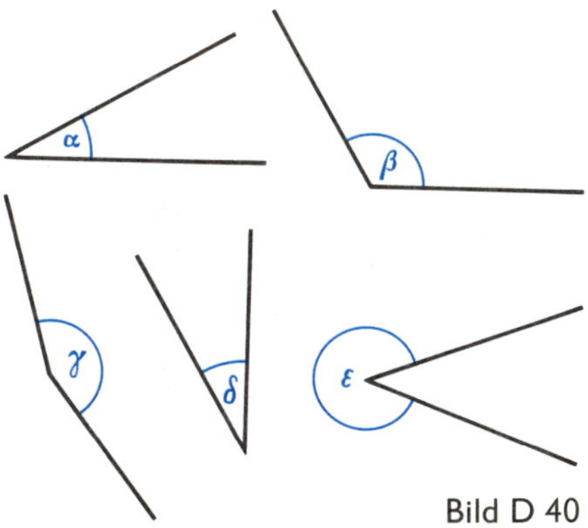

Bild D 40

8. **a)** Schätze die Größe der Winkel im Bild D 40!
b) Miß nun und vergleiche mit deinen Schätzungen!

9. Ermittle die Größen der Winkel α, β, γ und ε im Bild D 41! Wie oft brauchst du nur zu messen?

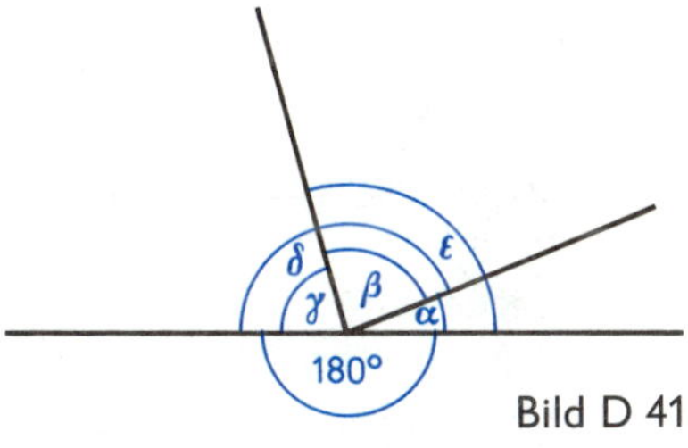

Bild D 41

10. Zeichne Winkel mit
a) $\alpha = 66°$ **b)** $\beta = 76°$ **c)** $\gamma = 110°$ **d)** $\delta = 200°$ **e)** $\varepsilon = 290°$!

11. Zeichne Winkel mit
a) $\alpha = 80°$ **b)** $\beta = 100°$ **c)** $\gamma = 190°$ **d)** $\delta = 290°$ **e)** $\varepsilon = 350°$!

12. Zeichne zwei Geraden c und d mit einem Schnittwinkel von 50°!

13. Zeichne einen Strahl h! Trage an h einen Winkel nach rechts (links) an mit
a) $\alpha = 32°$, **b)** $\beta = 64°$, **c)** $\gamma = 116°$, **d)** $\delta = 188°$, **e)** $\varepsilon = 308°$!

14.* **a)** Beim Hallenhandball ist das Tor 3 m breit, und die Strafwurfmarke ist 7 m vom Tor entfernt. Ermittle den Wurfwinkel für einen Siebenmeter mittels einer maßstäblichen Zeichnung (Maßstab 1 : 50) (siehe Bild D19, S. 135)!

b) Ein Fußballtor ist 7,32 m breit. Die Strafstoßmarke ist 11 m von der Torlinie entfernt. Fertige eine maßstäbliche Zeichnung an (1 : 100) und miß den Schußwinkel für einen Elfmeter!

Zusammenfassung

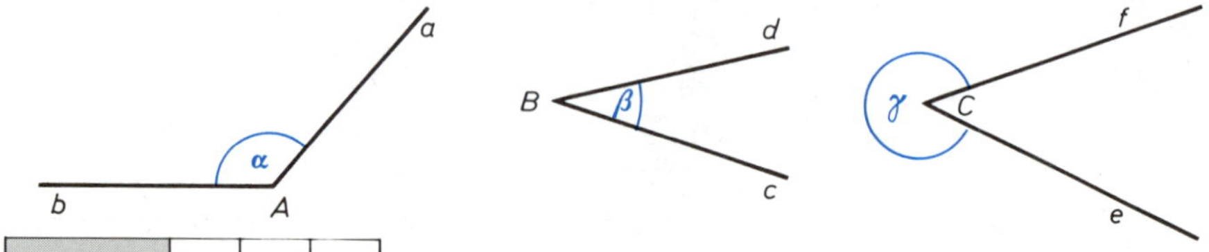

Winkel	α	β	γ
Scheitel	A	B	C
Schenkel	a, b	c, d	e, f

$\beta < \alpha$
$\beta < \gamma$ $\quad \beta < \alpha < \gamma$
$\alpha < \gamma$

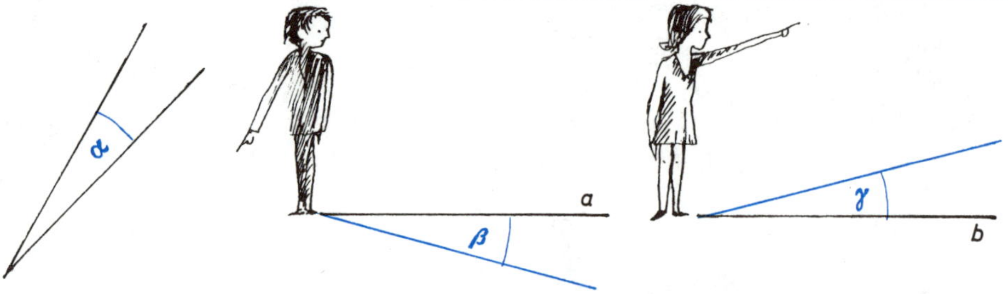

Das Antragen von α an den Strahl a nach rechts ergibt β.

Das Antragen von α an den Strahl b nach links ergibt γ.

Das Antragen geschieht mit **Zirkel** oder **Winkelmesser.**

Antragen eines Winkels α (β) an einen Strahl a nach links mit halbkreisförmigem oder kreisförmigem Winkelmesser

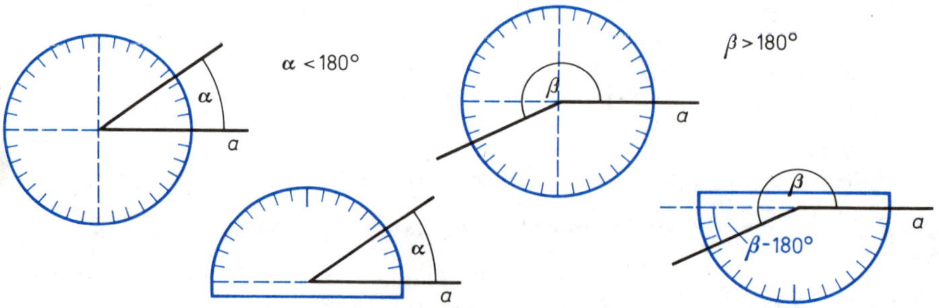

spitzer Winkel	rechter Winkel	stumpfer Winkel	gestreckter Winkel	überstumpfer Winkel
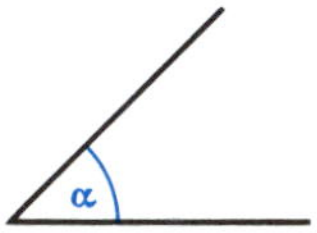	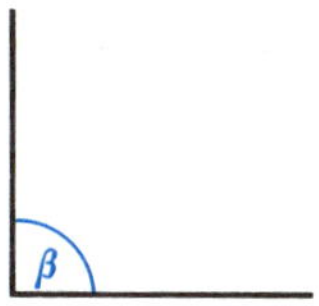	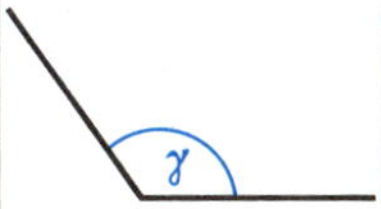	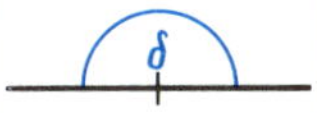	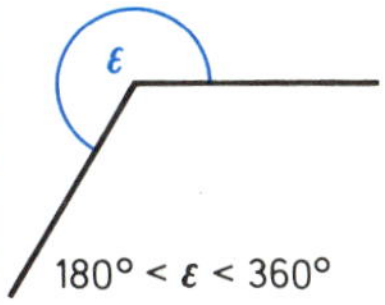
$0° < \alpha < 90°$	$\beta = 90°$	$90° < \gamma < 180°$	$\delta = 180°$	$180° < \varepsilon < 360°$

Verschiebung (Wiederholung)

5 Original- und Bildpunkte bei Verschiebungen

Bild D 42 enthält die Punkte *A* bis *I* und einige Verschiebungspfeile. *Wir kennen bereits* die Verschiebungen und ersehen daraus:

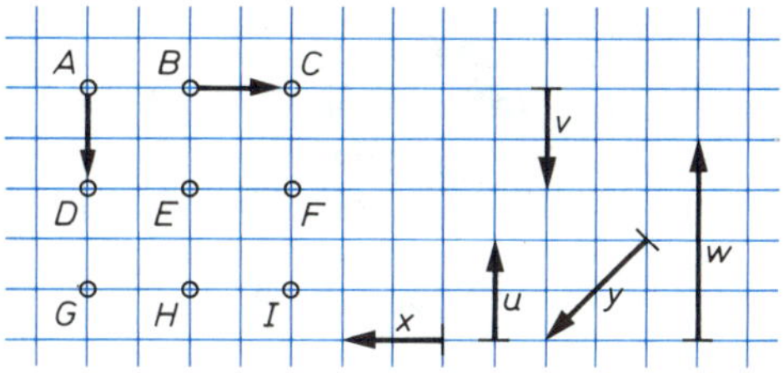

Bild D 42

(1) *B* ist *Bild* (*Bildpunkt*) von *E* bei der Verschiebung *u*.
(2) *F* ist *Original* (*Originalpunkt*) von *H* bei der Verschiebung *y*.
(3) $\overrightarrow{BC}$ und *v* haben die gleiche *Verschiebungsweite*
(4) *u* und *w* sind *gleich gerichtet*
(5) $\overrightarrow{AD}$ und *v* haben die gleiche Verschiebungsweite *und* sind gleich gerichtet.
Es handelt sich also um die gleiche Verschiebung $v = \overrightarrow{AD}$

● **20** **a)** Nenne weitere (wahre) Aussagen über die Punkte und Verschiebungen im Bild D 42! Benutze dabei Wörter, die unter (1) bis (5) hervorgehoben sind!
b) Wieviel verschiedene Verschiebungen sind im Bild D 42 dargestellt?

● **21** **a)** Zeichne nach der Lochschablone *A* (7), *B* (8), *C* (9), *D* (10), *E* (12) und *F* (14)!
b) Konstruiere zu *C* den Bildpunkt *C'* bei der Verschiebung $\overrightarrow{AF}$!
c) Ermittle den Originalpunkt von *D* bei der Verschiebung $\overrightarrow{EF}$ und nenne ihn *G*!
Wie kann man den Punkt *D* bezeichnen, wenn man ausdrücken will, daß er das Bild von *G* ist?
d) Karin behauptet von der Verschiebung $v = \overrightarrow{AC}$:
(1) *B* ist das Bild von *C* bei *v*. (2) *D* ist das Bild von *C* bei *v*.
Harald sagt: „Ich sehe sofort, daß höchstens eine von Karins Aussagen wahr sein kann. Dazu brauche ich gar nichts über die Verschiebung *v* zu wissen.“ Was sagst du dazu?

Wir wissen, daß bei jeder Verschiebung gilt:
Zu jedem **Punkt** P der Zeichenebene gehört genau ein **Bildpunkt** P'.
Umgekehrt gibt es auch nur einen einzigen Punkt, von dem P Bildpunkt ist. Es gehört also zu jedem Punkt genau ein Originalpunkt.

● **22** **a)** Beschreibe, wie man zum Punkt A im Bild D 43 seinen Bildpunkt A' bei der Verschiebung v konstruiert!

Bild D 43

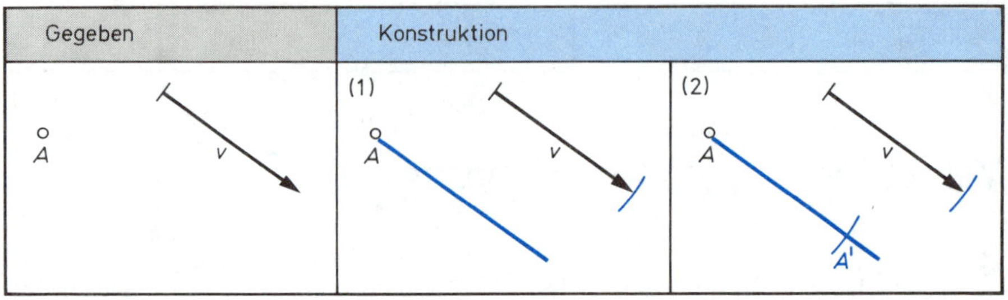

b) Zeichne in ein Koordinatensystem (Einheit 1 cm) den Punkt $B\,(5;\,2)$! Zeichne für die Verschiebung v einen Pfeil, der $(0;\,0)$ als Anfangspunkt hat und der mit dem x-Strahl einen Winkel von 60° bildet! Die Verschiebungsweite von v soll 4 cm betragen.
Konstruiere das Bild B' von B bei der Verschiebung v! Gib B' (näherungsweise) durch ein Zahlenpaar an!

Aufgaben

1. Ergänze zum Bild D 44 die Tabellen für die jeweils betrachtete Verschiebung!

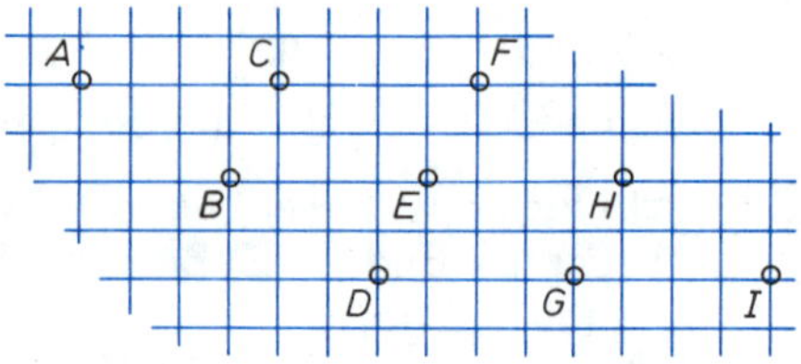

Bild D 44

a)

Orig.	A	E	D		
Bild	C			F	E

b)

Orig.	E	A	H		
Bild	G			E	D

c)

Orig.	H	C	F		
Bild	G			C	D

2. Zeichne in ein Koordinatensystem die Punkte $A\,(2;\,2)$, $B\,(4;\,6)$, $C\,(5;\,2)$, $D\,(7;\,0)$, $E\,(10;\,1)$ und $F\,(11;\,7)$!

a) Gib für die Verschiebung $\overrightarrow{AB}$ die folgenden Punkte durch Zahlenpaare an: Bildpunkt von C, Bildpunkt von D, Originalpunkt von F!

b) Gib für die Verschiebung $\overrightarrow{CD}$ die folgenden Punkte durch Zahlenpaare an: Bildpunkt von A, Bildpunkt von B, Bildpunkt von F, Originalpunkt von A, Originalpunkt von F!

D

3. Sind folgende Aussagen für Bild D 45 wahr oder falsch?

a) $u = \overrightarrow{DE}$
b) $t = \overrightarrow{AD}$
c) C ist Bild von E bei der Verschiebung v.
d) B ist das Original von D bei der Verschiebung w.

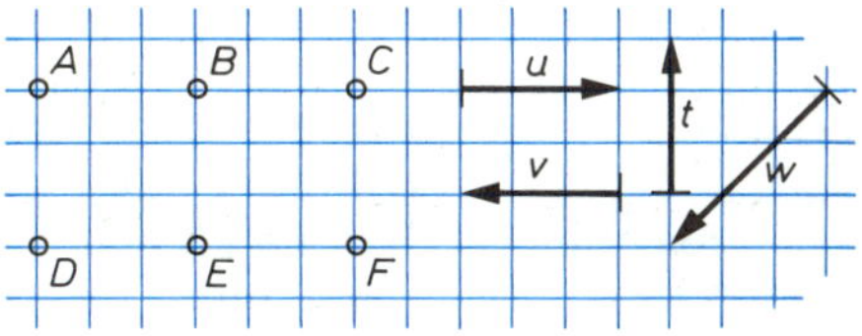

Bild D 45

4. Zeichne in ein Koordinatensystem $A\,(2;\,3)$ und $B\,(6;\,4)$!
Gib bei a) bis d) an, ob die Aussagen für die Verschiebung $v = \overrightarrow{AB}$ wahr oder falsch sind!

a) (7; 7) ist Bildpunkt von (4; 6).
b) (5; 2) ist Originalpunkt von (9; 3).
c) (6; 1) ist Bild von (2; 0) und Original von (10; 2).
d) (4; 5) ist Bild von (0; 4) und Original von (8; 4).

5. Zeichne in ein Koordinatensystem $A\,(4;\,2)$ und $B\,(7;\,0)$!
Sind die Aussagen a) bis f) für die Verschiebung $\overrightarrow{AB}$ wahr?

a) (7; 3) ist Bild von (4; 5) und Original von (10; 1).
b) (4; 7) ist Bild von (6; 4) und Original von (7; 9).
c) (8; 5) ist Bild von (5; 7) oder Original von (11; 3).
d) (3; 1) ist Bildpunkt von (0; 3) oder (6; 3).
e) (5; 4) ist Bildpunkt von (2; 6) und (6; 2).
f) (6; 2) ist Originalpunkt von (9; 0) und (3; 0).

6. Zeichne nach der Lochschablone die Punkte $A\,(9)$, $B\,(14)$ und $C\,(10)$!
Konstruiere das Bild von C bei der Verschiebung $\overrightarrow{AB}$!
Miß die Verschiebungsweite! Gib sie in Millimetern an!

7. Zeichne ein Quadrat $ABCD$ mit der Seitenlänge 3 cm!
Ermittle den Schnittpunkt M der Geraden AC und BD!
Konstruiere für jede der Verschiebungen $\overrightarrow{AB}$, $\overrightarrow{BC}$, $\overrightarrow{CD}$, $\overrightarrow{DA}$ den Bildpunkt von M und verbinde die so erhaltenen Punkte zu einem Viereck!
Beschreibe das Viereck, das du erhalten hast!

8. Zeichne nach der Lochschablone $A\,(4)$, $B\,(7)$, $C\,(8)$, $D\,(14)$!
Konstruiere zu C den Bildpunkt C' bei der Verschiebung v, die mit $\overrightarrow{AB}$ gleich gerichtet ist, aber die gleiche Verschiebungsweite wie $\overrightarrow{BD}$ hat! Beschreibe dein Vorgehen!
Was für ein Viereck ist $BCDC'$?

9. Zeichne ein Koordinatensystem mit der Einheit 0,5 cm und in ihm die Punkte $A\,(2;\,3)$, $B\,(4;\,7)$, $C\,(8;\,0)$, $D\,(10;\,9)$!

a) Konstruiere das Bild des Punktes B bei der Verschiebung, die mit $\overrightarrow{AC}$ gleich gerichtet ist und die Verschiebungsweite 3 cm hat!
b) Konstruiere die Bildpunkte zu C und D bei der Verschiebung, die mit $\overrightarrow{BA}$ gleich gerichtet ist und die gleiche Verschiebungsweite wie $\overrightarrow{BC}$ hat!

1. Das Koordinatensystem im Bild D 46 ist auf Millimeterpapier gezeichnet und hat die Einheit 1 cm = 10 mm. Bei ihm kann man Punkte durch Paare gebrochener Zahlen (in Dezimalbruchschreibweise) angeben, etwa $A\,(3{,}0;\ 4{,}2)$.
a) Gib auch die Punkte B bis G durch geordnete Zahlenpaare an!
b) Welche Bildpunkte haben die Punkte B bis G bei der Verschiebung $\overrightarrow{AB}$?

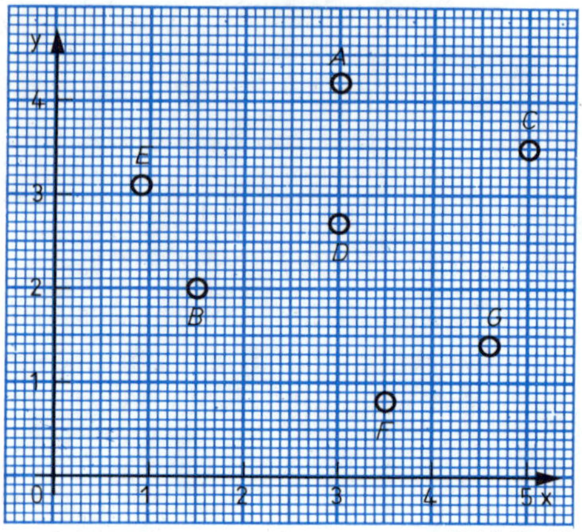

Bild D 46

2. **a)** Zeichne ein Koordinatensystem (Einheit 1 cm) auf Millimeterpapier und in ihm die Punkte $P\,(2{,}0;\ 0{,}5)$, $Q\,(4{,}5;\ 3{,}8)$ und die Gerade PQ!
b) Die Punkte $A\,(3{,}0;\ldots)$, $B\,(6{,}5;\ldots)$, $C\,(7{,}2;\ldots)$, $D\,(\ldots;1{,}5)$ und $E\,(\ldots;3{,}6)$ sollen auf der Geraden PQ liegen.
Ergänze demgemäß die fehlenden Zahlen in den Paaren!
c) Gib weitere Punkte der Geraden PQ durch Zahlenpaare an!

6 Eigenschaften von Verschiebungen und Bilder von Figuren

Wir kennen bereits Eigenschaften der Verschiebungen und nutzen sie beim Konstruieren der Bilder von Figuren.

● **23** **a)** Axel, Daniela und Steffen sollen das Bild eines Dreiecks ABC bei einer Verschiebung v konstruieren.

Bild D 47

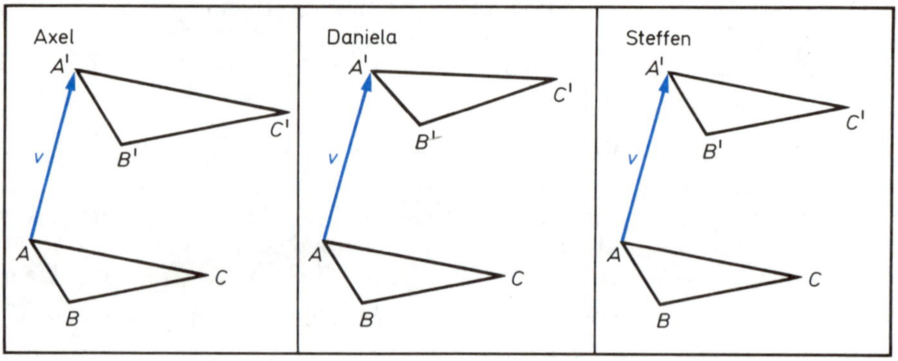

Sind die Zeichnungen (Bild D 47) richtig?
Begründe die Antwort mit Eigenschaften der Verschiebung!

b) Zeichne nach der Lochschablone die Punkte *A* (2), *B* (9), *C* (10), *P* (12) und *Q* (18)! Zeichne das Dreieck *ABC*! Konstruiere das Bilddreieck *A'B'C'* bei der Verschiebung $v = \overrightarrow{PQ}$! Wähle die Konstruktionsmöglichkeit, die dir am günstigsten erscheint! Beschreibe dein Vorgehen!

D

Die Entscheidung im Auftrag 23 a) kann man leicht treffen, wenn man beachtet, daß für jede Verschiebung gilt:

(1) Das Bild jeder Strecke $\overline{AB}$ ist wieder eine Strecke, die Strecke $\overline{A'B'}$. $\overline{A'B'}$ und $\overline{AB}$ sind gleich lang und zueinander parallel.

Außerdem wissen wir:

(2) Jede Gerade *g* hat als Bild wieder eine Gerade *g'*. Dabei gilt:
- *g'* und *g* sind zueinander parallel.
- Ist *g* parallel zu den Pfeilen der Verschiebung, so ist $g' = g$.

(3) Sind zwei Geraden *g* und *h* zueinander parallel, so sind ihre Bildgeraden *g'* und *h'* auch zueinander parallel.

(4) Stehen zwei Geraden *g* und *h* aufeinander senkrecht, so stehen auch ihre Bildgeraden *g'* und *h'* aufeinander senkrecht.

Bei einem Schnittwinkel von 90° zwischen den beiden Geraden ergibt sich also auch für die Bildgeraden ein rechter Winkel als Schnittwinkel. Was geschieht aber, wenn der Schnittwinkel von *g* und *h* eine andere Größe hat?

● **24** Zeichne zwei Geraden *g* und *h*, die einander unter einem Winkel von 30° (45°, 60°) schneiden!
Konstruiere ihre Bildgeraden bei einer Verschiebung *v* und miß deren Schnittwinkel! Was stellst du fest?

Statt (4) können wir allgemeiner sagen, daß für jede Verschiebung gilt:

(4a) Zwei Geraden *g* und *h* und ihre Bildgeraden *g'* und *h'* haben stets den gleichen Schnittwinkel.

Aufgaben

1. Zeichne in ein Koordinatensystem die Punkte *A* (2; 3), *B* (5; 1), *C* (7; 6) und die Geraden $g = AB$ und $h = AC$! Miß ihren Schnittwinkel!
Ermittle die Bilder von *g* und *h* bei der Verschiebung $\overrightarrow{BC}$! Kontrolliere den Schnittwinkel!

2. Zeichne in ein Koordinatensystem das Viereck *ABCD* mit den Eckpunkten *A* (3; 1), *B* (9; 7), *C* (5; 8), *D* (2; 5)!
Was für ein Viereck ist das? Miß seine Innenwinkel!
Ermittle das Bild *g'* der Geraden $g = AD$ bei der Verschiebung $\overrightarrow{DC}$!
Ermittle das Bild *h'* von $h = BC$ bei der Verschiebung $\overrightarrow{CD}$!
In welchem Punkt schneiden *g'* und *h'* einander, und wie groß sind die Winkel, die sie miteinander bilden?

3. Gib (wenn das möglich ist) zu Bild D 48 mit Hilfe der Punkte *A* bis *I* jeweils eine Verschiebung an, bei der die Aussage zutrifft!

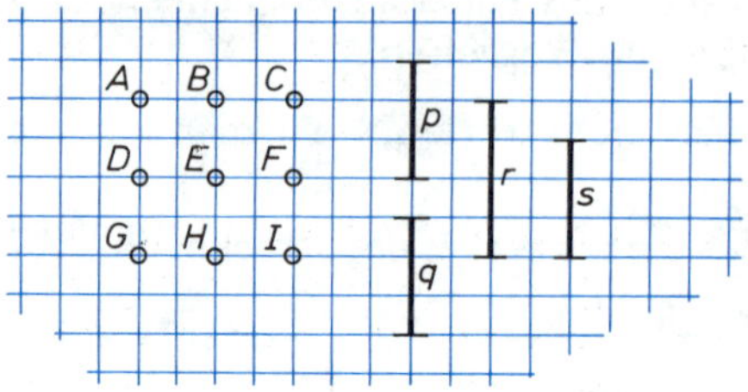

Bild D 48

a) Strecke *s* hat *q* als Bild.
b) Strecke *p* hat *s* als Bild.
c) Strecke *q* hat *r* als Bild.
d) Strecke *p* hat *q* als Bild.

4. Gib (wenn das möglich ist) zu Bild D 49 mit Hilfe der Punkte *A* bis *F* jeweils eine Verschiebung an, bei der die Aussage zutrifft!

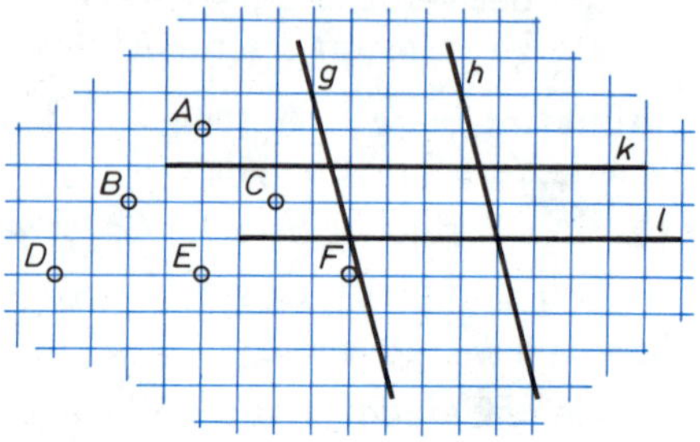

Bild D 49

a) Gerade *g* hat *h* als Bild.
b) Gerade *k* hat *l* als Bild.
c) Gerade *h* hat *g* als Bild.
d) Gerade *l* hat *h* als Bild.

5. Gib zu Bild D 50 an, ob es eine Verschiebung gibt, bei der folgendes gilt:

a) $\overline{BE}$ ist Bild von $\overline{AD}$,
b) $\overline{GH}$ ist Bild von $\overline{BC}$,
c) $\overline{HF}$ ist Bild von $\overline{GC}$,
d) $\overline{EH}$ ist Bild von $\overline{BE}$!

Gib dann jedesmal eine derartige Verschiebung mit Hilfe der Punkte *A* bis *H* an!

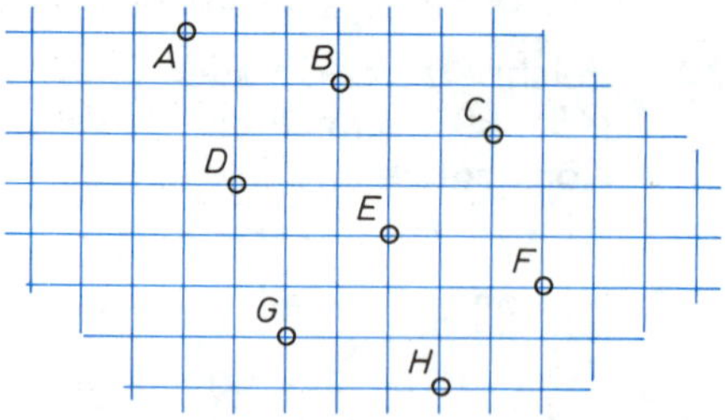

Bild D 50

6. Zeichne in ein Koordinatensystem die Punkte *A* (3; 4), *B* (5; 7), *P* (6; 1) und *Q* (10; 0)!

a) Ermittle das Bild von $\overline{AB}$ bei der Verschiebung $\overrightarrow{PQ}$!
Was für ein Viereck ist $AA'B'B$?

b) Ermittle das Bild von $\overline{PQ}$ bei der Verschiebung $\overrightarrow{AB}$!
Was für ein Viereck ist $PQQ'P'$?

7. Zeichne in ein Koordinatensystem die Strecken $\overline{AB}$, $\overline{BC}$ und $\overline{CD}$ mit *A* (2; 4), *B* (4; 1), *C* (8; 1), *D* (10; 4)!

Ermittle das Bild der Strecke $\overline{AB}$ bei der Verschiebung $\overrightarrow{BD}$ und bezeichne den Bildpunkt von *A* mit *E*!

Ermittle das Bild der Strecke $\overline{CD}$ bei der Verschiebung $\overrightarrow{CA}$ und bezeichne den Bildpunkt von *D* mit *F*!
Verbinde *E* mit *F*! Beschreibe die erhaltene Figur!

8. Beantworte folgende Fragen für zwei zueinander parallele Geraden g und h mit dem Abstand 5 cm! Begründe!
Gibt es eine Verschiebung, bei der h das Bild von g ist und
a) die eine Verschiebungsweite von 10 cm hat?
b) deren Verschiebungsweite 4 cm beträgt?
c) deren Verschiebungsweite 8 cm beträgt und bei der die Verschiebungspfeile senkrecht auf g stehen?
d) deren Verschiebungsweite 300 cm beträgt?

D

9.* Zeichne zwei zueinander parallele Geraden g und h mit dem Abstand 3 cm! h soll das Bild von g bei einer Verschiebung mit 5 cm Verschiebungsweite sein. Wie groß sind die Winkel, die die Verschiebungspfeile mit der Geraden g bilden können? Erläutere, wie sich diese Winkel bei einer Verkleinerung bzw. Vergrößerung der Verschiebungsweite ändern!

10. Zeichne nach der Lochschablone das Dreieck ABC mit A (1), B (7) und C (12)! Konstruiere sein Bilddreieck $A'B'C'$ bei der angegebenen Verschiebung v und beschreibe deine Konstruktion! Miß die Innenwinkel beider Dreiecke!
a) Bei der Verschiebung v ist (16) das Bild von (10).
b) Bei der Verschiebung v ist (15) das Bild von (2).
c) Die Verschiebungsweite von v beträgt 8 cm, und die Gerade BD hat bei dieser Verschiebung sich selbst als Bild.

11. Zeichne ein Parallelogramm mit den Punkten (9), (14) und (15) der Lochschablone als Eckpunkte! Miß seine Innenwinkel!
Konstruiere sein Bild bei der Verschiebung, bei der (10) das Bild von (12) ist! Beschreibe dein Vorgehen! Wie groß sind die Innenwinkel?

12. Gib an, ob die folgenden Aussagen für jede Verschiebung wahr sind, und begründe deine Entscheidung!
a) Das Bild eines Trapezes ist stes ein Trapez.
b) Das Bild eines Rechtecks ist stets ein Parallelogramm.
c) Das Bild eines Parallelogramms ist niemals ein Rechteck.
d) Das Bild eines Rechtecks ist stets ein Quadrat.

13. Im Bild D 51 ist $AB \parallel CD$ und $AD \parallel BC$. Daher ist zum Beispiel der Winkel β_1 das Bild des Winkels α_2 bei der Verschiebung $\overrightarrow{AB}$.
Vervollständige die Aussagen a) bis e)!
a) Das Bild von α_3 bei der Verschiebung $\overrightarrow{AD}$ ist ....
b) Das Bild von β_1 bei der Verschiebung $\overrightarrow{BC}$ ist ....
c) Das Bild von δ_2 bei der Verschiebung $\overrightarrow{AB}$ ist ....
d) Das Bild von δ_4 bei der Verschiebung ... ist α_3.
e) Das Bild von β_2 bei der Verschiebung ... ist δ_4.

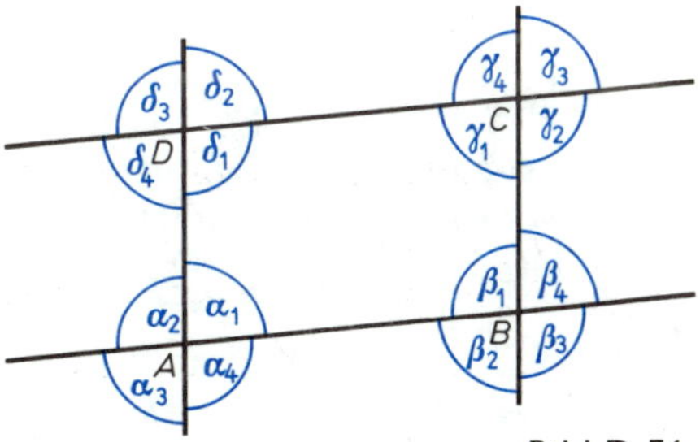

Bild D 51

14. Zeichne in ein Koordinatensystem das Dreieck ABC mit den Eckpunkten $A\,(4;\,4)$, $B\,(9;\,2)$ und $C\,(7;\,8)$!
Ermittle das Bild $A'B'C'$ des Dreiecks ABC bei der Verschiebung u, bei der $(0;\,0)$ das Bild $(6;\,5)$ hat!
Ermittle das Bild des Dreiecks $A'B'C'$ bei der Verschiebung v, bei der $(1;\,3)$ das Bild $(0;\,0)$ hat! Benenne die Bilder der Eckpunkte mit A'', B'', C''!
Beschreibe dein Vorgehen und vergleiche das Dreieck $A''B''C''$ mit dem Originaldreieck ABC!

Zusammenfassung

Verschiebung $v = \overrightarrow{PP'}$

P' ist **Bildpunkt** von P.
P ist **Originalpunkt von** P'.

Alle Verschiebungspfeile $\overrightarrow{PP'}$, $\overrightarrow{AA'}$, $\overrightarrow{BB'}$, ... sind gleich lang (Länge ist Verschiebungsweite von v) und gleich gerichtet

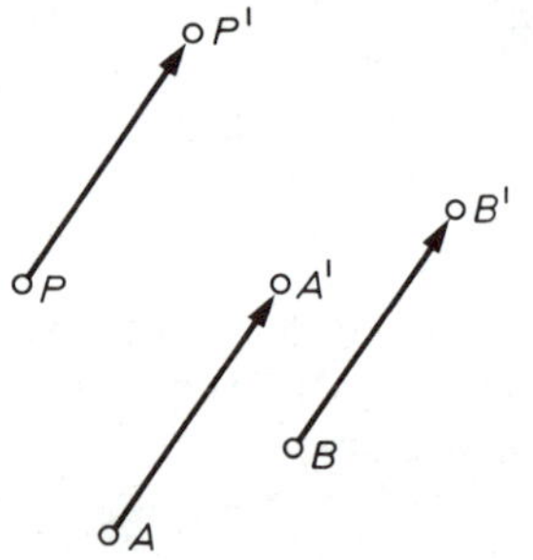

Eigenschaften von Verschiebungen

Original — **Bild**
Gerade g — Gerade g'
Strecke $\overline{AB}$ — Strecke $\overline{A'B'}$
Dabei gilt $g' \parallel g$ und $\overline{A'B'} = \overline{AB}$

Wenn $g \parallel h$, so $g' \parallel h'$.
Haben g und k den Schnittwinkel α und g' und k' den Schnittwinkel α', so gilt $\alpha' = \alpha$.

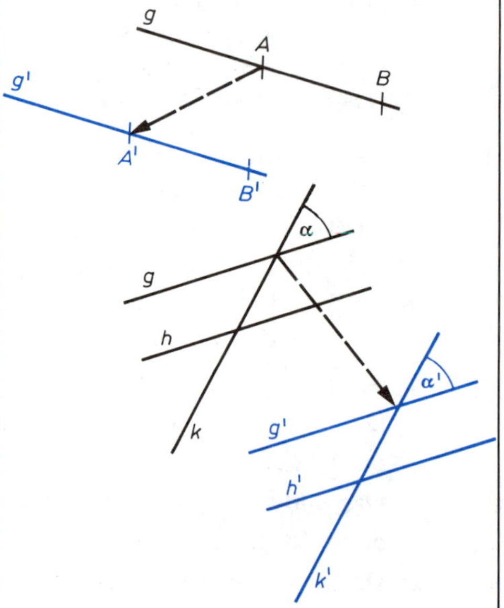

Spiegelung

D

7 Original- und Bildpunkte bei Spiegelungen

Bei Verschiebungen wird jedem Punkt der Zeichenebene ein **Bildpunkt** zugeordnet. Das geschieht auch bei **Spiegelungen,** die wir jetzt kennenlernen werden.

● **25** Stelle einen Spiegel auf die Gerade *s* im Bild D 52!
Halte ihn senkrecht!
Setze dann eine Bleistiftspitze nacheinander auf die markierten Punkte der Schrift!
Beobachte, wo sich ihr Spiegelbild befindet! Achte dabei auf die Zentimetereinteilung!

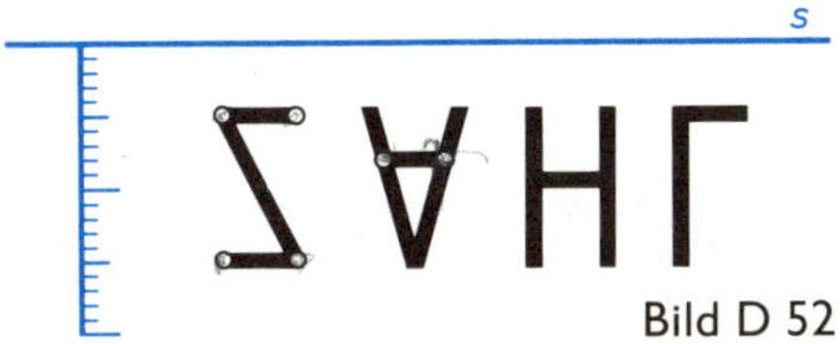

Bild D 52

Beantworte nun folgende Fragen:

a) Ein Punkt *P* ist weiter vom Spiegel entfernt als ein Punkt *Q*. Woran kann man das erkennen, wenn man nur die Bilder der beiden Punkte im Spiegel sieht?

b) Ein Punkt *P* ist 3 cm von der Geraden *s* entfernt, auf der der Spiegel steht. Wie weit scheint sein Spiegelbild von *s* entfernt zu sein?

Eine Fensterscheibe kann als Spiegel dienen, und auch eine Wasserfläche spiegelt.
Nimmt man statt des Taschenspiegels im Auftrag 25 eine Scheibe aus Glas, so sieht man nicht nur das Spiegelbild, sondern auch durch die Scheibe hindurch. Man kann dann sogar das Spiegelbild hinter der Scheibe nachzeichnen.

● **26** Im Bild D 53 soll fünfmal der Buchstabe *F* zusammen mit seinem Spiegelbild gezeichnet sein. (Der Spiegel steht auf der Geraden *s*.)

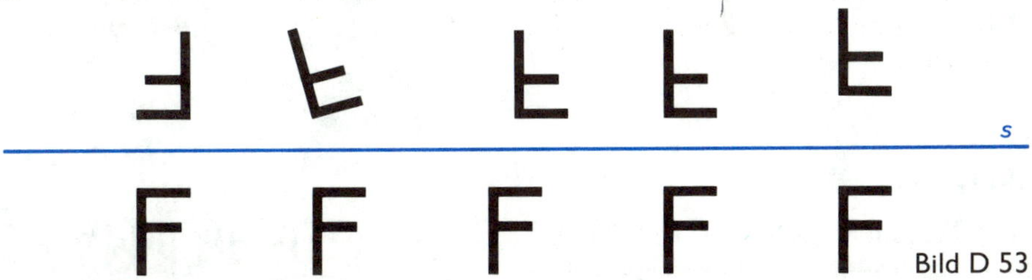

Bild D 53

Es ist aber nur eine Zeichnung richtig. Welche ist das? Erläutere, was an den anderen falsch ist!

▶ **3**

Spiegelung (an der Geraden *s*):
- Für jeden Punkt *P*, der nicht auf *s* liegt, gilt:
  - sein **Bildpunkt** *P′* liegt auf der anderen Seite von *s*.
  - *PP′* steht senkrecht auf *s*.
  - *P* und *P′* haben den gleichen Abstand von *s*.
- Für jeden Punkt *Q* von *s* gilt: *Q* ist sich selbst als Bildpunkt zugeordnet.

Die Gerade *s* heißt **Spiegelgerade.**

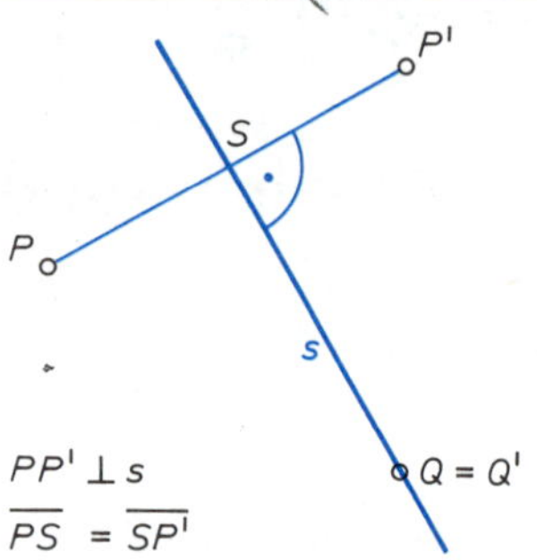

● **27** **a)** Im Bild D 54 ist *B* der Bildpunkt von *A* bei der Spiegelung an der Geraden *s* : *A′* = *B*.
Welchen Bildpunkt hat *B*?
b) Gib die Bildpunkte von *E*, *H*, *G* und *K* bei Spiegelung an *s* an!
Gib die Originalpunkte von *M*, *G* und *L* bei dieser Spiegelung an!
c) Wieviel Spiegelungen gibt es, bei denen *M* Bild von *I* ist? Beschreibe die Lage der zugehörigen Spiegelgeraden!

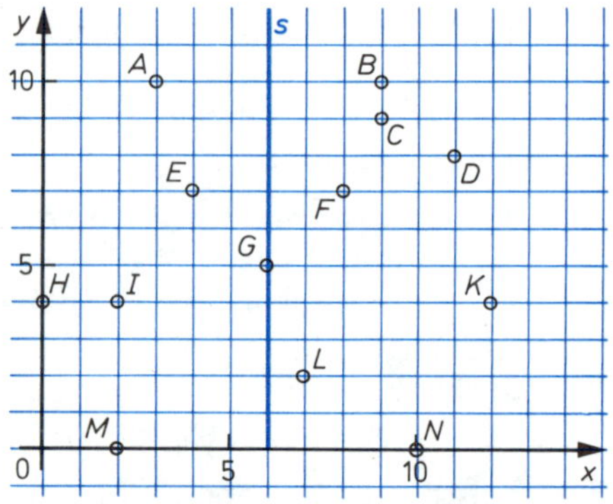

Bild D 54

Eine Spiegelung ist durch ihre Spiegelgerade oder durch die Angabe eines einzigen geordneten Paares (Punkt; Bildpunkt) festgelegt (falls nicht der Punkt und sein Bildpunkt zusammenfallen).

▶ **4**

Bei einer **Spiegelung** hat jeder Punkt der Zeichenebene **genau einen Bildpunkt.**
Jeder Punkt ist auch Bildpunkt genau eines Punktes (seines Originalpunktes).
Für alle Punkte *A*, *B* gilt: Ist *B* der Bildpunkt von *A* bei einer Spiegelung, so ist auch *A* der Bildpunkt von *B* bei dieser Spiegelung.

● **28** Vergleiche Spiegelungen und Verschiebungen hinsichtlich der unter ▶ 4 genannten Eigenschaften!

Aufgaben

1. Versuche zunächst, die Wörter zu lesen, ohne einen Spiegel zu benutzen!

Gib dabei jedesmal an, ob man den Spiegel hinter der Schrift oder links (rechts) von ihr aufstellen muß, um das Wort richtig lesen zu können! Überprüfe erst danach mit einem Spiegel!

2. **a)** Gib die Punkte im Bild D 55 durch Zahlenpaare an!
b) Wo liegen die Bildpunkte A' bis H' der Punkte A bis H bei der Spiegelung an der Geraden s? Gib auch sie durch Zahlenpaare an!

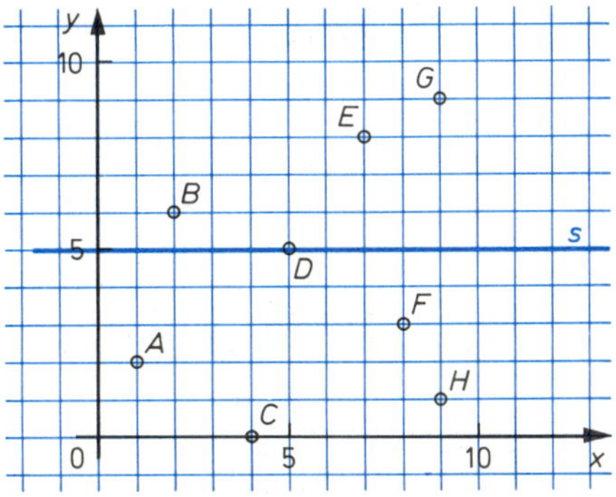

Bild D 55

3. Zeichne in ein Koordinatensystem $A\,(0;\,8)$, $B\,(2;\,1)$, $C\,(2;\,7)$, $D\,(3;\,3)$, $E\,(6;\,1)$, $F\,(9;\,6)$, $G\,(10;\,0)$, $H\,(12;\,7)$!
Zeichne außerdem durch den Punkt $(5;\,0)$ die Parallele g zum y-Strahl!
Zeichne dann zu A bis H die Bildpunkte A' bis H' bei der Spiegelung an g ein!
Gib diese Punkte möglichst auch durch Zahlenpaare an!

4. Zeichne in ein Koordinatensystem $A\,(0;\,4)$, $B\,(3;\,1)$, $C\,(3;\,3)$, $D\,(3;\,6)$, $E\,(5;\,8)$, $F\,(7;\,1)$, $G\,(7;\,4)$, $H\,(10;\,2)$!
Zeichne außerdem die Gerade t, die durch die Punkte $(0;\,8)$ und $(8;\,0)$ geht!
Zeichne dann zu A bis H die Bildpunkte A' bis H' bei der Spiegelung an t ein!

5. Ergänze zum Bild D 56 die Tabellen für die jeweilige Spiegelung!

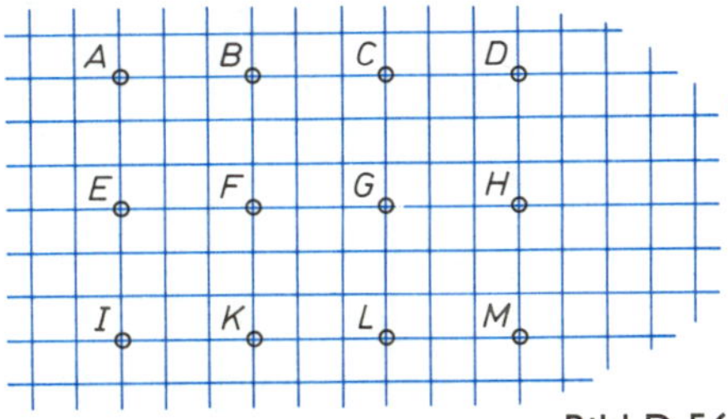

Bild D 56

a)

Original	M	K	C		
Bild	D			E	C

b)

Original	F	A	H		
Bild	G			K	M

c)

Original	B	E	C		
Bild	G			A	L

6.* Zeichne ein Quadrat $ABCD$ mit der Seitenlänge 4 cm!
Zeichne die Mittelpunkte der Seiten ein und benenne sie mit E (zwischen A und B), F (zwischen B und C), G (zwischen C und D) und H! Zeichne auch die Strecken $\overline{EG}$ und $\overline{FH}$ ein und bezeichne ihren Schnittpunkt mit M!
Ergänze die Tabellen für die jeweils betrachtete Spiegelung!

a)

Original	A	E	C		
Bild	D			F	G

b)

Original	G	D	A		
Bild	F			E	B

7. Ergänze zum Bild D 57 die Tabellen für die jeweils betrachtete Spiegelung!

a)

Original	C	H	K		
Bild	B			M	C

b)

Original	F	N	B		
Bild	A			N	E

c)

Original	E	A	D		
Bild	E			M	C

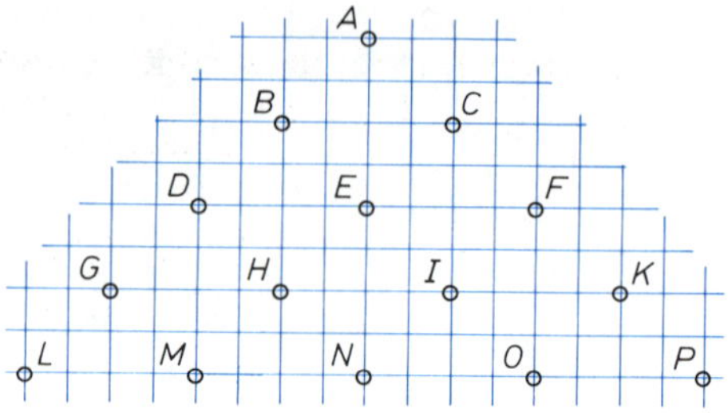

Bild D 57

8. An welcher Geraden im Bild D 58 muß jeweils die Spiegelung erfolgt sein?

a) $A' = B$ **b)** $C' = D$
c) $C' = H$ **d)** $E' = C$
e) $F' = B$ **f)** $G' = G$

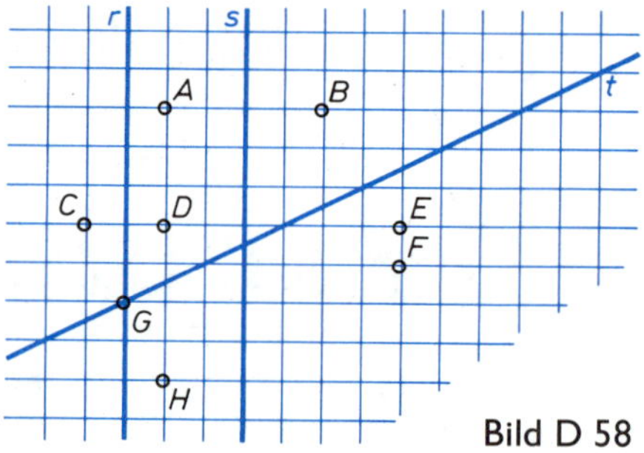

Bild D 58

9. Gib zu Bild D 59 an, ob die Aussagen a) bis d) wahr oder falsch sind! Begründe!

a) *E* ist das Bild von *B* bei der Spiegelung an *s*.

b) *A* ist das Original von *H* bei der Spiegelung an *s*.

c) Bei der Spiegelung an *t* ist *D* Bildpunkt von *F*.

d) Bei der Spiegelung an *s* hat *G* als Bild den Punkt *C*.

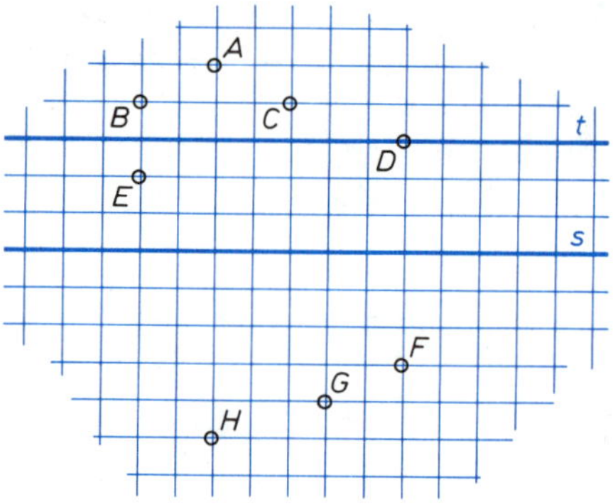

Bild D 59

10. Vervollständige zum Bild D 60 a) bis e) so, daß wahre Aussagen entstehen!

a) Bei der Spiegelung an *r* ist *B* das Bild von ....

b) Bei der Spiegelung an *s* ist *B* das Original von ....

c) *E* hat bei der Spiegelung an *t* den Bildpunkt ....

d) *H* ist das Bild von *G* bei der Spiegelung ....

e) *D* ist das Bild von sich selbst bei der Spiegelung ....

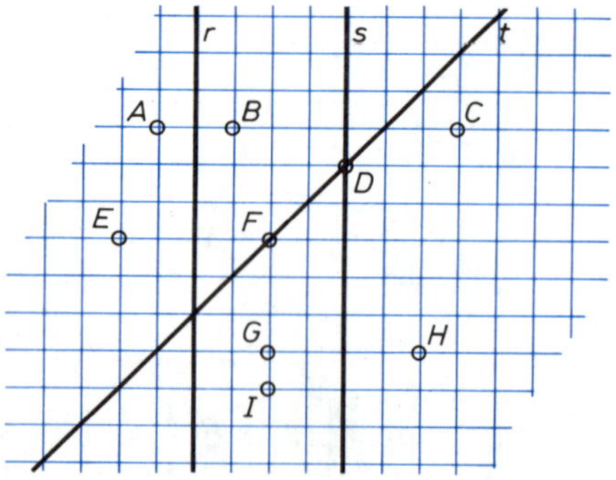

Bild D 60

1. Zeichne in ein Koordinatensystem (Millimeterpapier, Einheit 1 cm) die Punkte $A\,(5{,}5;\ 3{,}0)$, $B\,(9{,}0;\ 3{,}5)$ und $C\,(4{,}2;\ 6{,}5)$!

a) Konstruiere einen vierten Punkt D so, daß das Viereck $ABCD$ ein Parallelogramm ist!

b) Zeichne $E\,(7{,}7;\ 7{,}0)$ und $F\,(10{,}3;\ 0{,}5)$ ein! Ist das Viereck $ABEC$ (das Viereck $AFBC$) auch ein Parallelogramm?

8 Konstruktion von Bildpunkten bei Spiegelungen

● **29** **a)** Gib die Punkte A bis D im Bild D 61 durch Zahlenpaare an!

b) Gib auch möglichst zu jedem Punkt den Bildpunkt bei Spiegelung an der Geraden s durch ein Zahlenpaar an! Bei welchem Punkt gelingt das nicht?

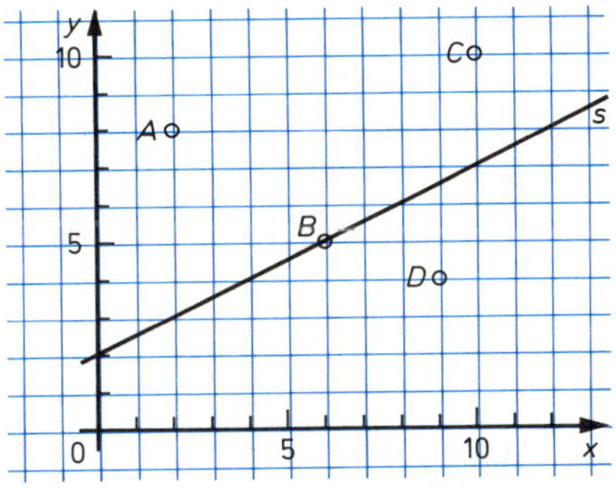

Bild D 61

Ein Koordinatensystem hilft uns nur in manchen Fällen beim Finden des Bildpunktes zu einem Punkt. Auch beim Benutzen von Millimeterpapier können wir oft einen Bildpunkt nur ungefähr durch ein Zahlenpaar angeben. Wenn wir ihn konstruieren, beachten wir die Festlegungen von ▶ 3 (S. 152).

■ **6** Gegeben: Gerade s, Punkt A. Gesucht: Bildpunkt von A bei Spiegelung an s.

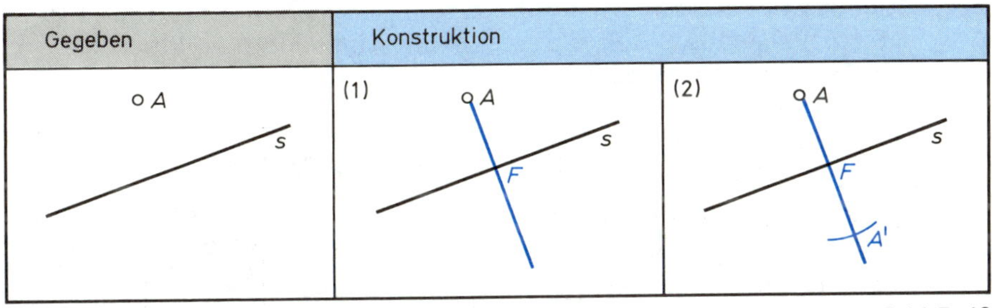

Bild D 62

Konstruktionsbeschreibung (zum Bild D 62):

(1) Wir zeichnen die Senkrechte zu s durch A und erhalten auf s den Schnittpunkt F.

(2) Wir tragen die Strecke $\overline{AF}$ von F aus auf der Senkrechten zu s ab und erhalten A'.

A' ist der gesuchte Bildpunkt von A.

● **30** Beschreibe den Konstruktionsschritt unter (2) mit der Redeweise „Verlängern einer Strecke um sich selbst“!

Aufgaben

1. Zeichne in ein Koordinatensystem die Gerade g durch die Punkte (0; 4) und (10; 6)!

a) Zeichne den Punkt A (4; 10) ein und konstruiere seinen Bildpunkt A' bei der Spiegelung an g!
Gib A' durch ein Zahlenpaar an!

b) Zeichne den Punkt B (7; 2) ein und konstruiere seinen Bildpunkt B' bei der Spiegelung an g! Beschreibe dein Vorgehen!

2. Zeichne in ein Koordinatensystem (Millimeterpapier, Einheit 1 cm) die Gerade h durch (2,5; 9,0) und (8,5; 1,5)!

a) Zeichne den Punkt P (1,5; 6,2) ein und konstruiere seinen Bildpunkt P' bei Spiegelung an h!
Gib P' (näherungsweise) durch ein Zahlenpaar an!

b) Zeichne den Punkt Q (7,3; 4,5) ein und konstruiere seinen Bildpunkt Q' bei Spiegelung an h!
Gib Q' (näherungsweise) durch ein Zahlenpaar an!

c) Gib das Bild R' von R (6,5; 4,0) bei Spiegelung an h durch ein Zahlenpaar an!

3. Zeichne mit der Lochschablone die Punkte A (2), B (15), C (6) und D (9)!

a) Konstruiere zu A das Bild A' bei der Spiegelung an CD!

b) Konstruiere zu B den Bildpunkt bei der Spiegelung an CD!

Beschreibe deine Konstruktionen!

4. Zeichne nach der Lochschablone A (4), B (11), P (2) und Q (12)!

a) Konstruiere zu P das Bild P' bei der Spiegelung an AB!

b) Konstruiere den Bildpunkt von Q bei der Spiegelung an AB!

Beschreibe dein Vorgehen!

5.* Zeichne mit der Lochschablone die Punkte A(12), A' (17) und B (14)! Zeichne die Spiegelgerade s für die Spiegelung, bei der A' Bildpunkt von A ist! Welchen Bildpunkt hat B bei der Spiegelung an s?

6. Zeichne nach der Lochschablone A(10), B (15), P (5) und Q(18)!

a) Konstruiere die Bildpunkte A' und B' von A und B bei Spiegelung an PQ!
Zeichne das Viereck $AA'B'B$!
Was ist das für ein Viereck?

b) Wie müssen bei solch einer Aufgabe A und B liegen, damit das Viereck $AA'B'B$ ein Parallelogramm ist?

7. Zeichne nach der Lochschablone A (13), B (11), C (12) und D (15)!

a) Konstruiere die Bildpunkte C' und D' von C und D bei Spiegelung an AB!
Zeichne das Viereck $CC'DD'$!
Was für ein Viereck ist das?

b) Wie müssen bei einer derartigen Aufgabe C und D liegen, damit $CC'DD'$ ein Paralellogramm ist?

8. Zeichne ein Rechteck $ABCD$ mit $\overline{AB} = 5$ cm und $\overline{BC} = 3$ cm!

a) Welche Bildpunkte haben A und C bei der Spiegelung an AC?

b) Konstruiere das Bild B' von B bei der Spiegelung an AC!

c) Konstruiere den Bildpunkt von D bei der Spiegelung an AC!

9. Zeichne ein Rechteck $PQRS$ mit $\overline{PQ} = 6$ cm und $\overline{QR} = 4$ cm! Zeichne durch R die Parallele g zu QS!

a) Ermittle die Bilder für alle Eckpunkte des Rechtecks bei Spiegelung an g und benenne sie mit P' bis S'! Welchen Punkt kannst du sofort – ohne Konstruktion – angeben?

b) Verbinde P', Q', R', S' zu einem Viereck! Vergleiche dieses Viereck mit dem Rechteck $PQRS$!

D

---

1. **a)** Zeichne ein Dreieck ABC so, daß die Geraden AB und AC senkrecht zueinander sind!

b) Zeichne durch C die Parallele g zur Geraden AB!

c) Zeichne durch B die Parallele h zur Geraden AC! Bezeichne den Schnittpunkt von g und h mit D!

d) A, B, C und D sind Eckpunkte eines Vierecks. Was für ein Viereck ist das? Wann entsteht ein Quadrat?

9 Eigenschaften von Spiegelungen

Wie bei Verschiebungen fragt man auch bei Spiegelungen nach den Bildern von Figuren. Was erhält man zum Beispiel, wenn man zu allen Punkten eines Dreiecks die Bildpunkte ermittelt? Um diese Frage beantworten zu können, untersuchen wir wie bei Verschiebungen zunächst Strecken und Geraden.

● **31** Im Bild D 63 liegt zwischen A und B der Punkt C. Die Bildpunkte von A, B und C bei der Spiegelung an s sind A', B', C'.

a) Beschreibe die Lage von C' zu A' und B'! Was läßt sich über die Bilder anderer Punkte von $\overline{AB}$ sagen?

b) Vergleiche die Längen von $\overline{AB}$ und $\overline{A'B'}$!

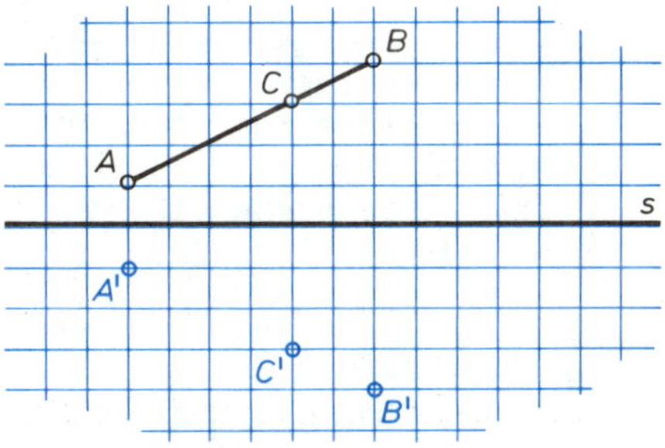

Bild D 63

● **32** Zeichne eine Spiegelgerade s und eine Strecke $\overline{PQ}$, deren Endpunkte P und Q auf verschiedenen Seiten von s liegen! Konstruiere die Bilder P' und Q' von P und Q!
Überlege, wo die Bilder der übrigen Punkte von $\overline{PQ}$ liegen!

Das Bild einer Strecke $\overline{AB}$ bei einer Spiegelung ist stets wieder eine Strecke. Dabei sind $\overline{AB}$ und ihr Bild $\overline{A'B'}$ gleich lang. Ebenso erhält man als Bild einer Geraden g stets wieder eine Gerade, die Bildgerade g'.

● **33** **a)** Was läßt sich über den Schnittpunkt der Geraden AB und ihrer Bildgeraden $A'B'$ im Bild D 63 sagen?

b) Ergänze die folgenden Aussagen zu Bild D 64 mit s als Spiegelgerade!

- Das Bild der Geraden g ist....
- Das Bild der Geraden h ist....
- Das Bild der Geraden k ist....
- Das Bild der Geraden s ist....

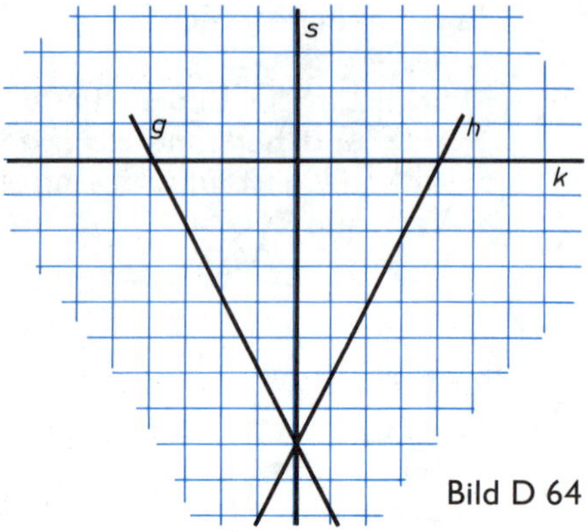

Bild D 64

c) Vergleiche die Schnittwinkel, die g und h im Bild D 64 mit s bilden! Wie verläuft die Bildgerade einer zu s parallelen Geraden?

▶ **5**

Für jede Spiegelung gilt:

(1) Jede Strecke $\overline{AB}$ hat als Bild eine Strecke, die Strecke $\overline{A'B'}$. $\overline{AB}$ und $\overline{A'B'}$ sind gleich lang.

(2) Jede Gerade $g = AB$ hat als Bild eine Gerade, die Gerade $g' = A'B'$.

Dabei gilt:
- Die Spiegelgerade s hat sich selbst als Bild: $s = s'$.
- Ist g parallel zu s, so ist auch g' parallel zu s.
- Steht g senkrecht auf s, so ist $g = g'$.

Anderenfalls schneiden g und g' einander auf s und haben mit s gleiche Schnittwinkel.

● **34** Zeichne zwei Geraden g und h, die einander schneiden! Miß den Schnittwinkel!
Zeichne dann eine weitere Gerade s und konstruiere die Bilder g' und h' von g und h bei der Spiegelung an s! Was kannst du über die gegenseitige Lage von g' und h' zueinander feststellen?

▶ **6**

Für jede Spiegelung gilt:

(3) Sind zwei Geraden zueinander parallel, so sind auch ihre Bildgeraden zueinander parallel.

(4) Der Schnittwinkel zweier Geraden ist stets gleich dem Schnittwinkel ihrer Bildgeraden.
Stehen insbesondere die beiden Geraden aufeinander senkrecht, so stehen auch ihre Bildgeraden aufeinander senkrecht.

● **35** Vergleiche die Spiegelungen mit den Verschiebungen bezüglich der Eigenschaften (1) bis (4)!

Aufgaben

1. Zeichne in ein Koordinatensystem die Strecke $\overline{AB}$ mit $A(1;9)$ und $B(2;4)$ sowie die Gerade s durch die Punkte $(1;1)$ und $(7;7)$! Zeichne das Bild von $\overline{AB}$ bei der Spiegelung an s ein und gib die Endpunkte von $\overline{A'B'}$ durch Zahlenpaare an!

2. Zeichne in ein Koordinatensystem die Strecke $\overline{PQ}$ mit $P(2{,}0;1{,}5)$ und $Q(4{,}1;7{,}8)$ sowie die Gerade g durch die Punkte $(1;7)$ und $(8;0)$!
Zeichne das Bild von $\overline{PQ}$ bei der Spiegelung an g und gib die Endpunkte von $\overline{P'Q'}$ durch Zahlenpaare an!

3. Zeichne nach der Lochschablone A, B, P, Q! Konstruiere das Bild der Strecke $\overline{AB}$ bei der Spiegelung an PQ! Beschreibe deine Konstruktion!
a) $A(2)$, $B(5)$, $P(1)$, $Q(6)$ **b)** $A(5)$, $B(10)$, $P(8)$, $Q(15)$

4. Zeichne ein Rechteck $ABCD$ mit $\overline{AB} = 5$ cm und $\overline{BC} = 3$ cm! Konstruiere das Bild der Strecke $\overline{BD}$ bei der Spiegelung an der Geraden CD!

5. Zeichne ein Quadrat $ABCD$ mit der Seitenlänge 4 cm und durch D die Parallele s zu AC! Konstruiere das Bild von $\overline{BD}$ bei der Spiegelung an s!

6. Bild D 65 enthält bei (a) bis (h) Strecken $\overline{AB}$ und $\overline{A'B'}$. Wo kann $\overline{A'B'}$ gewiß *nicht* Bild von $\overline{AB}$ bei einer Spiegelung sein, bei der A' Bildpunkt von A und B' Bildpunkt von B ist?

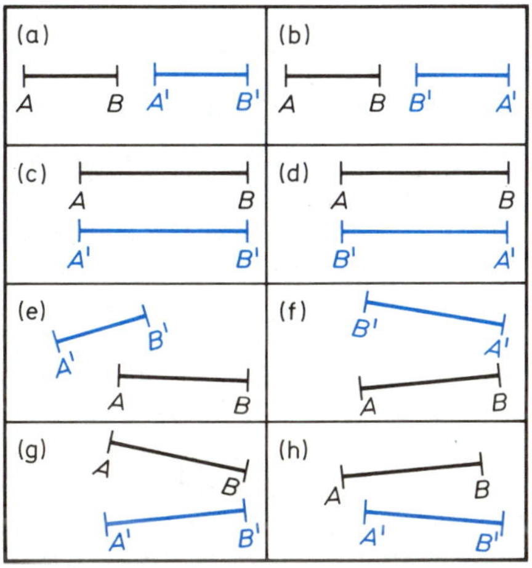

Bild D 65

7. Zeichne nach der Lochschablone die Gerade g durch $A(4)$ und $B(5)$ sowie die Gerade s durch (6) und (8)! Ermittle das Bild g' von g bei Spiegelung an s! Miß die Winkel, unter denen g und g' die Spiegelgerade schneiden!

8. Zeichne in ein Koordinatensystem die Gerade $g = AB$ mit $A(1{,}5;2{,}5)$ und $B(3{,}5;8{,}5)$ sowie die Gerade s durch $(0;3)$ und $(7;6{,}5)$!
Ermittle das Bild g' von g bei der Spiegelung an s! Gib den Schnittpunkt von g, g' und s durch ein Zahlenpaar an und miß die Schnittwinkel!

9. Zeichne eine Gerade g durch die Punkte (10) und (14) der Lochschablone! Zeichne die zu g parallele Gerade h durch den Punkt (18) und miß den Abstand von g und h!
a) Wähle als Spiegelgerade die Gerade durch (12) und (15) und konstruiere die Bilder von g und h! Welchen Abstand haben g' und h' voneinander?
b) Wähle als Spiegelgerade die Parallele zu g und h durch den Punkt (15)! Konstruiere dann die Bilder von g und h und miß den Abstand von g' und h'!

10. Im Bild D 66 sei bei Spiegelung
a) h das Bild von g,
b) m das Bild von l,
c) k das Bild von g,
d) h das Bild von k.
Gib jeweils die Spiegelgerade durch zwei ihrer Punkte (mit Zahlenpaaren) an!

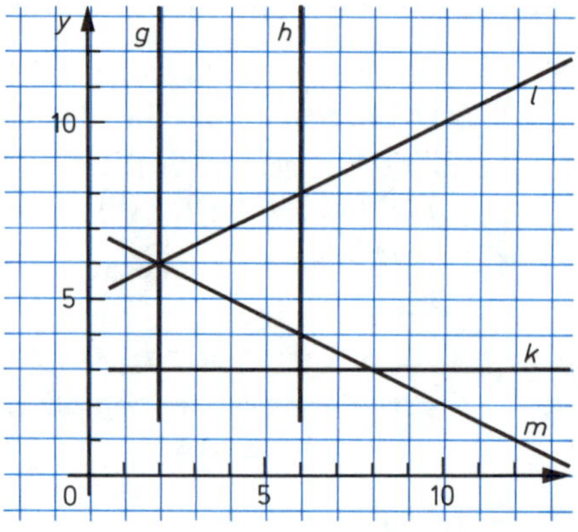

Bild D 66

11.* Von einer Spiegelung ist bekannt, daß bei ihr $h' = h$ ist (Bild D 67). Kann bei dieser Spiegelung
a) g das Bild von k sein?
b) p das Bild von q sein?
c) q das Bild von sich selbst sein?

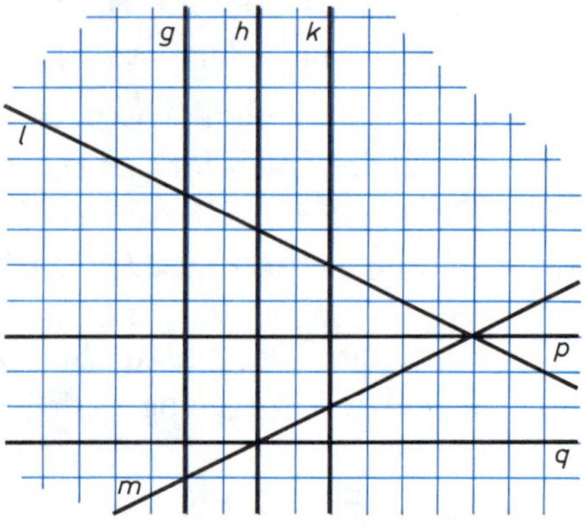

Bild D 67

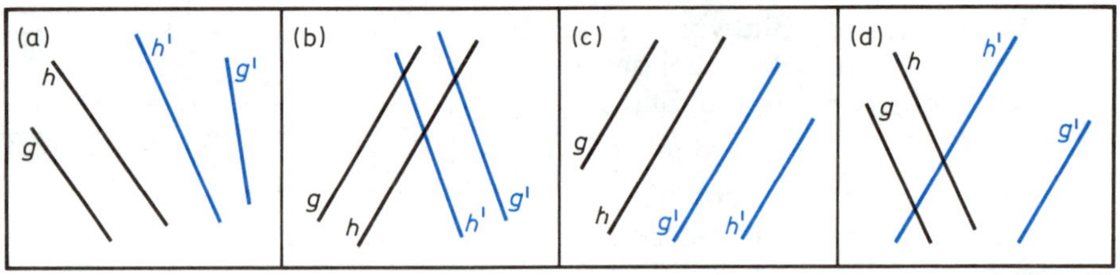

Bild D 68

12. Kann im Bild D 68 g' das Bild von g und h' das Bild von h bei derselben Spiegelung sein? Begründe!

---

1. **a)** Zeichne ein Trapez $ABCD$, das kein Parallelogramm ist?
Welche seiner Innenwinkel sind spitze (rechte, stumpfe) Winkel?
b) Zeichne ein Trapez $PQRS$, das kein Parallelogramm ist und zwei rechte Winkel als Innenwinkel hat?
Was für Winkel sind die anderen beiden Innenwinkel? Miß sie!

2. Zeichne drei Punkte A, B und C, die nicht auf derselben Geraden liegen! Zeichne dazu drei Punkte P, Q und R so, daß die gerichteten Strecken $\overrightarrow{AP}$, $\overrightarrow{BQ}$ und $\overrightarrow{CR}$ gleich gerichtet sind!

10 Spiegelbilder von Figuren

D

Aus dem, was wir über die Bilder von Strecken und Geraden bei Spiegelungen wissen, folgt beispielsweise: Das Bild eines Dreiecks ist wieder ein Dreieck, und Seiten und Winkel des Bilddreiecks haben die gleiche Größe wie im Originaldreieck.

● **36** Begründe die Aussagen mit Eigenschaften der Spiegelung!
Was für Bilder haben Rechtecke?

● **37** Gib zum Bild D 69 die Eckpunkte der Bilddreiecke $A'B'C'$ bei der Spiegelung an s durch Zahlenpaare an!

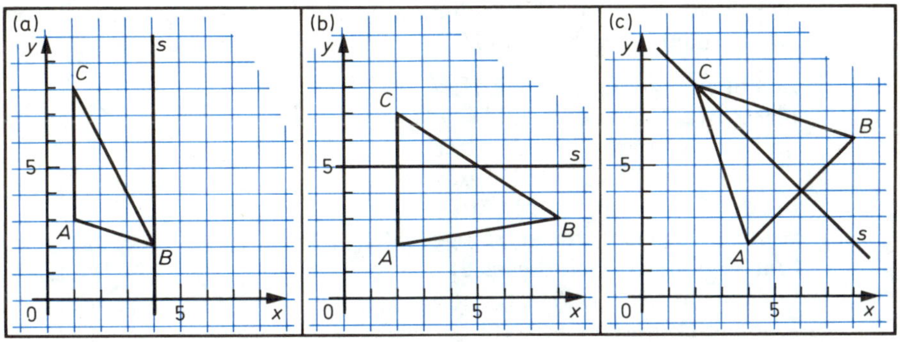

Bild D 69

Will man das Bild eines Dreiecks bei einer Spiegelung konstruieren, so konstruiert man für jeden Eckpunkt das Spiegelbild. Dabei ist es günstig, gleichartige Konstruktionsschritte für alle Eckpunkte unmittelbar nacheinander auszuführen.

■ **7** Es ist das Bild des Dreiecks ABC bei der Spiegelung an der Geraden s zu konstruieren.

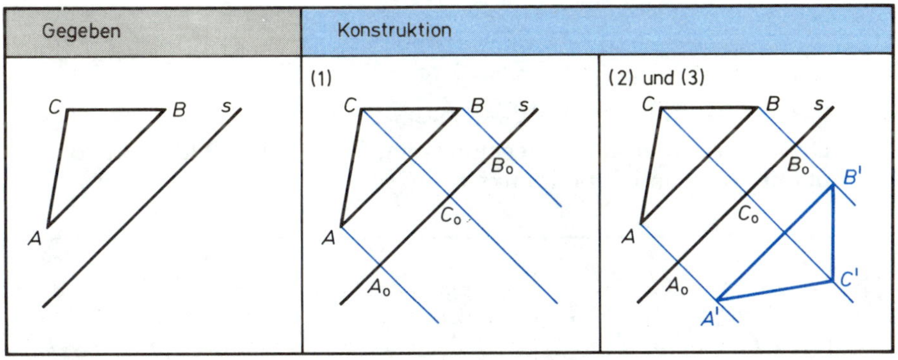

Bild D 70

Konstruktionsbeschreibung (zum Bild D 70):

(1) Wir zeichnen durch jeden Eckpunkt die Senkrechte zur Spiegelgeraden. Schnittpunkte mit s seien A_0, B_0, C_0.

(2) Wir tragen die Strecke $\overline{AA_0}$ von A_0 aus auf der Senkrechten zu s ab und erhalten A'.

Entsprechend verlängern wir $\overline{BB_0}$ und $\overline{CC_0}$ über B_0 und C_0 hinaus um sich selbst und erhalten B' und C'.

(3) Wir verbinden die Punkte A', B' und C' miteinander und erhalten so das Dreieck $A'B'C'$.

$A'B'C'$ ist das gesuchte Bilddreieck.

● **38** Zeichne ein Parallelogramm *ABCD* mit den Eckpunkten *A* (5), *B* (9), *C* (10), *D* (6) nach der Lochschablone!
Zeichne außerdem die Gerade *g* durch die Punkte (7) und (15)!

a) Konstruiere das Bild des Parallelogramms *ABCD* bei Spiegelung an der Geraden *g*! Beschreibe deine Konstruktion!

b) Bei a) kannst du für die Konstruktion des vierten Bildpunktes vorteilhaft eine Eigenschaft der Spiegelung ausnutzen; welche ist das? Beschreibe, wie du dann vorgehen mußt!

● **39** **a)** Zeichne einen Kreis mit Zifferblatteinteilung wie im Bild D 71 und eine Gerade *s* in dein Heft!

b) Zeichne das Bild dieses Kreises bei der Spiegelung an *s*! (Aus welcher Eigenschaft der Spiegelung ergibt sich, daß dieses Bild wieder ein Kreis ist?)

c) Zeichne in diesen Kreis die Zifferblatteinteilung ein, die sich durch die Spiegelung an *s* ergibt!

d) Betrachte das Zifferblatt einer Uhr und die Bewegung des Uhrzeigers in einem Spiegel! Vergleiche mit deiner Lösung unter c)!

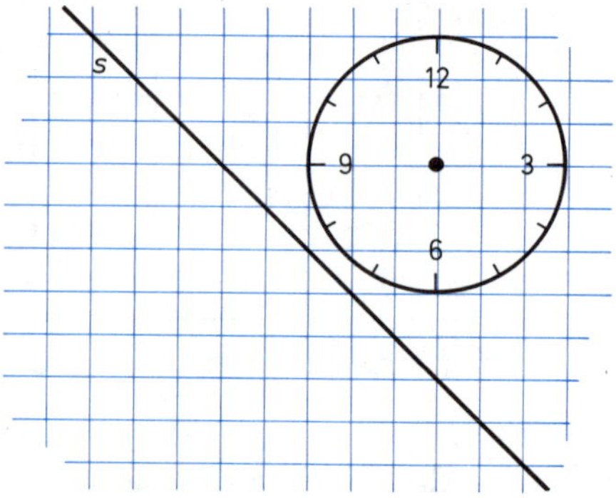

Bild D 71

Aufgaben

1. Entscheide für Bild D 72: Kann Dreieck $A'B'C'$ das Bild des gleichschenkligen Dreiecks *ABC* bei einer Spiegelung sein? Dabei soll A' Bildpunkt von *A*, B' Bildpunkt von *B* und C' Bildpunkt von *C* sein.

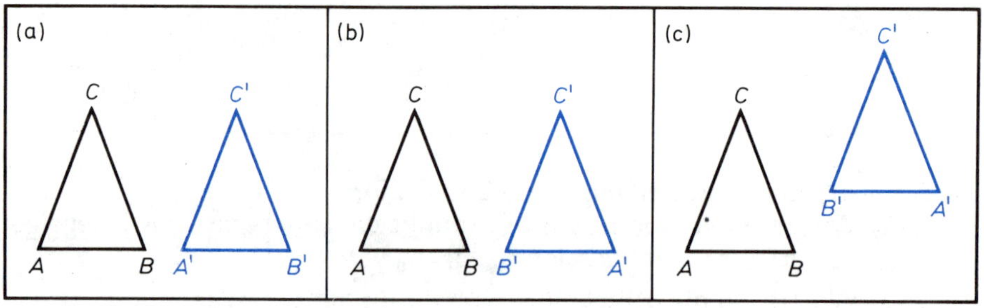

Bild D 72

2. Zeichne in ein Koordinatensystem das Dreieck *ABC* mit *A* (2; 1), *B* (8; 2), *C* (4; 4) und den Punkt *A'* (2; 5)!
A' soll Bild von *A* bei einer Spiegelung an *s* sein.
Zeichne das gesamte Bild des Dreiecks *ABC* bei der Spiegelung an *s* ein und gib die Eckpunkte *B'* und *C'* durch Zahlenpaare an!

3. Zeichne das Dreieck *ABC* mit *A* (2), *B* (8), *C* (10) nach der Lochschablone und die Gerade *s* durch (9) und (18)! Konstruiere das Bild des Dreiecks *ABC* bei der Spiegelung an *s*! Beschreibe deine Konstruktion!

4. Zeichne nach der Lochschablone die Punkte *A* (17), *B* (18), *C* (15), *P* (9) und *Q* (14)! Konstruiere das Bild des Dreiecks *ABC* bei der Spiegelung an der Geraden *PQ*! Beschreibe deine Konstruktion!

5.* Zeichne eine Gerade *g*! Zeichne eine Strecke (einen Strahl, eine Gerade, ein Dreieck, einen Kreis), die mit ihrem Bild bei Spiegelung an *g*
a) keinen Punkt, **b)** nur einen Punkt, **c)** mehr als einen Punkt, aber nicht alle, **d)** alle Punkte gemeinsam hat! Versuche jeweils, alle Möglichkeiten zu finden!

6. Treffen die Aussagen für jede Spiegelung zu? Begründe deine Antwort.
a) Das Bild eines gleichseitigen Dreiecks ist stets ein gleichseitiges Dreieck.
b) Das Bild eines gleichschenkligen Dreiecks ist stets ein gleichseitiges Dreieck.
c) Das Bild eines gleichseitigen Dreiecks ist stets ein gleichschenkliges Dreieck.

7. Treffen die Aussagen a) bis d) für jede Spiegelung zu? Begründe deine Antworten!
a) Das Bild eines Rechtecks ist stets ein Rechteck.
b) Das Bild eines Parallelogramms ist stets ein Parallelogramm.
c) Das Bild eines Rechtecks ist stets ein Quadrat.
d) Das Bild eines Rechtecks ist stets ein Parallelogramm.

8. Zeichne nach der Lochschablone die Punkte *A* (2), *B* (5), *C* (10), *D* (3), *P* (12), *Q* (16)! Was für ein Viereck ist *ABCD* ? Konstruiere sein Bild bei Spiegelung an der Geraden *PQ*!

Bild D 73

9. Zeichne nach der Lochschablone ein Parallelogramm *ABCD* mit *A* (1), *B* (9), *C* (2)! Zeichne außerdem die Gerade *s* durch (3) und (17)! Konstruiere das Bild des Parallelogramms *ABCD* bei der Spiegelung an *s*!

10. Wie spät ist es, wenn man eine Turmuhr in einer Schaufensterscheibe so sieht, wie sie Bild D 73 zeigt?
Wie wird das Spiegelbild der Uhr 2 h (30 min) später aussehen?

11. Zeichne in ein Koordinatensystem die Punkte $A(1; 1)$, $B(2; 1)$, $C(1; 3)$, $D(2{,}5; 1)$, $E(2{,}5; 3)$, $F(4{,}5; 1)$ und $G(4{,}5; 3)$!
Zeichne das Dreieck ABC und die Geraden DE und FG!
a) Ermittle das Bild $A'B'C'$ des Dreiecks ABC bei der Spiegelung an DE!
b) Ermittle das Bild $A''B''C''$ des Dreiecks $A'B'C'$ bei der Spiegelung an FG!
c) Gibt es eine Verschiebung oder eine Spiegelung, bei der Dreieck ABC als Bild Dreieck $A''B''C''$ hat?

---

1. Zeichne einen Kreis mit dem Radius $r = 6\,\text{cm}$!
a) Zeichne einen Strahl, der mit dem Kreis zwei Punkte gemeinsam hat!
b) Zeichne eine Gerade, die mit dem Kreis keinen Punkt gemeinsam hat!
c) Zeichne zwei Punkte A und B so, daß folgendes gilt:
- Die Strecke $\overline{AB}$ hat mit dem Kreis keinen Punkt gemeinsam.
- Die Gerade AB hat mit dem Kreis zwei Punkte gemeinsam.
- Der Strahl AB hat mit dem Kreis genau einen Punkt gemeinsam.

2. Zeichne ein Quadrat mit der Seitenlänge 5 cm!
a) Zeichne zwei Punkte A und B so, daß die Gerade AB und auch die Senkrechte durch B zur Geraden AB mit dem Quadrat keinen Punkt gemeinsam haben!
b) Zeichne zwei Punkte C und D so, daß die Gerade CD mit dem Quadrat zwei Punkte und die Strecke $\overline{CD}$ mit dem Quadrat nur einen Punkt gemeinsam hat!

11 Figuren, die zueinander symmetrisch liegen

Figuren, bei denen eine das Spiegelbild der anderen ist, werden schon seit dem Altertum zur Verzierung und als Schmuck benutzt (Bild D 74).
Will man Spiegelbilder komplizierter Figuren herstellen, so ist das Konstruieren zu umständlich. Bei der Verschiebung kann man zum Herstellen von Schmuckformen eine Schablone benutzen, die einfach weitertransportiert wird.

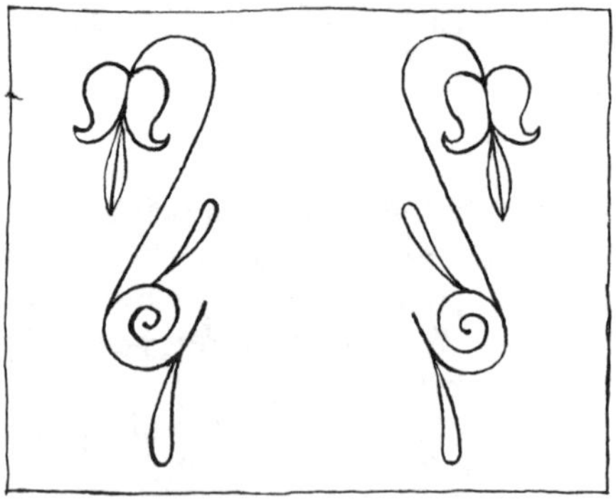

Bild D 74

Einen Hinweis auf ein bei der Spiegelung mögliches Vorgehen gibt uns ein Denkmal für den Erfinder des *Steindrucks,* Alois Senefelder. Es steht in Berlin auf einem Platz, der seinen Namen trägt, und auf dem Sockel lesen wir seinen Namen in Spiegelschrift.
Spiegelbilder kann man nämlich auch durch „Umwenden“ erhalten. Ein Blatt Papier kann man zu diesem Zweck einfach falten.

D

● **40** Zeichne auf ein durchscheinendes Blatt Papier eine Gerade g und ein Dreieck ABC (Bild D 75)!

a) Falte das Papier längs g und übertrage die Punkte A, B, C mit einer Nadel auf die andere Seite! Falte das Papier wieder auseinander, benenne die erhaltenen Punkte mit A', B', C' und verbinde sie zu einem Dreieck!

b) Vergleiche das Dreieck $A'B'C'$ mit dem Dreieck, das du als Bild des Dreiecks ABC bei der Spiegelung an g erhalten hättest! (Zeichne dazu die Strecken $\overline{AA'}$, $\overline{BB'}$ und $\overline{CC'}$ ein und miß, wie sie zur Geraden s liegen!)

c) Hat man kompliziertere Spiegelbilder als nur Dreiecke herzustellen, so kann man statt der Nadeln Kohlepapier benutzen. Probiere das selbst aus und erläutere, wie man dabei vorgeht!

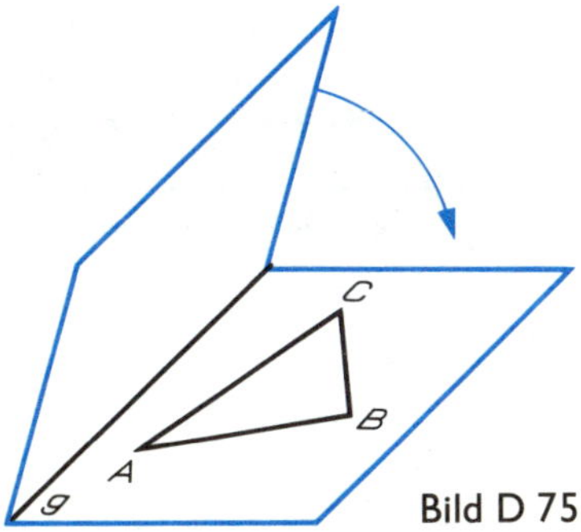

Bild D 75

Im Bild D 76 sind die beiden Figuren durch Zusammenfalten aus einem Tintenklecks entstanden. Sind zwei Figuren Spiegelbilder voneinander (Spiegelgerade s), so sagt man auch, daß die beiden Figuren **symmetrisch zueinander** liegen (bezüglich der Geraden s). s wird dann auch als **Symmetrieachse** bezeichnet. Viele *bereits bekannte* Tatsachen können wir nun in neuer Form aussprechen:

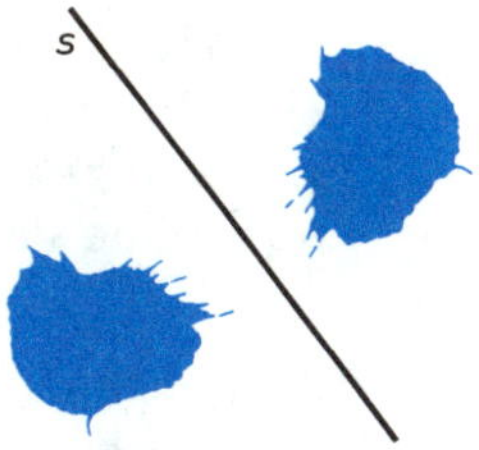

Bild D 76

▶ **7**

Zueinander (bezüglich s) symmetrisch liegende Figuren F_1, F_2

Sind P_1, P_2 einander entsprechende Punkte von F_1, F_2, so gilt:

(1) Die Symmetrieachse s halbiert $\overline{P_1P_2}$.

(2) Die Symmetrieachse s steht auf $\overline{P_1P_2}$ senkrecht.

(3) Jeder Punkt S der Symmetrieachse ist von P_1 und P_2 gleich weit entfernt: $\overline{SP_1} = \overline{SP_2}$.

(4) Die Verbindungsstrecken $\overline{SP_1}$ und $\overline{SP_2}$ bilden mit s gleich große Winkel.

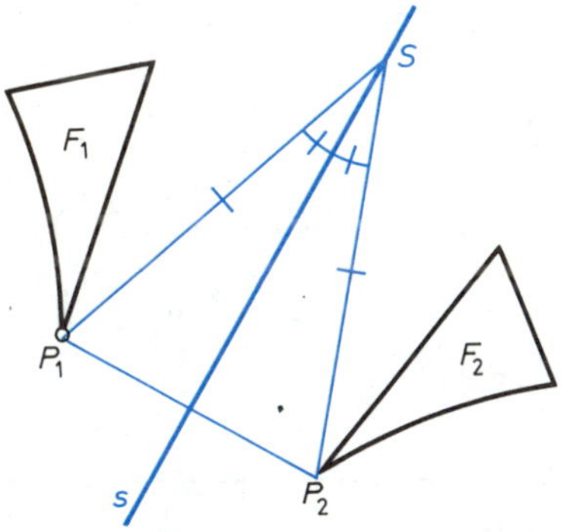

Zwei beliebige Punkte A, B liegen immer symmetrisch zueinander. Das heißt, daß sich immer eine Symmetrieachse s zu ihnen finden läßt: s ist die Gerade, die auf der Strecke $\overline{AB}$ senkrecht steht und sie halbiert.

Recht einfach kann man s erhalten, indem man zwei Punkte von s konstruiert.

■ **8** Zu zwei Punkten A und B ist die Symmetrieachse zu konstruieren. Dazu konstruieren wir zwei Punkte der Symmetrieachse. Dabei stützen wir uns auf die unter ▶ 7 genannte Eigenschaft (3).

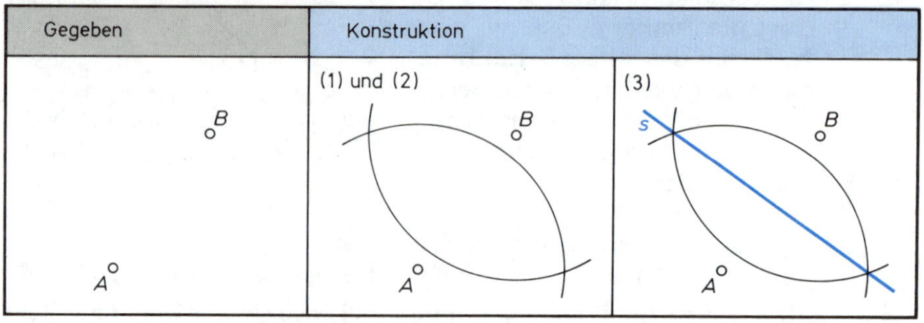

Bild D 77

Konstruktionsbeschreibung (zum Bild D 77):

(1) Wir zeichnen um A einen Kreis(bogen). Sein Radius r muß länger als die Hälfte von $\overline{AB}$ sein.

(2) Wir zeichnen um B einen Kreis(bogen) mit dem gleichen Radius r.

(3) Wir zeichnen die Gerade s durch die Schnittpunkte der beiden Kreise.

Die Gerade s ist die gesuchte Symmetrieachse.

Bei der Konstruktion im Beispiel 8 genügt es, von den Kreisen um A und B noch weniger zu zeichnen, als im Bild D 77 zu sehen ist.
Ob man richtig konstruiert hat, kann man auch mit einer auf s gesetzten und senkrecht stehenden Scheibe kontrollieren, die gleichzeitig spiegelt und durchsichtig ist.

● **41** **a)** Mit einer solchen Plastscheibe kann man auch die Symmetrieachse zu zwei Punkten ermitteln. Wie muß man dann vorgehen?

b) Liegen auch beliebige Geraden g und h stets zueinander symmetrisch? Wenn ja, wie könnte man die Symmetrieachse ermitteln?

c) Beantworte die gleiche Frage für beliebige Strahlen!

Aufgaben

1. Zeichne ein Viereck $ABCD$ mit den Eckpunkten A (5), B (8), C (12), D (10) nach der Lochschablone! Konstruiere dazu ein symmetrisches Viereck! Die Symmetrieachse soll durch B und den Punkt (16) gehen. Beschreibe dein Vorgehen!

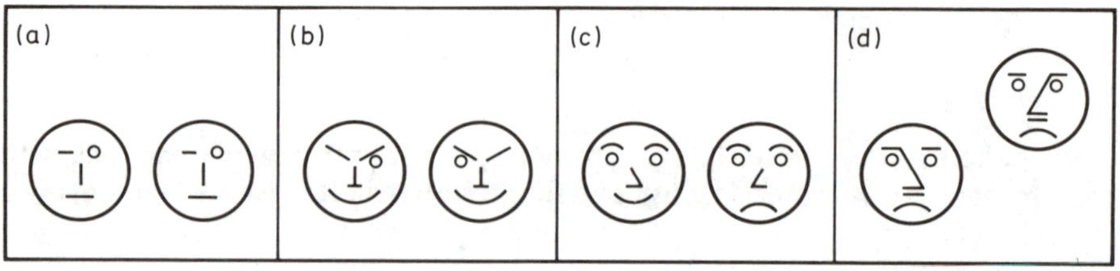

Bild D 78

2. Wo handelt es sich im Bild D 78 um zueinander symmetrisch liegende Figuren?

3. Zeichne nach Lochschablone die Punkte
a) *A* (7) und *B* (12), **b)** *P* (3) und *Q* (10)!
Konstruiere zu ihnen die Symmetrieachse! Beschreibe deine Konstruktion!

4.* Zeichne nach der Lochschablone das Dreieck *ABC* mit *A* (10), *B* (11), *C* (6)! Der Punkt *A* soll bei einer Spiegelung als Bildpunkt den Punkt *A′* (15) haben. Konstruiere *A′B′C′* bei dieser Spiegelung! Beschreibe deine Konstruktion!

12 Axialsymmetrische Figuren

Bild D 79

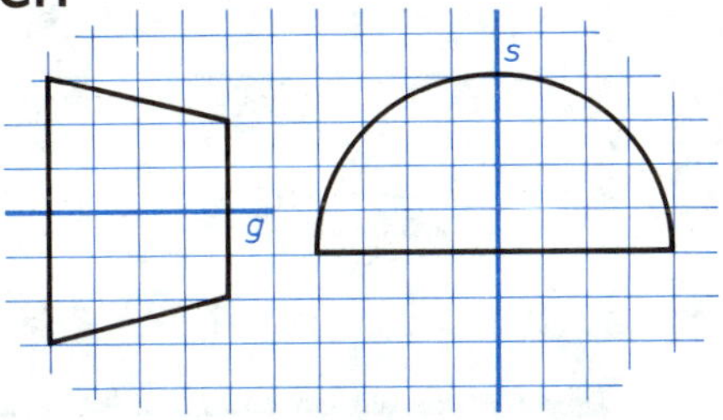

42 **a)** Welches Bild hat das Trapez im Bild D 79 bei Spiegelung an der Geraden *g*?
b) Gib die Figur an, die zu dem Halbkreis im Bild D 79 bezüglich *s* symmetrisch liegt!

Es gibt Figuren, die bei einer Spiegelung sich selbst als Bild haben. Sie bestehen gewissermaßen aus zwei Teilen, die zueinander symmetrisch liegen. Man nennt eine solche Figur **achsensymmetrisch** oder **axialsymmetrisch.** (Beachte: ach*s*en-, aber axial-!)
Wenn die Figur bei einer Spiegelung an *s* sich selbst als Bild hat, heißt die Gerade *s* **Symmetrieachse der Figur.**

43 **a)** Mit gleichschenkligen Dreiecken haben wir bereits axialsymmetrische Figuren kennengelernt. Wie verläuft bei ihnen die Symmetrieachse?
b) Gleichseitige Dreiecke haben mehr als eine Symmetrieachse; wieviel sind es?
c) Quadrate haben vier Symmetrieachsen (Bild D 80). Wieviel Symmetrieachsen haben Rechtecke, die keine Quadrate sind?
d) Uwe behauptet: „Es gibt kein Parallelogramm, das axialsymmetrisch ist.“ Nimm dazu Stellung!

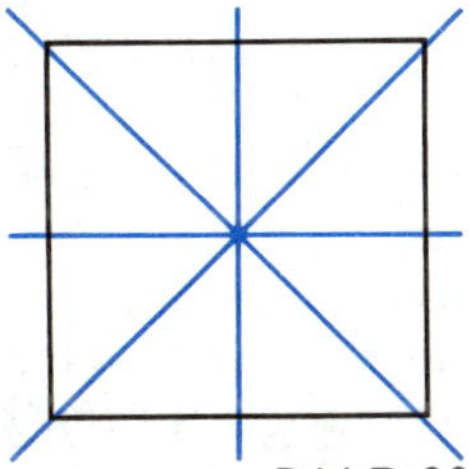

Bild D 80

Beim Kreis ist jeder Durchmesser eine Symmetrieachse.

44 **a)** Welche der Verkehrszeichen im Bild D 81 sind axialsymmetrisch? Gib an, wie die Symmetrieachsen liegen, und beachte, ob mehrere vorhanden sind!
b) Gib weitere axialsymmetrische Verkehrszeichen an!

Bild D 81

Die Axialsymmetrie begegnet uns so häufig in der Natur, daß unsymmetrische Formen wie die Plattfische direkt auffallen.

● **45** **a)** Schau dir ein Begonienblatt an! Warum trägt wohl diese ganze Pflanzenfamilie den Namen *Schiefblattgewächse*?

b) Eigentlich kann man oft nicht von Axialsymmetrie sprechen, denn es handelt sich nicht um ebene Figuren, sondern um Körper. Was tritt dann an die Stelle der Geraden, an der gespiegelt wird?

In der Kunst und in der Technik werden von jeher häufig symmetrische Formen verwandt. Auch bei einfachen Gebrauchsgegenständen und bei Waren des täglichen Bedarfs treffen wir häufig auf Symmetrie.

Bild D 82

● **46** **a)** Auf der Titelseite des Buches findest du einen Ausschnitt aus dem Geländer einer Brücke in Berlin. Welche Einzelheiten weichen von strenger Symmetrie ab?

b) Stell symmetrische und unsymmetrische Körper auf den Briefmarken im Bild D 82 einander gegenüber! Gib selbst weitere Beispiele und Gegenbeispiele für Symmetrie an!

Spiegelbilder kann man auch durch „Umwenden“ erhalten. Ein Blatt Papier kann man zu diesem Zweck einfach falten. Das tut man bei der Herstellung von **Faltschnitten** aus Buntpapier.
Faltet man das Papier mehrmals, so erhält man einen komplizierten Faltschnitt, einen sogenannten *Zentralschnitt* (Bild D 83).

● **47** Wieviel Symmetrieachsen hat der Faltschnitt im Bild D 83?

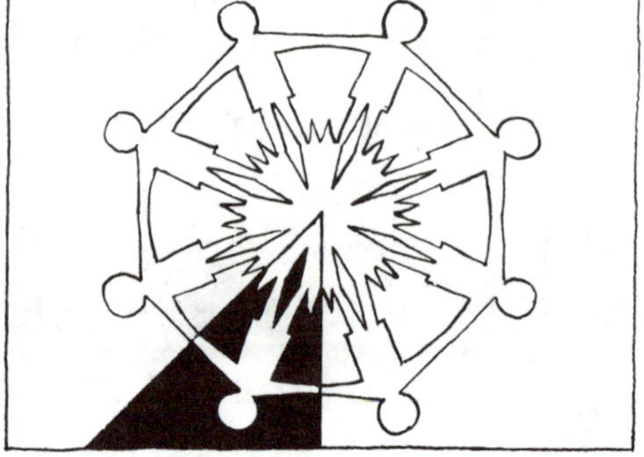

Bild D 83

Aufgaben

1. Was erhält man, wenn man die Zeichnung im Bild D 84 so ergänzt, daß eine symmetrische Figur entsteht?

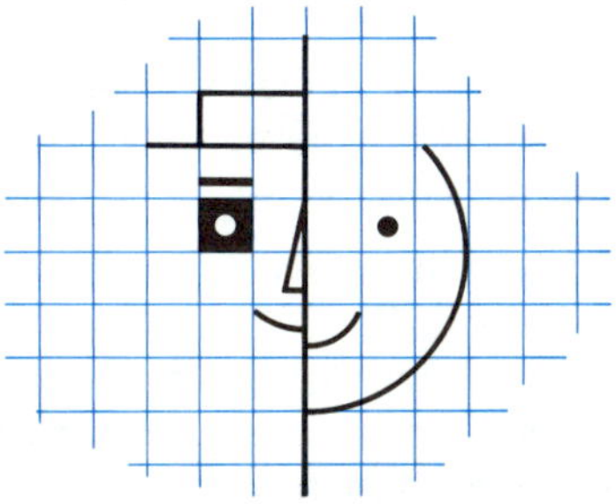

Bild D 84

Bild D 85

2. Gib für die Figuren im Bild D 85 alle Symmetrieachsen an!

3. **a)** Welche Stadtwappen im Bild D 86 sind axialsymmetrisch?
b) Entwirf selbst symmetrische Wappen!

Bild D 86

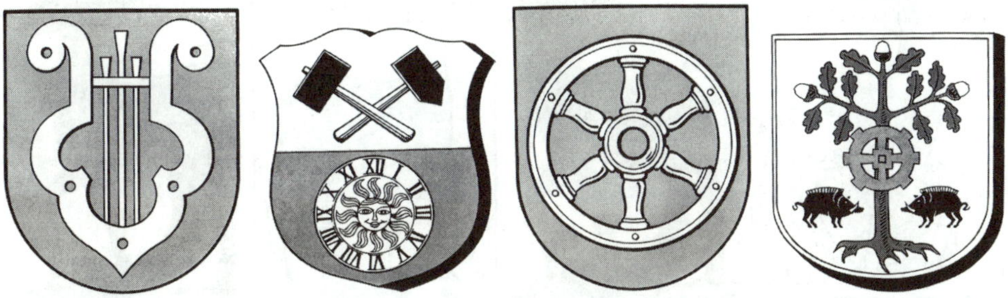

Klingenthal Glashütte Erfurt Eberswalde-Finow

4. Untersuche die Buchstaben A, B, E, H, M, N, O, P, S, T, U, X, Y, Z der Blockschrift auf Axialsymmetrie!
Gib den Verlauf der Symmetrieachse(n) an!
Untersuche auch Buchstaben der kyrillischen Schrift!

5. **a)** Es gibt auch Wörter, die völlig symmetrisch geschrieben werden. OTTO ist eins von ihnen. Gib weitere an!
b) ARA und ELLE sind auch „symmetrische Wörter", aber die Buchstabenform ist bei ihnen nicht durchweg symmetrisch. Such weitere derartige Wörter, auch mit mehr als vier Buchstaben!
c) Läßt man die Buchstabenform außer acht, so kann man auch ganze „symmetrische Sätze" bilden. Sie sind zwar nicht sehr sinnvoll, aber spaßig wie
LEG IN EINE SO HELLE HOSE NIE'N IGEL!
Die fehlenden Hälften kannst du selbst ergänzen:
(1) EIN TEUER REIT ...
(2) REGAL MIT SIRUP ...
(3) EINE HORDE B ...
(4) LEGE AN EINE BRAND ...

6. Ein Viertelkreis hat genau eine Symmetrieachse.
Wieviel Symmetrieachsen hat ein Halbkreis?

7. **a)** Wie kann man durch Falten rasch und genau den Mittelpunkt eines rechteckigen Papierblattes finden?
b) Wieviel Symmetrieachsen hat ein Faltschnitt, wenn man vor dem Schneiden einmal (zweimal, dreimal, viermal) faltet? Probiere!
Kann man auch vor dem Schneiden zehnmal falten?

8.* Man kann für einen Faltschnitt das Papier auch nach Art einer Ziehharmonika falten. Dann entsteht ein *Reihenfaltschnitt* (Bild D 87).
Die Figur (3) kann man sich aus der Figur (1) folgendermaßen entstanden denken: Als Bild von (1) bei Spiegelung an der Geraden *g* entsteht zunächst (2), und bei darauffolgender Spiegelung an *h* erhält man (3) als Bild von (2).
a) Durch welche Spiegelungen entsteht (4) aus (2)?
Durch welche Spiegelung entsteht (1) aus (3)?
Durch welche Spiegelung entsteht (4) aus (1)?
b) Wie kann man (3) *direkt* aus (1) erhalten?

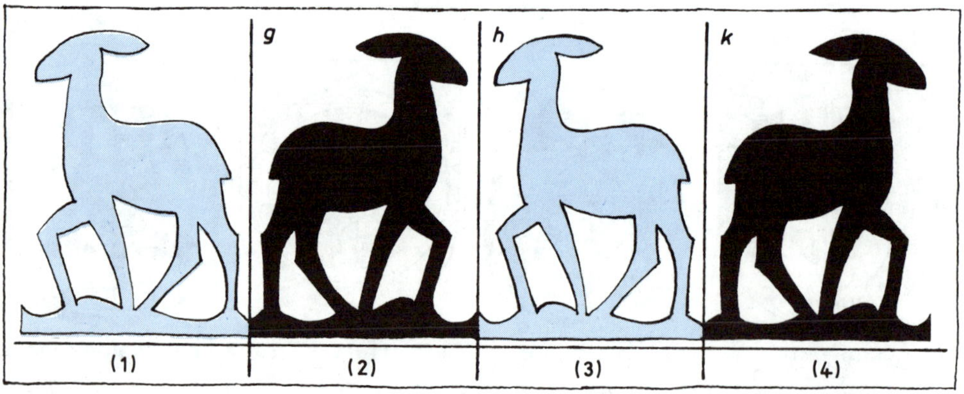

Bild D 87

---

1. **a)** Zeichne vier Punkte *A*, *B*, *C* und *D*! Zeichne sie so, daß keine Gerade gleichzeitig durch drei dieser Punkte geht!
b) Zeichne nun alle Geraden, die durch irgend zwei dieser Punkte gehen! Wieviel Geraden hast du erhalten?

2. **a)** Zeichne ein Dreieck *ABC*, das nicht gleichschenklig ist!
b) Zeichne alle Kreise, die einen der Eckpunkte als Mittelpunkt haben und durch einen weiteren der Eckpunkte hindurchgehen!
Wieviel Kreise hast du erhalten?
Wieviel Kreise hättest du erhalten, wenn das Dreieck *ABC* gleichschenklig (oder sogar gleichseitig) gewesen wäre?

Zusammenfassung

Spiegelung

P' ist **Bildpunkt** von P.
P ist **Originalpunkt** von P'.

Zu jedem Punkt der Ebene gehört genau ein Bildpunkt.
Zu jedem Punkt der Ebene gehört genau ein Originalpunkt.

$\overline{PP'}$, $\overline{AA'}$, $\overline{BB'}$ stehen auf der Spiegelgeraden s senkrecht und werden von s halbiert.

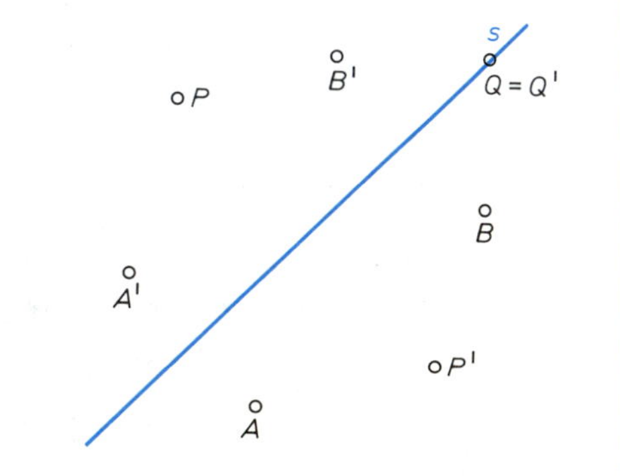

Eigenschaften der Spiegelungen

Original	**Bild**
Gerade g	Gerade g'
Strecke $\overline{AB}$	Strecke $\overline{A'B'}$

Dabei gilt: $\overline{A'B'} = \overline{AB}$.

Wenn $g \parallel h$, so $g' \parallel h'$.
Haben g und k den Schnittwinkel α und g' und k' den Schnittwinkel α', so gilt $\alpha' = \alpha$.

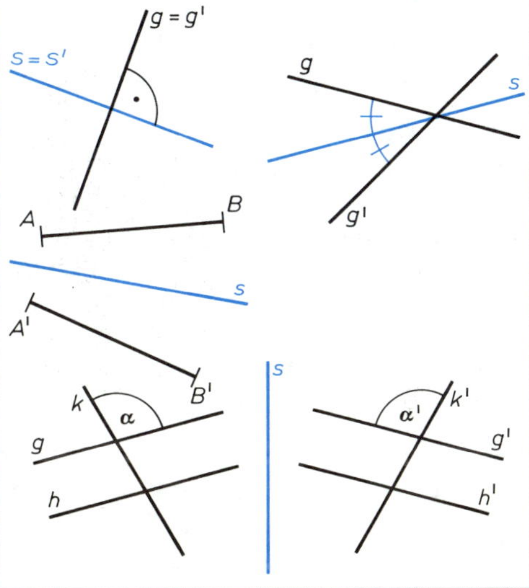

Achsen- oder Axialsymmetrie

F_1 und F_2 liegen zueinander symmetrisch.

s ist Symmetrieachse.

F ist axialsymmetrisch.

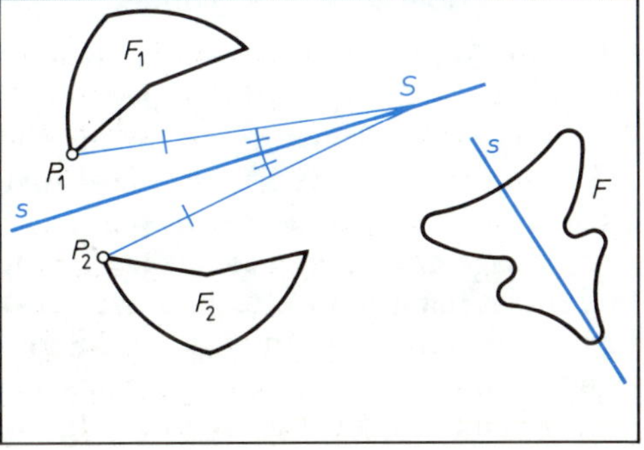

13 Drehen von Gegenständen

Die Uhr im Bild D 88 ist stehengeblieben. Sie soll auf 8.00 Uhr gestellt werden.
Es gibt zwei Möglichkeiten, um die richtige Zeigerstellung zu erreichen.

Bild D 88

48 **a)** Welches Drehen entspricht dem normalen Lauf der Uhr? Über welche Ziffern bewegt sich der kleine Zeiger hinweg, wenn man nach rechts (links) dreht (Bild D 89)?
b) Ein Zeiger einer Uhr steht auf der Ziffer 12 des Zifferblattes. Auf welcher Ziffer steht er, nachdem er um 90° nach rechts (links) gedreht worden ist?

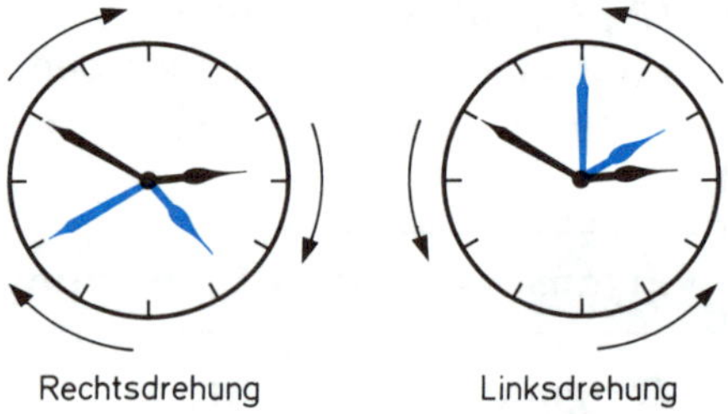

Bild D 89

Drehvorgänge können übertragen werden. Eine Möglichkeit dafür bieten Keilriemen. Bild D 90 zeigt den Antrieb über einen Keilriemen, wie z. B. in einer Trommelwaschmaschine. Die eingezeichneten Pfeile geben an, daß sich beide Räder in gleicher Weise drehen (hier links herum, „entgegen dem Uhrzeigersinn“).

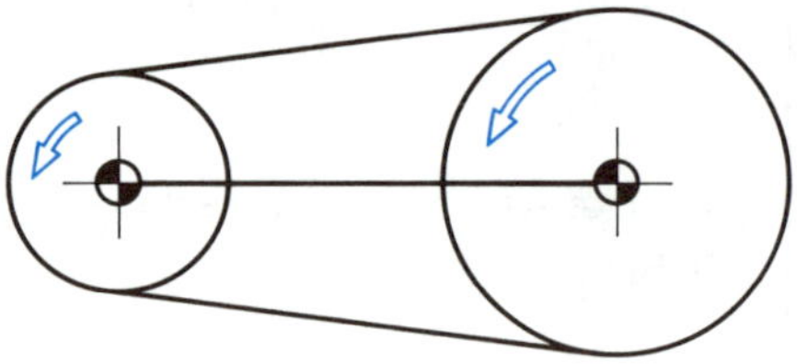

Bild D 90

49 Eine Schwungscheibe wird um den Punkt M von einer Anfangslage in eine Endlage gedreht (Bild D 91).
a) In welche Punkte gehen A, B und C über?
b) Warum kann Punkt D nicht in H übergehen? Begründe!

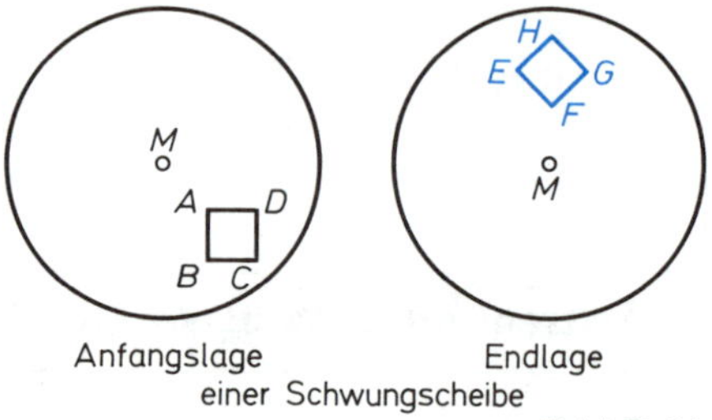

Bild D 91

Wird ein Gegenstand gedreht, so bewegen sich seine Punkte auf Kreisbahnen. Die Endlage der Schwungscheibe im Bild D 91 kann sowohl durch **Linksdrehung** als auch durch **Rechtsdrehung** aus der Anfangslage entstanden sein (Bild D 92). In der Mathematik interessiert uns häufig nur die durch die Anfangs- und Endlage bestimmte Zuordnung der Punkte. Jedem Punkt wird dabei, unabhängig

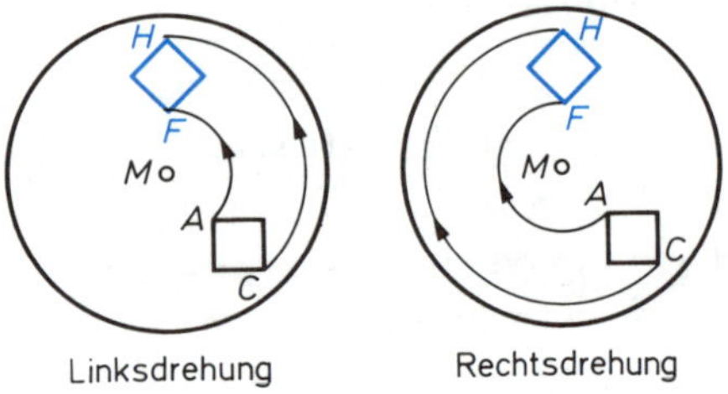

Bild D 92

davon, ob wir an eine Linksdrehung oder eine Rechtsdrehung denken, derselbe Bildpunkt zugeordnet. Zum Beispiel hat *A* stets den Bildpunkt *F* und *C* stets den Bildpunkt *M*. Außerdem betrachten wir wie bei Verschiebungen und Spiegelungen alle Punkte der Ebene.

Aufgaben

1. Ein Zeiger einer Uhr zeigt auf 11. Wohin gelangt er, wenn
a) um 60° nach rechts,
b) um 60° nach links,
c) um 120° nach rechts,
d) um 120° nach links gedreht wird?

2. Ein Uhrzeiger zeigt auf 3. Wo steht er, nachdem
a) um 30° nach rechts,
b) um 30° nach links,
c) um 210° nach rechts,
d) um 210° nach links gedreht worden ist?

3. Ein Uhrzeiger zeigt auf die 9. Um welchen Winkel muß der Zeiger nach rechts gedreht werden, wenn er
a) auf 12 **b)** auf 6,
c) auf 7, **d)** auf 3
zeigen soll?

4. Ein Uhrzeiger zeigt auf die 9. Um welchen Winkel muß der Zeiger nach links gedreht werden, wenn er
a) auf 12, **b)** auf 7,
c) auf 2, **d)** auf 4
zeigen soll?

14 Drehungen

Im Bild D 93 liegen die Punkte *A* und *A'* auf demselben Kreis mit dem Mittelpunkt *O*.
A' ist Bild von *A* bei einer Drehung um den Punkt *O*. Der Punkt *O* heißt **Drehzentrum** (dieser Drehung).
Im Bild D 93 ist auch *B'* das Bild von *B* bei derselben Drehung.

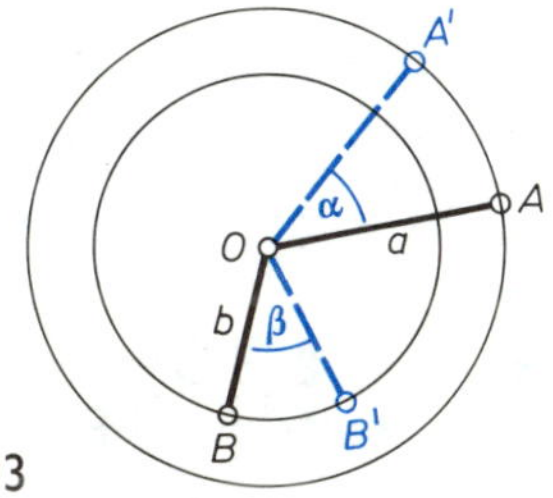

Bild D 93

Wir erkennen das an folgendem:
- *B* und *B'* sind von *O* gleich weit entfernt.
- Der Winkel α wird durch den Strahl *a* und der Winkel β durch den Strahl *b* überstrichen, wenn wir uns eine Linksdrehung um *O* vorstellen. α und β sind gleich groß.

Die Größe dieser Winkel heißt **Drehwinkel** der betreffenden Drehung.
Jede **Drehung** ist durch die Angabe ihres **Drehzentrums** und ihres **Drehwinkels** bestimmt. (Beachte, daß wir stets an eine **Linksdrehung** denken wollen!)

● **50** Im Bild D 94 ist $\overline{AC} \perp \overline{BD}$ und $\overline{MA} = \overline{MB} = \overline{MC} = \overline{MD}$.
Gib den Drehwinkel der Drehung mit dem Drehzentrum *M* an, bei der
a) *B* Bild von *A* ist,
b) *A* Bild von *B* ist,
c) *A* Bild von *C* ist!

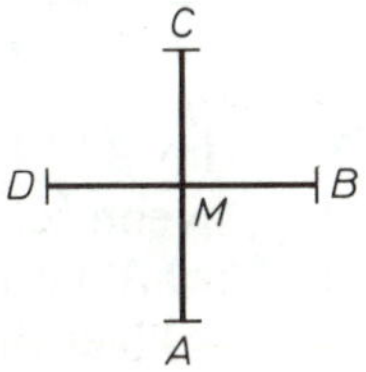

Bild D 94

8

Drehung (um Z mit dem Drehwinkel α):
- Zu jedem Punkt P (außer Z) liegt sein **Bildpunkt** P' folgendermaßen:
  - P und P' sind von Z gleich weit entfernt.
  - P' liegt auf dem Strahl, der sich durch Antragen von α **nach links** an den Strahl ZP ergibt.
- Der Bildpunkt von Z ist Z selbst.

Der Punkt Z heißt **Drehzentrum.**

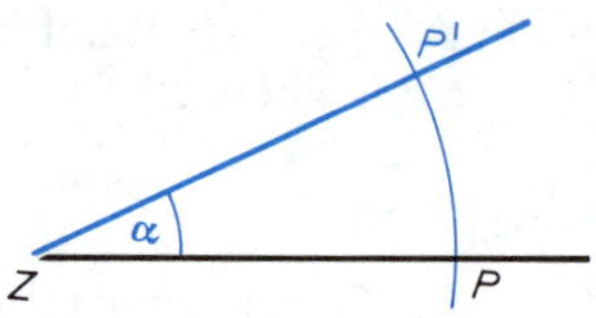

$\overline{ZP} = \overline{ZP'}$
$Z = Z'$

Wie bei Verschiebungen und Spiegelungen wird bei einer Drehung jedem Punkt der Ebene genau ein Bildpunkt zugeordnet.

9

Bei einer **Drehung** hat jeder Punkt der Zeichenebene **genau einen Bildpunkt,** und jeder Punkt ist auch Bildpunkt genau eines Punktes.

Aufgaben

1. In welchen Fällen kann im Bild D 95 Q Bildpunkt von P bei einer Drehung mit dem Drehzentrum Z sein? Begründe!

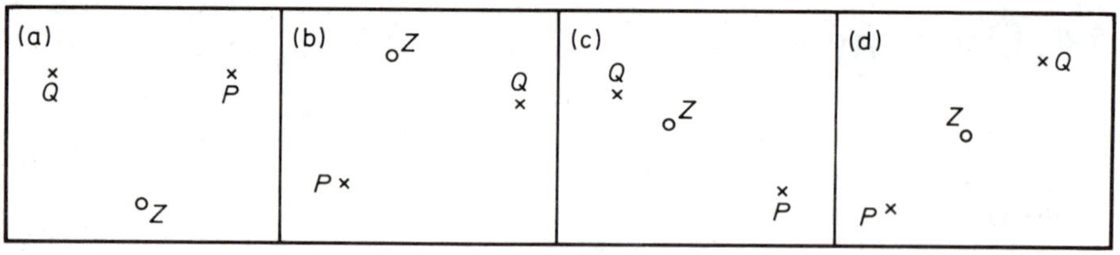

Bild D 95

2. Im Bild D 96 ist jeweils A' das Bild von A bei einer Drehung mit dem Drehzentrum O! Ermittle die Drehwinkel!

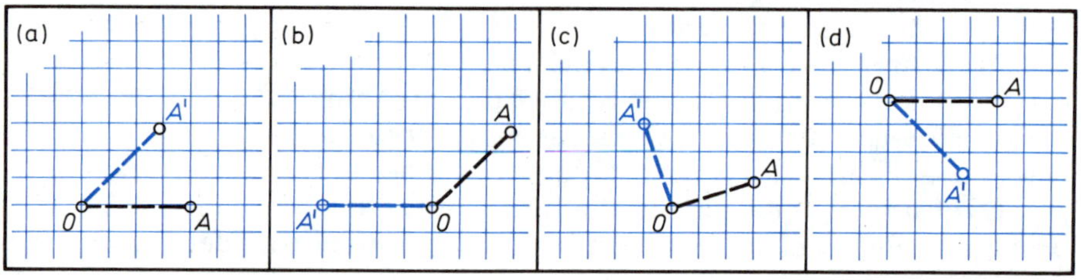

Bild D 96

3. Im Bild D 97 ist M Zentrum einer Drehung. Wie groß ist der Drehwinkel, wenn folgendes gilt?

a) A hat B als Bildpunkt.
b) Der Bildpunkt von A ist C.
c) B hat als Bildpunkt D.
d) Der Originalpunkt von H ist E.

4. Kann es für Bild D 97 eine Drehung mit dem Zentrum M geben, für die folgendes gilt:
a) B ist Bildpunkt von A, und G ist Bildpunkt von E,
b) A hat als Bildpunkt C, und H hat als Bildpunkt F,
c) F ist der Bildpunkt von A?

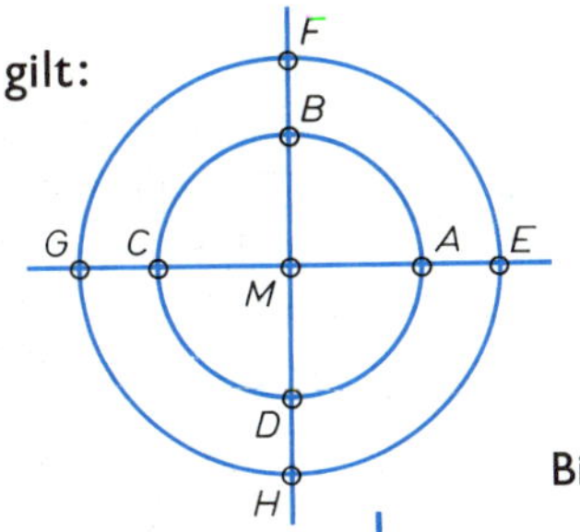

Bild D 97

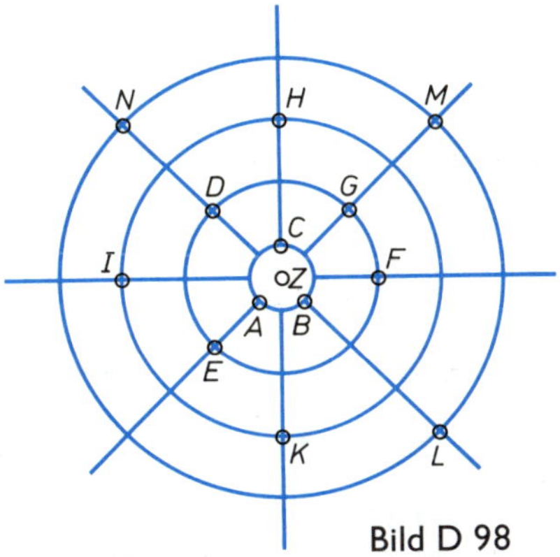

Bild D 98

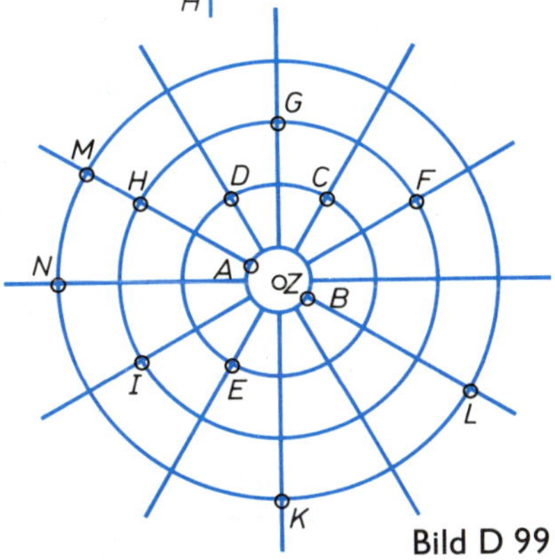

Bild D 99

5. Ergänze zu Bild D 98 für eine Drehung um Z die Tabellen!

a)

Original	A	D	M		
Bild	B			D	I

b)

Original	E	H	L		
Bild	G			L	E

c)

Original	C	B	E		
Bild	A			D	M

Gib jedesmal den Drehwinkel an!

6. Ergänze zu Bild D 99 für eine Drehung um Z die Tabellen!

a)

Original	A	C	F		
Bild	B			L	C

b)

Original	G	C	K		
Bild	H			G	I

c)

Original	D	G	L		
Bild	C			H	L

Gib jedesmal den Drehwinkel an!

7. Bei einer Drehung um Z im Bild D 98 sei
a) G der Bildpunkt von F,
b) F der Bildpunkt von D.
Wie groß ist der Drehwinkel? Beschreibe die Lage der Bildpunkte von A, H, L und N!

8. Bei einer Drehung um Z im Bild D 99 sei
a) N der Bildpunkt von M,
b) F der Bildpunkt von H.
Wie groß ist der Drehwinkel? Beschreibe die Lage der Bildpunkte von B, C, F und L!

15 Konstruktion von Bildpunkten bei Drehungen

Sind Punkte in einem Koordinatensystem gegeben, so kann man ihre **Bildpunkte** bei Verschiebungen und Spiegelungen oft ohne Konstruktion finden. Bei Drehungen hilft ein Koordinatensystem höchstens bei wenigen Drehwinkeln, z. B. bei 90°.

■ **9** Es ist das Bild *A′* des Punktes *A* bei der Drehung *d* mit dem Zentrum *Z* und dem Drehwinkel $\alpha = 45°$ zu konstruieren.

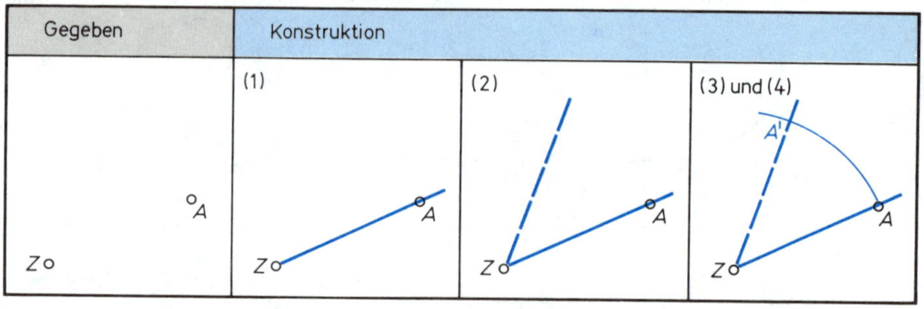

Bild D 100

Konstruktionsbeschreibung (zum Bild D 100):

(1) Wir zeichnen durch *A* den Strahl mit dem Anfangspunkt *Z*.
(2) An diesen Strahl tragen wir den Drehwinkel $\alpha = 45°$ (nach links) an.
(3) Wir zeichnen um *Z* einen Kreisbogen durch *A*.
(4) Den Schnittpunkt des erhaltenen zweiten Strahls mit dem Kreisbogen benennen wir mit *A′*.

Der Punkt *A′* ist das Bild von *A* bei der Drehung *d*.

● **51** Der Drehwinkel für eine Bildpunktkonstruktion sei 300°. Welchen Winkel kann man dann nach rechts antragen, statt den Drehwinkel nach links anzutragen?

Im Beispiel 9 ist der Drehwinkel mit dem Winkelmesser angetragen worden. Man kann aber auch mit dem Zirkel arbeiten. Das ist besonders dann zweckmäßig, wenn man mehrere Bildpunkte bei der gleichen Drehung zu konstruieren hat.

■ **10** Es ist das Bild *P′* des Punktes *P* bei der Drehung *d* mit dem Zentrum *M* und dem Drehwinkel β zu konstruieren (Bild D 101).

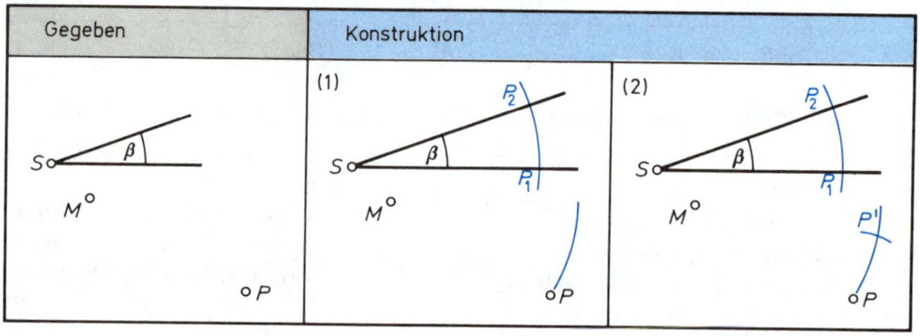

Bild D 101

52 **a)** Warum sind vor dem eigentlichen ersten Konstruktionsschritt die Schenkel des Winkels β länger gezeichnet worden?
b) Beschreibe an Hand von Bild D 101 die Konstruktion!

D

Die Bezeichnungen der Punkte S, P_1, P_2 sind für die Konstruktion des Punktes P' eigentlich überflüssig. Sie erleichtern nur das Beschreiben der Konstruktion. Außerdem braucht man von dem Kreisbogen um S nur zwei kleine Teile zu zeichnen und von dem Kreisbogen um P auch nur ein kleines Stück, wie es Bild D 102 zeigt.

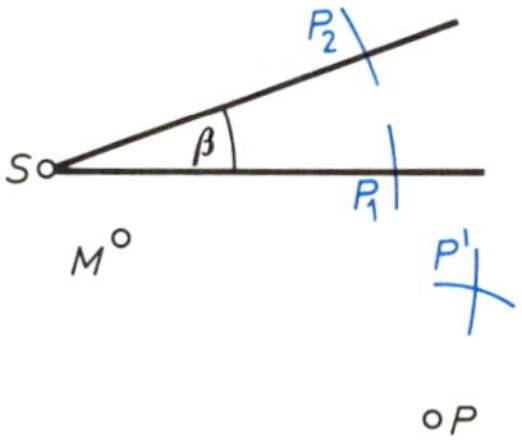

Bild D 102

Aufgaben

1. Zeichne in ein Koordinatensystem die Punkte $A(6; 1)$ und $B(4; 1)$ sowie den Punkt $M(1; 1)$!
Konstruiere die Bilder von A und B bei der Drehung, die M als Drehzentrum und
a) 90° als Drehwinkel, **b)** 60° als Drehwinkel hat!
Beschreibe dein Vorgehen!

2. Zeichne ein rechtwinkliges Dreieck ABC mit dem rechten Winkel bei B und den Seiten $\overline{AB} = 4$ cm und $\overline{BC} = 3$ cm!
Ermittle die Bilder von A, B und C bei der Drehung mit
a) B als Drehzentrum und 90° als Drehwinkel,
b) A als Drehzentrum und 180° als Drehwinkel!
Beschreibe deine Konstruktionen!

3. Zeichne einen Strahl mit dem Anfangspunkt O und auf ihm zwei Punkte A und B! Konstruiere die Bilder der Punkte A und B bei der Drehung um O mit dem Drehwinkel 90°! Beschreibe die Konstruktion!

4. Zeichne drei Punkte A, A' und O so, daß A' Bildpunkt von A bei der Drehung mit O als Zentrum und $\beta = 70°$ als Drehwinkel ist!

5.* Zeichne zwei Punkte A und A'!
Ermittle zwei Punkte P und Q so, daß A' Bild von A bei Drehungen mit P und Q als Drehzentrum ist! Wähle dabei P und Q auf verschiedenen Seiten der Geraden AA' und miß die Drehwinkel!

6. Zeichne drei Punkte A, B und C, die nicht auf ein und derselben Geraden liegen! (Wähle zum Beispiel nach der Lochschablone $A(1)$, $B(10)$, $C(6)$!)
Konstruiere die Bildpunkte A' und C' der Punkte A und C bei der Drehung mit B als Zentrum und
a) dem Drehwinkel 120°, **b)** dem Drehwinkel 50°!
Beschreibe dein Vorgehen! Welchen Bildpunkt hat B bei dieser Drehung?

7. Zeichne einen Kreis mit dem Mittelpunkt M! Wähle auf dem Kreis zwei Punkte A und A'!
a) Wähle einen Punkt B innerhalb des Kreises und konstruiere sein Bild B' bei derjenigen Drehung mit dem Zentrum M, bei der A' Bild von A ist!
b) Wähle einen Punkt C' außerhalb des Kreises und ermittle sein Original bei derselben Drehung!

8. Zeichne nach der Lochschablone die Punkte A (2), A' (5), B (15) und M (10)! Konstruiere das Bild B' von B bei der Drehung um M, bei der A' Bild von A ist! Beschreibe die Konstruktion!

9. Zeichne nach der Lochschablone die Punkte A (12), B (1), C (15), O (6) und P (11)!
Betrachtet wird die Drehung mit dem Zentrum O, deren Drehwinkel durch den stumpfen Winkel mit A als Scheitelpunkt und B und C auf den Schenkeln gegeben ist.
Konstruiere das Bild P' von P bei dieser Drehung!

10. Zeichne in ein Koordinatensystem die Punkte A (3; 2), B (6; 3) und C (7; 4)! Konstruiere die Bilder der Punkte A, B und C bei der Drehung um (0; 0) mit dem Drehwinkel 45°!

11.* Zeichne in ein Koordinatensystem die Punkte P (4; 2) und Q (2; 4)! Konstruiere das Bild von Q und das Original von P bei der Drehung mit dem Zentrum Z (0; 0), bei der Q das Bild von P ist!

---

1. Die im Bild D 103 gekennzeichneten Winkel kann man mit den üblichen Zeichendreiecken erhalten. Wie groß sind diese Winkel?

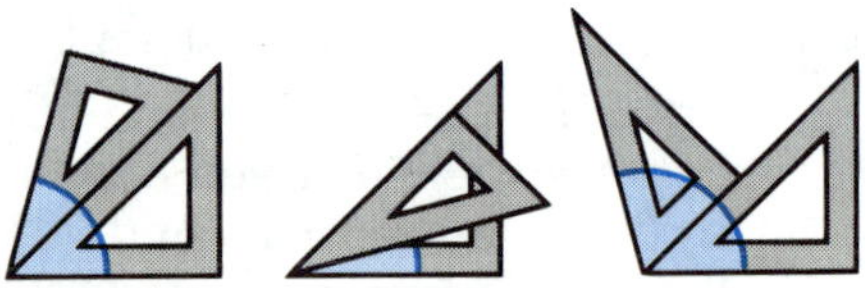

Bild D 103

16 Eigenschaften der Drehungen

● 53 **a)** Nenne Eigenschaften der Verschiebungen!
b) Nenne Eigenschaften der Spiegelungen!
c) Nenne Eigenschaften, die sowohl Verschiebungen als auch Spiegelungen haben!

Ebenso wie bei Verschiebungen und Spiegelungen verwenden wir Eigenschaften der Drehungen, wenn wir Aussagen über die Bilder von Figuren machen.

● 54 Im Bild D 104 sind A', B', C' die Bilder von A, B, C bei einer Drehung d mit dem Zentrum O. Wie lang sind die Strecken $\overline{AB}$ und $\overline{A'B'}$? Vergleiche!

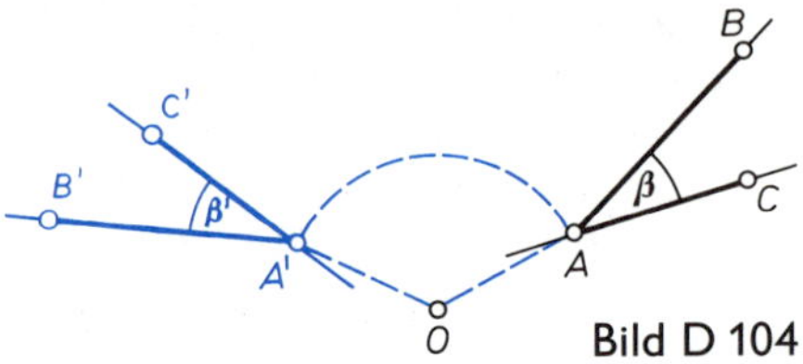

Bild D 104

▶ 10

> **Für alle Drehungen gilt:**
> **(1)** Jede Strecke hat als Bild eine zu ihr gleich lange Strecke.
> **(2)** Jede Gerade hat als Bild wieder eine Gerade.

Aus dem Bild D 104 ist auch zu entnehmen, daß der Winkel β ebenso groß ist wie sein Bildwinkel β' bei der Drehung d.
Bei jeder Drehung ist der Schnittwinkel zweier Geraden gleich dem Schnittwinkel der Bildgeraden.
Sind die Originalgeraden zueinander parallel, so sind auch die Bildgeraden zueinander parallel (Bild D 105).

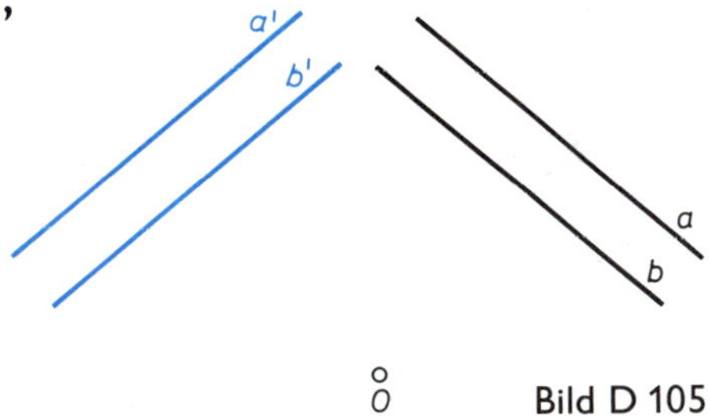

Bild D 105

▶ 11

> **Für alle Drehungen gilt:**
> **(3)** Jedes Paar zueinander paralleler Geraden hat als Bild ein Paar zueinander paralleler Geraden.
> **(4)** Schneiden zwei Geraden einander, so schneiden auch ihre Bildgeraden einander, und zwar mit dem gleichen Schnittwinkel.

● **55** **a)** Formuliere eine entsprechende Aussage über Geraden, die aufeinander senkrecht stehen! Von welcher Eigenschaft ist das ein Spezialfall?
b) Vergleiche den Abstand der zueinander parallelen Geraden im Bild D 105 mit dem Abstand ihrer Bildgeraden! Aus welcher Eigenschaft folgt die Gleichheit dieses Abstandes bei jeder Drehung?

Aufgaben

1. Zeichne nach der Lochschablone die Punkte A (1), B (2) und P (9)! Zeichne die Strecke $\overline{AB}$ und miß ihre Länge!
Konstruiere die Bildstrecke $\overline{A'B'}$ zu $\overline{AB}$ bei den Drehungen mit dem Drehzentrum P und den Drehwinkeln **a)** 90°, **b)** 120°, **c)** 180°!
Welche Länge muß jeweils $\overline{A'B'}$ haben? Kontrolliere!

2. Zeichne nach der Lochschablone die Punkte A (4), B (1) und Z (5)! Zeichne die Gerade AB!
Konstruiere das Bild dieser Geraden bei den Drehungen mit dem Zentrum Z und den Drehwinkeln **a)** 45°, **b)** 70°, **c)** 150°!

3. Zeichne eine Gerade g, auf ihr einen Punkt P und außerhalb von g einen Punkt Z! Konstruiere die Bildgerade g' zu g bei den Drehungen mit den folgenden Zentren und Drehwinkeln! Beschreibe dein Vorgehen!
a) Zentrum Z, Drehwinkel 30° **b)** Zentrum Z, Drehwinkel 70°
c) Zentrum P, Drehwinkel 90° **d)** Zentrum P, Drehwinkel 180°

4. Zeichne zwei zueinander senkrechte Geraden a und b! Zeichne einen Punkt Z, der weder auf a noch auf b liegt!
Konstruiere die Bilder a' und b' der Geraden a und b bei den Drehungen mit dem Zentrum Z und den folgenden Drehwinkeln!
Beschreibe die Konstruktion!
a) 55° **b)** 155°
Kontrolliere die Lage von a' und b' zueinander!

5. Zeichne zwei zueinander parallele Geraden g und h mit dem Abstand 3 cm! Zeichne einen Punkt S außerhalb von g und h! Konstruiere die Bilder g' und h' der Geraden g und h bei den Drehungen mit S als Zentrum und folgenden Drehwinkeln!

a) 45° **b)** 90° **c)** 135°

Kontrolliere die Lage der Bildgeraden g' und h' zueinander!

6. Zeichne nach der Lochschablone die Punkte A (7), B (9), P (14), Q (5) und Z (4)! Zeichne die Geraden AB und PQ und miß ihren Schnittwinkel! Konstruiere die Bilder dieser Geraden bei der Drehung mit Z als Zentrum und dem Drehwinkel 120°! Kontrolliere ihren Schnittwinkel!

7. Zeichne in ein Koordinatensystem die Punkte A (3; 3), B (5; 1), C (3; 1), D (5; 3), M (1; 1) und die Gerade AB! Konstruiere die Bilder A', B', C', D' der Punkte A, B, C, D bei der Drehung mit M als Zentrum und dem Drehwinkel 60°!
C und D liegen auf verschiedenen Seiten der Geraden AB. Wie liegen C' und D' bezüglich der Geraden $A'B'$?

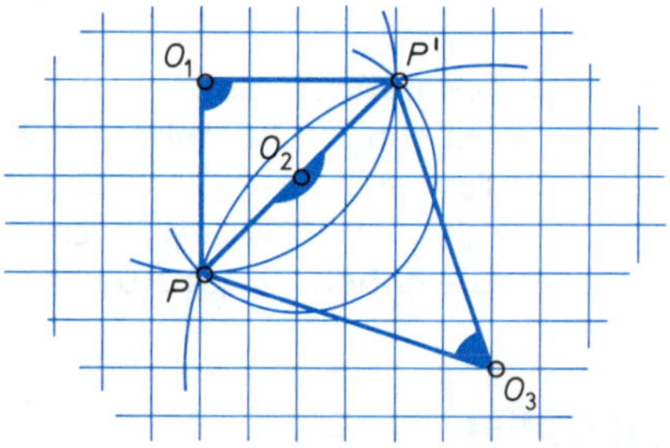

Bild D 106

8.* **a)** Erläutere am Bild D 106, warum eine Drehung nicht wie eine Verschiebung schon durch ein einziges Paar (Punkt; Bildpunkt) festgelegt werden kann! Wie groß sind die Drehwinkel im Bild D 106?

b) Bei einem ganz bestimmten Drehwinkel gilt für jeden Punkt P (wie bei jeder Spiegelung): Wenn P' Bild von P ist, so ist auch P Bild von P'. Bei welchem Drehwinkel ist das der Fall?

---

1. Zeichne das Dreieck ABC mit den Eckpunkten A (10), B (12), C (15) nach der Lochschablone!

a) Miß den Innenwinkel des Dreiecks ABC mit A als Scheitelpunkt!

b) Zeichne einen Punkt D zwischen B und C so, daß die Geraden AC und AD einen Schnittwinkel von 30° haben! Welchen Schnittwinkel haben dann AB und AD?

2. Zeichne nach der Lochschablone ein Viereck $ABCD$ mit A (5), B (8), C (14), D (15)!

a) Welche Innenwinkel des Vierecks sind spitze (rechte, stumpfe) Winkel? Miß die Winkel?

b) Zeichne einen überstumpfen Winkel, dessen Schenkel senkrecht aufeinander stehen! Kann ein Viereck auch einen derartigen Innenwinkel haben?

17 Bilder von Figuren bei Drehungen

Die Bilder von Dreiecken, Vierecken und anderen Vielecken kann man konstruieren, indem man die Bilder der Eckpunkte ermittelt. Da hier immer mehrere Bildpunkte gesucht sind, benutzt man zum Antragen des Drehwinkels besser den Zirkel anstelle des Winkelmessers.

■ **11** Es ist das Bild eines Dreiecks *ABC* bei der Drehung *d* mit dem Zentrum *Z* und dem Drehwinkel $\alpha = 60°$ zu konstruieren!

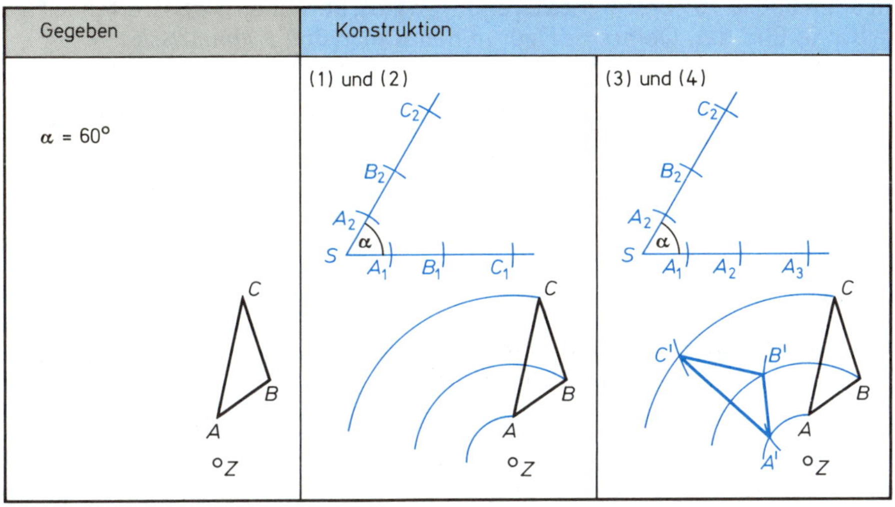

Bild D 107

Konstruktionsbeschreibung (zum Bild D 107):

(1) Wir zeichnen einen Winkel $\alpha = 60°$ und bezeichnen dessen Scheitelpunkt mit *S*.

(2) Um *S* und *Z* zeichnen wir Kreise mit den Radien $\overline{ZA}$, $\overline{ZB}$ und $\overline{ZC}$. Wir bezeichnen die Schnittpunkte auf den Schenkeln von α mit A_1, A_2, B_1, B_2, C_1 und C_2.

(3) Wir zeichnen um *A*, *B* sowie *C* Kreise mit den Radien $\overline{A_1A_2}$, $\overline{B_1B_2}$ bzw. $\overline{C_1C_2}$ und erhalten die Bildpunkte A', B' und C'.

(4) Wir zeichnen $\overline{A'B'}$, $\overline{B'C'}$ und $\overline{A'C'}$.
Das Dreieck $A'B'C'$ ist das Bild des Dreiecks *ABC* bei der Drehung *d*.

● **56** **a)** Zeichne ein Trapez *ABCD*! Zeichne einen Punkt *Z* außerhalb des Trapezes! Konstruiere das Bild des Trapezes *ABCD* bei der Drehung *d* mit *Z* als Zentrum und dem Drehwinkel 90°!
Beschreibe die Konstruktion!

b) Begründe, daß das Bild des Trapezes *ABCD* bei der Drehung *d* wieder ein Trapez ist!

Bild D 108

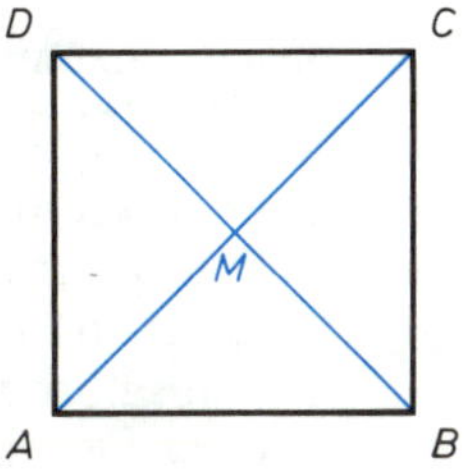

Es gibt Vierecke, die bei bestimmten Drehungen sich selbst als Bild haben.
Das gilt z. B. für das Quadrat im Bild D 108 bei der Drehung *d* um *M* mit dem Drehwinkel 90°.

57 **a)** Vervollständige die Tabelle zum Bild D 108 für die Drehung *d* um *M* mit dem Drehwinkel 90°!

Original	*A*	*B*	*C*	*D*
Bild				

b) Gibt es weitere Drehungen, bei denen das Quadrat sich selbst als Bild hat? Gib alle möglichen Drehwinkel an!

c) Es gibt andere Vierecke, die bei geeigneten Drehungen sich selbst als Bild haben. Gib ein Beispiel an!

Mit durchsichtigem Papier oder Folie kann man überprüfen, daß es zu jeder Figur im Bild D 109 bestimmte Drehungen gibt, bei denen die betreffende Figur sich selbst als Bild hat. Derartige Figuren nennt man *drehsymmetrisch*.

Bild D 109

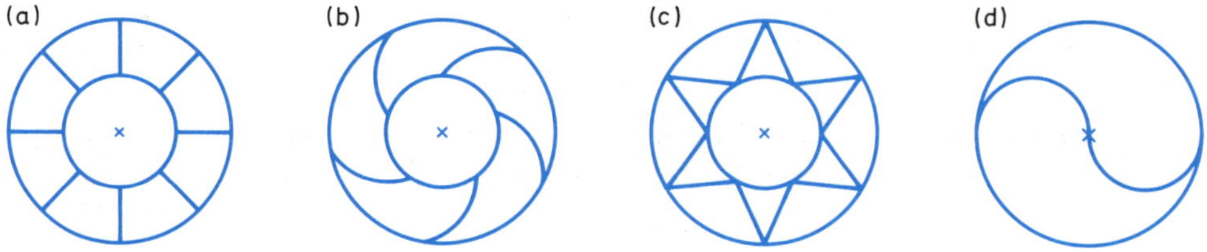

58 **a)** Welche der Figuren im Bild D 109 sind achsensymmetrisch? Wieviel Symmetrieachsen sind vorhanden?

b) Bei welchen Drehungen hat ein Kreis sich selbst als Bild?

Aufgaben

1. Zeichne ein gleichschenkliges Dreieck *ABC* ($\overline{AC} = \overline{AB}$)!
Konstruiere das Bild des Dreiecks *ABC* bei der Drehung mit dem Zentrum *A* und dem Drehwinkel **a)** 90°, **b)** 180°! Beschreibe die Konstruktionen!

2. Zeichne in ein Koordinatensystem die Punkte *P* (3,5; 3,5), *Q* (1; 3), *R* (2; 2), *Z* (7; 5)! Zeichne das Dreieck *PQR*!
Konstruiere das Bild dieses Dreiecks bei der Drehung um *Z* mit dem Drehwinkel 20°! Beschreibe dein Vorgehen!

3. Zeichne ein Parallelogramm *ABCD*! Konstruiere das Bild des Parallelogramms bei der Drehung mit *A* als Zentrum und dem Drehwinkel 120°!
Begründe, warum das Bild wieder ein Parallelogramm ist!

4. Begründe, daß das Bild eines Rechtecks bei einer beliebigen Drehung wieder ein Rechteck ist!

5. Begründe, daß das Bild eines Quadrates bei einer beliebigen Drehung wieder ein Quadrat ist!

6. **a)** Das gleichseitige Dreieck *ABC* im Bild D 110 hat bei der Drehung mit *M* als Zentrum und dem Drehwinkel 120° sich selbst als Bild. Ergänze für diese Drehung die Tabelle!

Original	*A*	*B*	*C*
Bild			

b) Ergänze auch die zweite Tabelle für eine Drehung um M!
Wie groß ist der Drehwinkel?

Original	A	B	C
Bild	C		

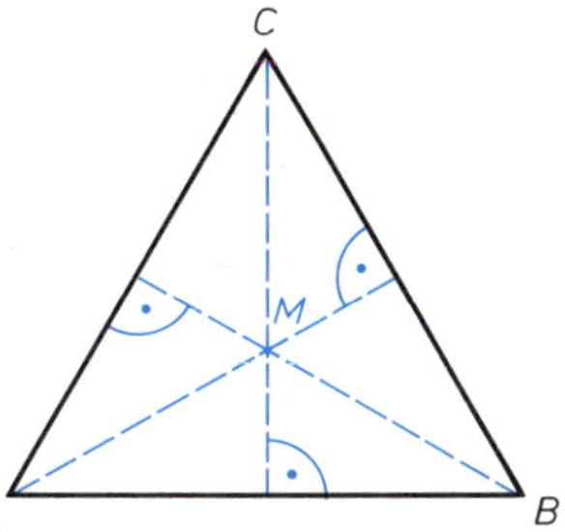

Bild D 110

7. Zeichne nach der Lochschablone die Punkte A (4), B (12), C (6) und O (5)! Zeichne das Dreieck ABC! Wie liegt der Punkt O zu diesem Dreieck? Konstruiere das Bild des Dreiecks ABC bei der Drehung um O mit dem Drehwinkel 180°! Was für eine Gesamtfigur erhältst du?

8. Zeichne im Koordinatensystem die Punkte A (2; 2), B (7; 3), C (8; 8) und D (3; 7)! Zeichne das Viereck $ABCD$! Was für ein Viereck ist das? Vergleiche die Längen seiner Seiten! Zeichne die Strecken $\overline{AC}$ und $\overline{BD}$ (die „Diagonalen") ein und bezeichne ihren Schnittpunkt mit M! Welches Bild hat das Viereck $ABCD$ bei der Drehung um M mit dem Drehwinkel 180°? Begründe!

9. Zeichne mit der Lochschablone die Punkte A (10), B (15), C (16), D (11) und Z (24)! Zeichne das Viereck $ABCD$!
a) Konstruiere das Bild $A'B'C'D'$ des Vierecks $ABCD$ bei der Drehung um Z mit dem Drehwinkel 50°!
b) Konstruiere das Bild $A''B''C''D''$ des Vierecks $A'B'C'D'$ bei der Drehung mit Z als Drehzentrum und 60° als Drehwinkel!
c) Gibt es eine Verschiebung, Drehung oder Spiegelung, bei der $A''B''C''D''$ das Bild von $ABCD$ ist?

10. Zeichne nach der Lochschablone das Dreieck ABC mit den Eckpunkten A (4), B (7), C (8) sowie die Punkte P (10) und Q (5)!
a) Konstruiere das Bild $A'B'C'$ des Dreiecks ABC bei der Drehung um P mit dem Drehwinkel 60°!
b) Konstruiere das Bild $A''B''C''$ des Dreiecks $A'B'C'$ bei der Drehung um Q mit dem Drehwinkel 30°! Vergleiche die Dreiecke ABC und $A''B''C''$ miteinander!

11.* Figuren, die bei einer Drehung mit 180° als Drehwinkel sich selbst als Bild haben, heißen *zentralsymmetrisch*.
a) Gib Großbuchstaben der Blockschrift oder der kyrillischen Schrift an, die zentralsymmetrisch sind!
b) Gib Buchstaben an, die weder axial- noch zentralsymmetrisch sind!
c) Welche Buchstaben sind zentralsymmetrisch, aber nicht axialsymmetrisch?

12. Die humoristische Zeichnung im Bild D 111 stammt aus einer Zeitung. Was fällt dir an dieser Zeichnung auf?

Bild D 111

Zusammenfassung

Drehung

Drehung um A mit dem Drehwinkel α.

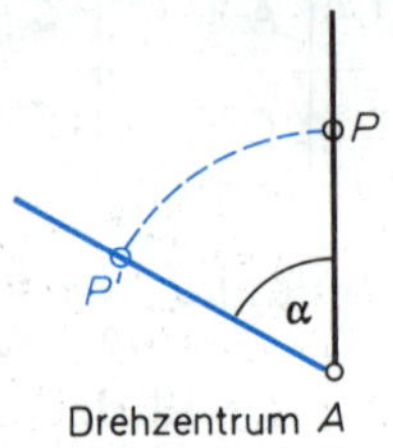

Drehung um B mit dem Drehwinkel β.

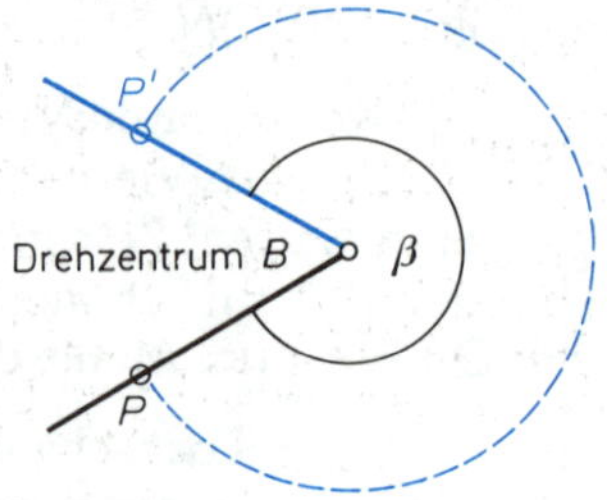

P' ist **Bildpunkt** von P. P ist **Originalpunkt** von P'.

Eigenschaften der Drehungen

Original	**Bild**
Gerade g	Gerade g'
Strecke $\overline{AB}$	Strecke $\overline{A'B'}$

Dabei gilt: $\overline{A'B'} = \overline{AB}$.

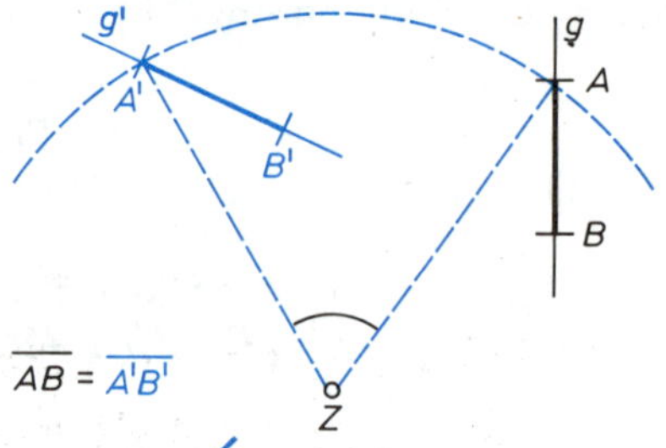

Wenn $g \parallel h$, so $g' \parallel h'$.
Haben g und k den Schnittwinkel α und g' und k' den Schnittwinkel α', so gilt $\alpha' = \alpha$.

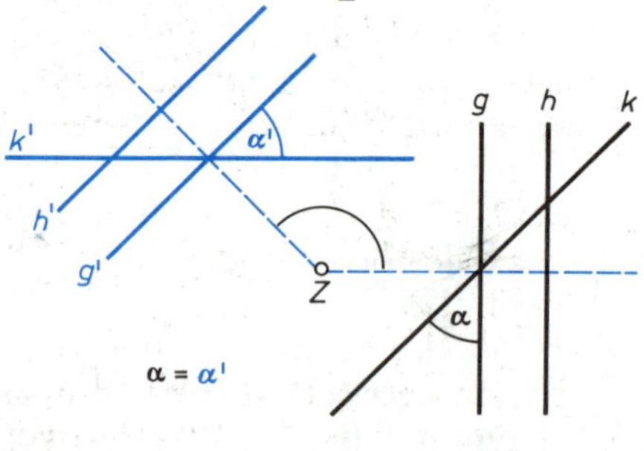

Bildnachweis: Innentitel, Bild C 1 – VWV (Seifert). 3. Umschlagseite – VWV (Archiv). Reproduktionen: Bild D 86 (aus: *Unterhaltsame Wappenkunde*, Verlag Neues Leben, Berlin 1981; *Lexikon Städte und Wappen der Deutschen Demokratischen Republik*, Verlag Enzyklopädie, Leipzig 1979), Bild D 111 (aus: „Horizont", Nr. 17, Jg. 1982). Bild S. 151 – Deutsche Fotothek Dresden, Bild D 82 – Tietze, Berlin